未名社科·媒介与社会丛书（翻译版）

主编　高丙中　杨伯溆

Public Opinion

舆 论

〔美〕沃尔特·李普曼（Walter Lippmann） 著
常江 肖寒 译

图书在版编目(CIP)数据

舆论/(美)沃尔特·李普曼(Walter Lippmann)著;常江,肖寒译. —北京:北京大学出版社,2018.4

(未名社科·媒介与社会丛书·翻译版)

ISBN 978-7-301-27799-7

Ⅰ.①舆… Ⅱ.①沃…②常…③肖… Ⅲ.①舆论—研究 Ⅳ.①C912.63

中国版本图书馆 CIP 数据核字(2018)第 010171 号

本书根据以下版本翻译:Walter Lippmann, *Public Opinion*, New York, NY: Free Press, 1997。

书　　　名	舆　论 YULUN
著作责任者	〔美〕沃尔特·李普曼(Walter Lippmann) 著 常　江　肖　寒　译
责 任 编 辑	周丽锦
标 准 书 号	ISBN 978-7-301-27799-7
出 版 发 行	北京大学出版社
地　　　址	北京市海淀区成府路 205 号　100871
网　　　址	http://www.pup.cn
新 浪 微 博	@北京大学出版社　　@未名社科-北大图书
微信公众号	北京大学出版社　　北大出版社社科图书
电 子 邮 箱	编辑部 ss@pup.cn　　总编室 zpup@pup.cn
电　　　话	邮购部 010-62752015　　发行部 010-62750672 编辑部 010-62765016
印 刷 者	三河市北燕印装有限公司
经 销 者	新华书店
	730 毫米×980 毫米　16 开本　21.75 印张　308 千字 2018 年 4 月第 1 版　2025 年 4 月第 14 次印刷
定　　　价	66.00 元

未经许可,不得以任何方式复制或抄袭本书之部分或全部内容。
版权所有,侵权必究
举报电话:010-62752024　电子邮箱:fd@pup.cn
图书如有印装质量问题,请与出版部联系,电话:010-62756370

推荐语

看到北大版李普曼近百年前名著 Public Opinion 的新译本很高兴，因为埋在心头多年由于翻译不准确带来的学术纠结这回解开了。这个译本从标题到内容，翻译得相当正确；书的编排吸引人，利于读者快速把握要点。

1980年我读到林珊老师的内部油印译本，书名叫《舆论学》，1988年正式见书还是这个书名；2002年获知有了新译本，一看书名《公众舆论》，这不是同义反复吗？翻译不是小事，特别是书名和书中的关键概念必须准确。课堂上我讲述书中李普曼的几个关键概念，学生在译本里找不到对应词；书的标题使得"公众舆论"这一不正确的表达充斥于每年数千篇学位论文。翻译对学术的推进或滞阻可见一斑。

——陈力丹（中国人民大学荣誉一级教授）

李普曼以自身的体会与感悟，生动描画了"舆论"的现实及其困境，将政治学中的这个规范性概念，转换为其实践如何是可能的这一经验问题，开启了舆论研究的新面向。

该书自1922年首次出版以来，影响始终不衰，成为不同学科的重要参考书。就传播研究而言，它奠定了大众媒介研究的基础，为宣传分析、舆论调查、把关人、议程设置、接受效果等研究开了先河。恰如有学者说的，大众传播的研究大多不过是李普曼《舆论》的注脚。

——黄旦（浙江大学文科资深教授）

李普曼创造了理解舆论的独特概念,如拟态环境、局内人与局外人、刻板印象等,为政治传播奠定了理论基础。同时,他又讲明了一个深刻的道理:谁都难免有理论盲点,这是刻板印象造成的结果。

——单波(教育部长江学者特聘教授、武汉大学媒体发展研究中心主任)

在中国当下媒体管理体制的核心观念和实践中,李普曼的幽灵无处不在。从这个意义上讲,他是当之无愧的我们的同代人。从1922年《舆论》问世起一直到今天,衷心的赞赏和激烈的批评就伴随在它周围。这两大阵营之所以对立,是基于这样一个共识:这本书改变了新闻学和传播学的方向。

——刘海龙(中国人民大学新闻学院教授、《国际新闻界》主编)

让我们想象一个洞穴式的地下室,它有一条长长的通道通向外面,可让和洞穴一样宽的一缕亮光照进来。有一些人从小就住在这洞穴里,头颈和腿脚都被绑着,不能走动也不能转头,只能向前看着洞穴后壁。让我们再想象在他们背后远处高些的地方有东西在燃烧着,发出火光。在火光和这些被囚禁者之间,在洞外有一条路。沿着路边筑有一带矮墙。矮墙好像傀儡戏演员在自己和观众之间设的一道屏障。他们把木偶举到屏障上头去表演。

我看见了,他说。

接下来让我们想象有一些人拿着各种器物举过墙头,从墙后面走过,有的还举着用木料、石料或其他材料制作的假人和假兽。而这些过路人,你可以料到有的在说话,有的不在说话。

你说的是一幅奇特的图景和一些奇特的囚徒。

不,他们是一些和我们一样的人。你且说说看,除了火光投射到他们对面洞壁上的阴影而外,你认为这些囚徒还能看到自己的或同伴的什么呢?

如果他们一辈子头颈都被限制而不能转动,他们又怎能看到别的什么呢?

同样,对于身后走过的人手里举着的东西,囚徒们也只能看到影子吗?

当然是这样。

那么,如果囚徒们能彼此交谈,你不认为,他们会断定,他们在讲自己所看到的阴影时是在讲真物本身吗?*

——柏拉图:《理想国》

---

* 译文参考了〔古希腊〕柏拉图:《理想国》,郭斌和、张竹明译,北京:商务印书馆2009年版,第275—276页。——译者

目 录

第一部分 导 论

第一章 外部世界与脑中影像 ………………………………… 3

第二部分 通向外部世界之路

第二章 审查与保密 …………………………………………… 29
第三章 交流与机会 …………………………………………… 37
第四章 时间与注意力 ………………………………………… 46
第五章 速度、词语和清晰度 ………………………………… 51

第三部分 刻板印象

第六章 何为刻板印象 ………………………………………… 65
第七章 作为防卫手段的刻板印象 …………………………… 77
第八章 盲点及其价值 ………………………………………… 84
第九章 规则及其破坏者 ……………………………………… 93
第十章 发现刻板印象 ………………………………………… 104

第四部分 兴趣与利益

第十一章 兴趣的激发 ………………………………………… 127
第十二章 关于私利的再思考 ………………………………… 135

第五部分 公意的形成

第十三章 兴趣的转移 ………………………………………… 149

| 第十四章 | 是或否 | 169 |
| 第十五章 | 领袖与普罗大众 | 180 |

第六部分　民主的图景

第十六章	以自我为中心的人	195
第十七章	自足的社群	203
第十八章	强力、委任制以及特权的作用	213
第十九章	新瓶旧酒：基尔特社会主义	226
第二十章	新的图景	240

第七部分　报　纸

第二十一章	作为购买者的公众	247
第二十二章	忠实的读者	256
第二十三章	新闻的天性	264
第二十四章	新闻、真相，以及结论	279

第八部分　情报工作的正规化

第二十五章	楔入	287
第二十六章	情报工作	294
第二十七章	诉诸公众	308
第二十八章	诉诸理性	318
索　引		325
译后记		341

第一部分 导 论

第一章
外部世界与脑中影像

● 1

有一座海岛，在1914年时，上面住着一些英国人、法国人和德国人。岛上无法收发电报，而英国的邮轮每60天才来一次。这年9月，邮轮尚未抵岛，岛上居民仍在谈论他们所见最后一期报纸上关于卡约夫人（Madame Caillaux）即将因枪杀《费加罗报》（Le Figaro）编辑卡斯顿·卡尔梅特（Gaston Calmette）而受审的消息。因此，当邮轮终于在9月中旬抵达时，人们全都急不可耐地涌向码头，想听船长说说最后法院是如何裁定此案的。然而，他们听到的消息却是在过去的六个星期里英国人和法国人已按此前的协约结盟，共同对德国开战。这样一来，过去六个星期的时间就变得有些别扭了：岛上的居民依然如朋友般相处，可实际上他们已经成为敌人。

不过，这些岛民的境况与身在欧洲的大多数人大同小异——岛民获知开战消息的时间比实际开战的时间晚了六个星期，而身在欧洲的人也一样"后知后觉"，只不过延迟的时间较短——六天或六小时而已。既然延迟是不可避免的，这就意味着一定存在这样的时刻：欧洲人仍按部就班地经营着自己的日常生活，对这场迫在眉睫且即将颠覆其生活的战争茫然无知，而他们所努力适应的环境也已不复存在。至7月25日，世界各地的人仍在生产注定不可能被装运的货物，仍在购买注定不会被进口的商品，老百姓规划着自己的职业，企业则筹谋着做大做强。社会充满希望和期冀,大家坚信自己眼前的这个世界就是世界的本来面貌。还有人通过著书立说来描绘这个世界,他们对自己头脑中的世界图景坚信不疑。逾四年后,在一个星期四的清晨,停战的消息翩然而至,人们总算松了一口气。然而,当他们因屠戮的终结而感受到莫可名状的安慰时,却不知在真正的停战到来之前的五天里,仍有数千年轻人战死疆场。而在此之前,人们已经欢庆过战争的结束。

  回首往事时不难发现,我们对于自己置身其中的环境的了解远非直截了当。关于外部环境的信息来得或快或慢,但只要我们认准了自己头脑中那幅图景是真实的,就一定会将这幅图景等同于外部环境本身。我们很难对加诸自己头脑并影响自己行为的那些信念进行反思,却又总是自以为是地嘲笑其他民族或其他时代的人所迷信的世界图景是多么荒诞不经。在这种"事后诸葛亮"的优越感的影响下,我们坚持认为"他们"**需要**了解的世界与"他们"**已经**了解的世界往往判若霄壤。我们也能看到,当"他们"对臆想中的世界进行治理,或于其中展开斗争、交易与变革时,"他们"的行为或许能对真实世界产生实质性的影响,也可能只是镜花水月。比如,他们本想航海去印度,却意外地发现了美洲新大陆;他们想要进行旨在除恶扬善的审判,却又对老妇施以绞刑;他们认为只售卖不购买就能发大财;一位哈里发甚至宣称自己服从真主安拉的旨意,却将亚历山大港的图书馆付之一炬。

  圣安布罗斯(St. Ambrose)曾在公元389年的著述中提到了柏拉图洞穴寓言中的那个拒绝回头的囚徒。他如是说:"讨论尘

> 柏拉图洞穴寓言讲的是在一个地下洞穴中有一群囚徒,他们身后有一堆火把,而他们和火把之间则是被操纵的木偶。囚徒因被捆绑而无法转身,故他们只能看见木偶的被火光投射到墙上的影子,因此他们确信这些影子就是世界的全部。当这些囚徒被解放出来并能回头看清背后由火把与木偶组成的"真相"时,他们中的大多数反而认为"真相"才幻觉,从而拒绝接受真相。

世的属性与境况无助于我们对来世的祈望,牢记《圣经》的教谕足矣。'神将大地悬在虚空。'(Job xxvi.7)若纠结于神是否将大地悬于空中,则必然陷入'稀薄的空气能否支撑大地'的争论;若追问神是否将大地悬于水上,则难免忧心于大地会否沉入水底。何必如此呢?并非因为大地处于中央,仿若悬浮在平衡的力量对比中,而是因为全知全能的上帝以其意志的法则束缚了它,使之在动摇与空幻中也能维持稳定。"①

圣安布罗斯,4世纪基督教最著名的拉丁教父之一,曾任米兰主教,是罗马公教公认的四大教会圣师之一。

上述观点倒是无助于我们对来世的祈望。既然牢记《圣经》的教谕足矣,又为何要去争论呢?然而,在圣安布罗斯离世一个半世纪后,仍有人支持其观点,只不过角度相反。因科学成就闻名于世的僧侣科斯马斯(Cosmas)受教会之托撰写了一部基督教思想指导下的地理学著作,即"基督教关于世界的观点"②。显然,科斯马斯很清楚教会对他的期望,因为他所得出的结论全部建立在自己对《圣经》的阅读理解之上。在他看来,世界乃是一个平行四边形,其东西两端的距离是南北两端距离的两倍。世界的中心是陆地,陆地的四周则被海洋包围,而这圈海洋又被外面一圈陆地包围,大洪水之前的人类就生活在这里,诺亚方舟当初也正是从这片外陆起航的。世界的北方是一座圆锥形的山峰,太阳和月亮绕其旋转。当太阳转到山的背面时,夜晚便降临了。天空是黏合在外面那圈大陆的边缘上的,并由四堵高墙构成,高墙在穹顶汇聚,从而将大地变成宇宙的地板。天空的另一

---

① Hexaëmeron, i.cap 6, 引自 *The Mediaeval Mind*, by Henry Osborn Taylor, Vol.Ⅰ, p. 73。

② Lecky, *Rationalism in Europe*, Vol.Ⅰ, pp. 276-278.

侧还有一片海洋,是为"天外之水",而位于这片海洋和宇宙极顶之间的,就是传说中的圣域(the blest),天使则居住在大地和天空之间。最后,既然圣保罗(St. Paul)称全人类都要生活在"大地的正面",那么人们又如何能够生活在世界的背面,即"对立面"(Antipodes)呢?"我们得知,对于一位基督徒来说,既然有了眼前这条光明大道,就'干脆不该去谈论什么对立面'。"①

科斯马斯认为自己绝不应该去探索"对立面",任何基督教王国的君主也不该资助他出海去找寻"对立面",更不该有信仰基督教的水手去探索"对立面"。在科斯马斯看来,他所绘制的世界地图根本就是合情合理的。我们只有牢记科斯马斯对自己宇宙观的绝对自信,才能想象出他会对麦哲伦(Magellan)或皮里(Robert Peary)这样的地理探险家,以及那些跃入7英里高的天空而有可能与天使相撞,甚至把天穹撞个窟窿的飞行员怀有一种怎样的恐惧心理。同理,战争与政治角力中的任何一方都会为对手"画像",他们将这幅臆想出来的图像视为事实本身,却不知其只是他们心中那个"应然"的事实,而非"实然"的事实——只有牢记这一点,我们才能真正理解战争与政治的残酷性。因此,就像哈姆雷特(Hamlet)用剑击杀帷幕后的波洛尼厄斯(Polonius)并误以为自己刺杀了国王一样,人们对于头脑中的图景与真实世界的混淆也会产生悲剧性的结果,或如哈姆雷特的台词所言:

罗伯特·皮里(1856—1920),美国探险家,世界上第一个徒步抵达北极点的人。

> 别了,你这可怜、鲁莽、多管闲事的傻瓜!我还以为你能过得更好;这都怪你命运不济。

---

① Lecky, *Rationalism in Europe*, Vol. I, pp. 276-278.

2

伟大的人物,哪怕终其一生,通常也只能通过一种虚构的人格为民众所知。所以老话才说:"仆人眼中无英雄"(no man is a hero to his valet)。人们所了解的永远只是事实的冰山一角,因为即使连"仆人"或"私人秘书"这样的角色,往往也是虚构出来的。王室成员的人格毫无疑问是建构的产物,无论其本人是否相信自己的公共形象,抑或只是任由宫廷大臣对自己的形象进行人工设计,我们都能发现在其身上同时存在着至少两对明晰可辨的"自我"——公共的自我和王室的自我,私人的自我和凡人的自我。伟人的传记差不多都是上述两种自我发展的历史,官方编纂的传记再现伟人的公共活动,而那些旨在"揭秘"的回忆录则关注其私生活。举例来说,查恩伍德(Baron Charnwood)笔下的林肯宛若一幅华贵的肖像画,完全超越了普通人的境界,被赋予了史诗般崇高的色彩,其生命的层次几可与埃涅阿斯(Aeneas)和圣乔治(St. George)相提并论。奥利弗(F. S. Oliver)对汉密尔顿(Alexander Hamilton)的描摹则是一种宏伟的抽象,是对某种理念的固化,一如奥利弗先生自己所评价的那样,是"一篇关于美利坚的雄文"。因此,奥利弗为汉密尔顿所做之传记与其说是某个具体人物的生平简介,不如说是一座歌颂美国联邦制的丰功伟绩的纪念碑。有时,人们也会在自以为揭露了某种内情的时候,去主动建构自己

> 查恩伍德(1864—1945),名Godfrey Rathbone Benson,英国作家、学者、政治家、慈善家,曾写作并出版美国总统林肯和老罗斯福的人物传记。
>
> 埃涅阿斯,古希腊神话人物,特洛伊战争中的勇士。
>
> F. S. 奥利弗(1864—1934),英国著名政论作家,曾写作并出版亚历山大·汉密尔顿的传记。

圣乔治,基督教殉教者,传说中的屠龙英雄。

的形象。查尔斯·雷平顿(Charles à Court Repington)和玛戈·阿斯奎思(Margot Asquith)记录第一次世界大战的日记在某种程度上都是自画像,日记中呈现的种种私密细节无疑揭示了两位作者是如何的以自我为中心。

亚历山大·汉密尔顿(1755或1757—1804),美国开国元勋,美国宪法最重要的起草者之一,创立了美国的财政系统以及全美第一个政党。

玛戈·阿斯奎思(1864—1945),即"牛津与阿斯奎思伯爵夫人",英国社会活动家、作家,英国首相H. H. 阿斯奎思的夫人。

查尔斯·雷平顿(1858—1925),英国军官、战地记者,曾出版记录第一次世界大战的日记《战争之后》(After the War, 1922)。

然而,最有趣的肖像是在人的头脑中自觉浮现的那种。斯特雷奇(Strachey)先生写道,在维多利亚女王登基的时候,"民众的情绪沸腾了,每个人都陷入某种伤感或浪漫的氛围不可自拔。而那个面颊红润、天真无邪、温文尔雅的金发少女,如今已成了他们的女王,她驱车穿越首都伦敦的情景让旁观者的内心洋溢着喜悦、爱慕与忠诚。不过,最令人印象深刻的是维多利亚女王与其伯父们的鲜明对比——那些骄奢淫逸、自私自利、愚蠢麻木的龌龊老头儿,给这个国家带来的只有还不清的外债、难以平息的骚乱和远播的臭名。终于,这些老家伙如冬雪一般就地消融。新的女王容光焕发,仿若春天的降临"①。

让·德·比埃尔弗(M. Jean de Pierrefeu)得以近距离观察英雄崇拜现象,因为他曾于著名军事家约瑟夫·霞飞(Joseph Joffre)声望最隆时期在其麾下效力。他如是写道:

约瑟夫·霞飞(1852—1931),法国著名军事家,第一次世界大战期间担任法军总司令。

> 两年来,整个世界都在以一种崇拜的目光看待这位马恩河战役中的胜利者。无名的仰慕者寄来了无数的包裹和信件,只为表达自己对霞飞的狂热崇拜,数量多到压弯了负责搬运行李的管理员的腰。我想,在这场战争中,除了霞飞元帅,恐怕再无第二位将领可以对"光荣"一词有如此深刻的体会。除信件外,仰慕者还成箱寄来全世界最高级的糖果和香槟、各种年份的葡萄酒,以及水果、野味、饰品、器皿、衣服、烟具、墨台和镇纸。不同的地区还有不同的特产。画家寄来自己的画作,雕塑家寄来雕塑作品,可爱的老妈妈寄来被子或短袜,牧羊人则在自己的小屋里为他雕刻烟斗。全世界所有憎恶德国的商人都把自己的产品寄给霞飞:哈瓦那的雪茄、葡萄牙的波尔图葡萄酒……我听说有一位理发师由于实在不知道该送霞飞什么礼物好,便索性用那些崇拜他的人的头发制作了一张他的画像;还有一位职业书法家,创意与之大同小异,只不过画像的内容是由蝇头小字写成的几千条歌颂霞飞的短语。至于那些求爱信,则用各种字迹写成,来自各个国家,讲着各色方言,无一例外地满溢着对元帅的热爱和仰慕。写信人称霞飞为"救世主""法国之父""上帝的代理人""人类的恩主"……而且,这样称呼他的并不只有法国

---

① Lytton Strachey, *Queen Victoria*, p. 72.

人,还有美国人、阿根廷人、澳大利亚人……成千上万不谙世事的小朋友也拿起笔来对其表达自己的崇拜之情,大多数人直接称他为"我们的父亲"。情感宣泄和偶像崇拜的背后,是难以言明的辛酸,成千上万颗心灵通过这种方式来表达对于战争残酷性的反抗。于这些天真的灵魂而言,霞飞就如同战胜恶龙的圣乔治,他的存在就是正义击败邪恶、光明战胜黑暗的象征。

即便是疯癫痴傻之人,也都支持和崇拜霞飞,仿佛是在支持和崇拜真理本身。我曾读到一封来自悉尼的信件,写信人恳求元帅将自己从敌人手中解救出来;还有一个新西兰人,请求元帅派一队士兵占领一名男子的家,因为这名男子欠自己10英镑并拒绝偿还。

最后,还有成百上千的妙龄女子,克服了女性的羞赧天性,瞒着家里人向霞飞求爱,还有一些女孩子干脆愿意做他的仆人。①

理想化的霞飞是由如下元素构成的:那些他领导部下打赢的战役、人们对战争的绝望、个体的悲伤情绪,以及全世界对于未来胜利的期待。然而,与英雄崇拜结伴而来的,是对邪恶的祛除。只要有英雄被制造出来,恶魔必如影随形。假若功绩被完全归于霞飞、福煦(Foch)、威尔逊(Wilson)或罗斯福(Roosevelt)等人,则恶魔的角色就要由威廉皇帝(Kaiser Wilhelm)等人扮演。这些恶魔的恶是无所不能的,一如英雄的善也是无所不能的。对很多已经被战争吓怕的单纯的老百姓来说,世界上的一切政治倒退、罢工、封锁以及见不得光的杀人放火,莫不源自这些人的邪恶本性。

● 3

这种高度象征性的偶像人格在全世界范围内也找不出几个来,

---

① Jean de Pierrefeu, *G. Q. G. Trois ans au Grand Quartier Général*, pp. 94-95.

因此总是吸引着人们的强烈关注,而任何一位作家都难以抗拒这种树立高大全的典型形象的诱惑。我们在对战争进行剖析的时候,往往就会不自觉地树立起这样的典型,但对于英雄形象的人为制造也不是无中生有的。在比较正常的公共生活里,象征图景(symbolic pictures)仍然支配着人的行为,但很难说哪一幅图景是包罗万象的,因为总有其他图景与之竞争。不仅每一个象征符号只能承载极其有限的情感,因其只能代表一小部分人,而且即使在这一小部分人内部,个体之间的差异也是绝难消除的。在社会安定的情况下,舆论的象征符号往往被检视、比较并引起争议。它们来去匆匆,汇成一流之后又被人遗忘,从不会对整个群体的情感进行完全的操纵。毕竟,只有一种行为能够令全人类去共同完成一项神圣的使命。这种行为往往出现在人们尚未感觉到疲倦的战争中期,此时,人的灵魂被恐惧、好战和仇恨填满,这些情绪要么将其他本能摧毁,要么干脆把其他本能吸纳为自己的一部分。

在其他情况下,甚至在战争陷入僵局的时候,我们能看到各种各样的情绪被煽动起来,被人们用以容纳冲突、选择、迟疑和妥协。我们会在后文①中看到,舆论的象征意味常常就是利益平衡的标志。不妨想想,停火协议甫一签订,那个既不牢固也远谈不上成功的"协约国集团"的影像是如何迅速地土崩瓦解的。紧随而来的,则是集团内每个国家为其他国家"设计"的新形象:英国是"公法的捍卫者",法国是"自由边界的守望者",美国则是"东征的十字军"。不妨再想想在每个国家内部,这些象征性图像如何在党派矛盾、阶级冲突与个人野心的搅动下变得破碎不堪。此外,政治领袖的形象也一个接一个地由人类希望的象征转变为幻灭世界里的纯粹的谈判者和管理者,无论威尔逊、克里孟梭(Georges Clemenceau)还是大卫·劳合·乔治(David Lloyd George),概莫能外。

---

① 参见本书第五部分。

乔治·克里孟梭（1841—1929），法国政治家、新闻记者，曾两次出任法国总理，巴黎和会与《凡尔赛和约》的重要主导者。

大卫·劳合·乔治（1863—1945），英国自由党政治家，曾于1916年至1922年间领导英国战时内阁（相当于担任首相）。

我们究竟是该哀叹上述情形为和平时期的"柔性的恶"（soft evil），还是应当将其视为理性的回归而鼓掌喝彩，其实都是无关宏旨的。我们关注"虚构"与"象征"，首先要将其对于现行社会秩序来说所具有的价值抛诸脑后，而简单地把它们视为人类交流机制的重要组成部分。如今，只要一个社会没有小到可以实现百分之百的自给自足并且其中的每一个成员都对发生过的每一件事了如指掌，那么这个社会中的人就一定会用"观念"这个东西去处理那些他们无法亲睹、亲历的事务。戈弗草原镇的舍温小姐（Miss Sherwin of Gopher Prairie）①知道法国的战况十分惨烈，也尝试对战争的情景加以理解。但她以前从未踏足法国，也从未到过战争前线。她见到过法国士兵与德国士兵的图片，却决然无法想象300万人的场面是何种模样。事实上，任凭谁也想象不出来，而研究战争的专家干脆连试都不要试——他们会想象有200个师的兵力投入了战争。舍温小姐可弄不到作战地图，于是就算她真的要去琢磨这场战争，也一定是将其看作法将霞飞与德皇威廉之间的私人决斗。在她眼中，这场战争的图像与一尊18世纪风格的军人塑像别无二致。这尊塑像比真人更高大，无畏而平静地站立着，身后则是一支规模甚小、轮廓模糊的部队，隐

---

① 辛克莱·刘易斯（Sinclair Lewis）的小说《大街》（Main Street）中的地名和人物。

隐约约地浮现在地平线上。不过,似乎大人物也并非对这种虚构出来的形象毫不在意。比埃尔弗曾在他写的传记中讲述了一位摄影师给霞飞元帅拍照的故事。照片中,元帅待在他的"中产阶级办公室里,坐在上面连半张纸都没有的工作台前,签写自己的名字。突然间,人们注意到墙上没有挂地图——要知道,在大多数人的观念里,只有元帅没有地图的场景是不可想象的。于是,立刻有人在墙上挂了几张地图。照片拍完之后,这些临时挂上的地图又被撤掉"①。

  人对于自己没有经历过的事物产生感觉的唯一途径,就是借助自己头脑中为该事物勾勒的影像。正因如此,我们只有在充分了解他人的思想以后,方可真正理解他人的行为。我曾见过一位成长于宾夕法尼亚州某矿城的少女骤然间从兴高采烈变为悲痛欲绝,而这种情绪剧变的诱因仅仅是一阵狂风吹坏了厨房的一扇窗。几个小时过去了,她仍然哀伤得难以自持,对此我完全无法理解。后来,她才告诉我缘由:窗玻璃的破碎意味着至亲的离世。原来,她刚才那么悲伤是因为她以为那个吓得自己离家出走的父亲出事了。当然,他的父亲很快就被证明安然无恙——发个电报问一问就知道了。不过,对于少女而言,在收到父亲的回电之前,那扇破碎的玻璃窗就成了一条真实可信的信息。原因何在?恐怕只有经过资深精神病学家的细致排查方可探明。然而,即便是最漫不经心的观察者也能看出来,这位饱受家庭问题困扰的少女产生了某种完全虚构的幻觉,而构成这一幻觉的要素包括一个外界事件、一种埋在心底的迷信、一阵充满懊悔的情绪波动,以及女儿对父亲的爱与恐惧。

  上述事例中出现的种种反常状况只有程度的差异而已。若一位司法部部长家门口发生了炸弹爆炸事件,且他因受惊而对某革命文学作品中所说的"1920 年 5 月 1 日将爆发革命"一事深信不疑,那么我们完全可以判断是同一种心理机制在起作用。无疑,战争为这一心理机制提供了大量的案例:偶然性事件、创造性的想象以及对信任

---

① Jean de Pierrefeu, *G. Q. G. Trois ans au Grand Quartier Général*, p. 99.

的渴望这三种因素催生的虚假事实,激发了人类的暴力天性。原因是显而易见的:人类会在特定情况下对虚构出来的事件做出和真实事件一样剧烈的反应;而在很多时候,那些虚构出来的事件恰恰就是在人类自己的参与下建构出来的。那些不相信俄国军队于1914年8月横穿英格兰的人,那些只要看不到直接证据就绝不相信任何暴行传闻的人,那些从不相信关于阴谋、叛徒或间谍行径的无据指摘的人,我们需要听到他们的声音。而那些对比自己无知的人所讲的话心存怀疑、从不将道听途说的内容当作事实真相的人,也变得凤毛麟角。

在所有这些事例中,我们必须尤其注意一个共同因素的存在,那就是人与其所处的环境之间存在的那个拟态环境(pseudo-environment)。人的所有行为都是针对这一拟态环境做出的。不过,这些行为(behavior)如果是具体的行动(acts),其产生的后果就不是作用于催生了这些行为的拟态环境,而是作用于那个实实在在承载了这些行动的真实环境了。如果这些行为并非具体的行动,而是我们泛称的"思想感情",则其会在极长的时间内维系虚拟世界的存在,直至虚拟世界内部出现明显的断裂。不过,当拟态事实(pseudo-fact)带来的刺激导致了针对具体的人或事的行动,冲突就会迅速发展起来。紧接着,一系列情绪排山倒海般袭来:头撞南墙的情绪、汲取经验教训的情绪、亲历赫伯特·斯宾塞(Herbert Spencer)所谓"用一系列残忍的事实谋杀一个美丽的理论"的悲剧的情绪,以及因不适应环境而不安的情绪。毫无疑问,在社会生活的层面上,人类对环境的适应必须通过"虚构"(fiction)这一媒介来完成。

赫伯特·斯宾塞(1820—1903),英国哲学家,著名的社会达尔文主义者,因将生物进化论用于解释社会变迁而著称。

虚构不等于谎言。虚构指的是对于环境的某种再现(representation),其在某种程度上是由人类自己创造出来的。虚构的范围很广,从彻头彻尾的幻觉,到科学家对于图表模型的理性运用,甚至为了解决一个特定问题而将计算的结果精确到小数点后第几位的决定,都可被归入虚构的范畴。一种虚构中到底有多少真实的成分,是因时因地而异的,人们只要能够意识到这一点,就不会被虚构所误导。事实上,人类文化在很大程度上是对威廉·詹姆斯(William James)所言之"偶然迸发的思想火花"①的选择、重构与探索。若舍弃虚构,就只能去直面情感的潮起潮落。所以说,你实际上无法完全舍弃虚构,因为无论你以何等天真的目光去打量周遭的世界,纵使天真是智慧的源泉和补充,天真本身都不等于智慧。

真实的环境在总体上过于庞大、复杂,且总是转瞬即逝,令人难以对其深刻理解,我们实在没有能力对如此微妙、如此多元、拥有如此丰富可能性的外部世界应付自如。而且,尽管我们必须在真实环境中行动,但为了能够对其加以把握,也必须依照某个更加简单的模型对真实环境进行重建。这就像一个人若想环游世界,就必须有一张世界地图——对于他们来说,最大的困难在于如何依靠一张不是在波西米亚(Bohemia)海岸绘制的地图实现自己或他人的愿望。

● **4**

于是,对舆论的分析就必须从厘清下述三者之间的关系开始:行动的环境、人们头脑中关于那个环境的图景,以及人们对于从环境中生发出来的那幅图景做出的反应。这一切就像一出要求演员本色出演的戏剧,剧中情节并不仅仅是虚构的表演,而且深深嵌入了表演者的真实生活。电影这种艺术形式便时常以高超的技巧去展现同时包含了内在动机与外部行为的双重戏剧效果。比如,两个男人似乎在为了钱的问题争吵,但他们的情绪激烈到令人费解的程度;紧接着,图像淡出,荧幕上浮现出其中一个男人的内心活动的景象——表面上,他们是为了钱而起争执,但在内心深处,他回忆起年轻时曾有一

---

① James, *Principles of Psychology*, Vol. II, p. 638.

个女孩抛弃自己选择了对方。这样一来,外在的戏剧冲突就得到了解答:男主人公并不是一个贪得无厌的人,他只是深深坠入了爱河。

类似的情景还出现在美国参议院。在1919年9月29日的早餐桌上,一些参议员读到了《华盛顿邮报》(*Washington Post*)上的一则新闻报道,内容是关于美国海军陆战队在达尔马提亚(Dalmatia)海岸登陆的。报道中这样写道:

真相既成

> 以下重大消息看来已经确凿无疑。通过在伦敦的战争委员会(War Council)和海军少将纳普斯(Knapps),英国海军部对指挥亚得里亚海域海军力量的美国海军少将安德鲁斯(Andrews)发号施令,而美国海军部对此事未能取得任何发言权。

丹尼尔斯被蒙在鼓里

> 电报跨海而来,声称原本应当由丹尼尔斯(Daniels)先生全权掌控的军队,正在他本人毫不知情的情况下,进行着几乎可以被称为战争的行动。消息一到,人人皆知丹尼尔斯先生被摆在了一个诡异的位置。人们充分认识到,**英国海军部可能图谋向海军少将安德鲁斯发号施令,使他依英国及其盟友的利益行事**。理由是,情势所迫,为了遏制邓南遮(D'Annunzio)的势力,某些国家必须做些牺牲。
>
> 于是,人们意识到:**按照新的国际联盟的安排,外国人可以在紧急状态下对美国海军发号施令,而不管美国海军部是否同意**……(黑体系作者所加)

第一位就此事发表评论的参议员是宾夕法尼亚州的诺克斯(Knox)先生。他愤愤不平地要求启动调查。随后发表意见的是康涅狄格州的参议员布兰迪其(Brandegee)先生,他已经在愤怒情绪的左右下变得有些轻信、盲从,因为就在诺克斯先生还在质询以上报道的真实性时，本该随后发言的布兰迪其先生已经开始提问："假如美国海军已经被歼灭了呢？"这一提问反过来又激发了诺克斯先生的兴趣，他忘记了自己之前对真实性的质询，回复道："美国海军若被歼灭，那就是战争降临了。"而此时引发以上讨论的那种激愤情绪，完全基于尚不明确的假设。讨论继续进行。伊利诺伊州的麦考密克（McCormick）参议员提请参议院注意威尔逊政府有可能在未经授权的情况下发动一系列小规模战争，他还搬出了西奥多·罗斯福（Theodore Roosevelt）关于"缔造和平"的名言。讨论愈加热烈。布兰迪其先生评论称，海军的行动"是在不知位于何方的最高军事委员会（Supreme War Council）的命令下进行的"，而据他所知，该机构中似乎并没有人代表美国的利益。由于最高军事委员会并非经美国宪法设立，因此印第安纳州的参议员纽（New）先生提出了一份议案，要求提供相关事实信息。

到这时为止，参议员们仍然只是模糊地意识到他们所讨论的是一则流言。他们大多是律师出身，或许还记得证据所应必备的要件；但作为血气上涌的男人，他们让愤怒侵占了本应属于理智的空间。面对美国海军受外国政府号令并在未经国会许可的情况下卷入战争的消息，愤怒情绪的产生是自然而然的。在情感上，这些先生亦很乐意相信这则消息是真实的，因为他们均为共和党人，而共和党是强烈反对国际联盟的。至于民主党方面，上述情况激起了内布拉斯加州党魁希契柯克（Hitchcock）先生为最高军事委员会的辩护。他辩称，最高军事委员会是在行使战争权，而且正是共和党造成的拖延使得和平迟迟未至，因此委员会此举是合法且必要的。至此，民主、共和两党都假设报道中的信息是真实的，并由此各自得出符合其党派立场的结论。然而，这一了不得的假设，却恰恰产生于要求调查这一假设所涉事实真实与否的议案引发广泛讨论之后。此事说明，即便是对于训练有素的律师而言，先等待有关反馈，再发表评论，也是一件相当困难的事。评论往往与质询同时出现。虚构的事实通常由于符合人们的期待而被当作真相。

13　　几天之后,官方报告称:美国海军既非在英国政府或最高军事委员会的指令下登陆,亦非在与意大利作战,而只是应意大利政府的请求登陆并为意大利人提供保护,其指挥官还接受了意大利政府的官方致谢。海军此举并非与意大利交战,其行动的依据是一项既存的国际惯例,与国际联盟没有任何关系。

在这个事例中,行动的环境是亚得里亚海域,而华盛顿参议员的头脑中关于这个环境的图景,是被预设的。预设的动机是要达到蒙蔽的目的,进行预设的人则毫不关心亚得里亚海域真正发生了什么,只是一心想要击垮国际联盟。这一图景在参议院导致的结果,就是针对国际联盟形成的愈加严重的党派意见分歧。

● 5

有关这个事例,我们不必去探讨参议院的表现是高于还是低于其一贯水准,也不必争辩参议院的水准是否高于众议院或其他国家的议会。在这里,我只想反思一种遍及世界的奇特现象,即人们如何受到其脑海中拟态环境的刺激,而对自己所处的真实环境采取行动。相互进攻的两个国家往往各自坚信自己是在防卫;交战的两个社会阶层往往同时声称自己站在公共利益的立场上。尽管这一现象可能只是刻意的政治谎言,但政治学仍然有必要对那些不是谎言的现象加以解释。我们可以说,以上情形中的冲突双方根本身处不同的世界;或者说,其虽身处同一世界,但所思所感在完全不同的世界展开。

此类相互区别的"小世界"乃是基于个体、群体、阶层、地域、职业、国家等标准而被人为划分出来的。庞大的社会及其对各色人等施加的政治操控正是通过作用于这些小世界来实现的。这些"小世界"的多样性和复杂性是难以描述的,但也正是这些人脑想象的产物,对人的政治行为发挥着决定性的影响。世界上有五十余个享有权力的国会,每一个都至少由一百个立法机关构成;而这些机关之下有至少五十个省、市层级分支,这些分支又有自己的管理、行政、立法部门。以上这些加在一起,才构成了当今世界上的国家政治权力体系。然而,政治生活的复杂性远远不限于此,因为在这不可胜数的国家机关之外,还存在着政党。政党是阶级、部门、集团或宗派的集群,由作为个体的政客组成,而这些政客又无一例外不身处某一被人际关系、回忆、顾虑和愿望所支配的私人化的小世界之中。

操纵也好,妥协也罢,甚至是采用互投赞成票的手段,政治实体终归要通过某种方式做出决策、下达政令,而决策的理由在很多情况下显然是只可意会不可言传的。政令范围广泛,往往包括一国参战、征兵、收税、流放、监禁等诸多事项,以及决定对某项财产予以保护抑或查抄充公,扶持或遏制何种产业,是否鼓励移民,在多大程度上保护通信自由或对其进行审查等;此外,还有兴建学校、组建海军、宣示各种"方针"和"政治使命"、提高经济壁垒、授予与取消某项财产权利等事项;又如规定某一类人受另一类人的管辖,偏袒一个阶级而反对另一个阶级;等等。在做出以上每一项决策的过程中,决策者都会因受到关于事实的某些"意见"的影响而得出自己的结论,并根据自己对环境的"分析"而形成某一观点或产生某种感受。我们不得不思考:究竟哪些"意见"和"分析"会发挥上述作用?为什么发挥作用的是这些"意见"和"分析"而非其他呢?

上述种种尚不足以穷尽政治生活的复杂性。官方政治体系存在于社会环境之中,这个环境中又有着不计其数的大小企业和机构、自治或半自治组织,以及各色国家级、行省级、地方或片区利益集团;这些组织机构和利益集团似乎并不直接参与政治决策的过程。那么,决策究竟是在怎样的基础上做出的呢?

切斯特顿(Chesterton)先生在他的文章中提道:"现代社会在本质上是不牢靠的,因为它赖以构建的基本观念是:人们在不同原因的导向下会采取同样的行为……但正如每个罪犯心中的罪念各不相同,每个普普通通的城郊办事员的头脑中也可能有着迥然不同的哲学观点。举例来说,第一位办事员可能是一位唯物主义者,他把自己的身体想象成一架机器,认为自己的意识就从这架机器中被生产出来。脑海中的思绪,于他而言,就如同单调的、无意义的钟表指针的走动声。住在隔壁的另一位则可能是一名基督教科学派成员(Christian

Scientist),他认为自己身体的存在比自己影子的存在还要单薄,甚至可能感到自己的四肢只是一种幻觉,就像颤抖的乱梦中摇摆的蛇。而走在马路上的那一位,不是基督教科学派成员,而是一名虔诚的基督徒,邻居们大概会将其描述为活在童话里的人,这个童话既隐秘又编得滴水不漏,他在里面结交了很多超自然存在的朋友。第四个人可能是一个通神论者(theosophist),且极有可能是一个素食主义者。至于第五个人,我们不妨充分施展自己的想象力并将其设定为一个恶魔崇拜者……无论上述设想是否对我们讨论问题有帮助,有一点是难以否定的,那就是由如此复杂多样的人'联合'起来构成的社会必然是脆弱的。要让这些世界观迥异的人始终采取整齐划一的行动,显然是很难做到的。这样的社会,不是以交流融通为基础,甚至也不是以契约和协议为基础,而是以偶然性为基础。这些人可能会在某天不约而同来到某盏路灯下,但目的完全不同:其中一人是为执行城市改造任务而将灯柱漆成豆绿色,另一人是为借灯光阅读自己的每日祷告书,还有一个人是在酒精的作用下心血来潮想要抱住灯柱,最后一人则只因站在豆绿色的灯柱下等他约会的女伴比较显眼。四人聚在路灯下,完全是一种巧合,因而若期待这样的情形能够频繁出现,就不太明智了……"①

现在,我们不妨将刚刚提到的灯柱下的四人置换一下,将其想象成政府、政党、企业、社会、群体、商界、业界、高校、党派、国家等。想想正在就一项可能影响到很多人的法规进行投票的立法者,以及正在做出决策的政治家;想想正在重新划定欧洲国家边界的巴黎和会,同时揣摩着母国政府和出使国政府意图的大使,在欠发达国家争取特许权的推销者,呼吁发动战争的报纸编辑,请求警方限制娱乐活动的牧师,决定发起罢工的俱乐部酒廊,谋划对学校进行管理的缝纫妇女会,正在裁决俄勒冈州的立法机关是否有权决定妇女工时的九位最高法院大法官,就是否承认某国政府进行决议的内阁会议,选举候

---

① G. K. Chesterton, "The Mad Hatter and the Sane Householder," *Vanity Fair*, January, 1921, p. 54.

选人或起草纲领文件的政党集会,2700万正在投票的选民,惦念着某个贝尔法斯特(Belfast)爱尔兰人的科克(Cork)爱尔兰人,计划重建整个人类社会秩序的共产国际,应付着雇员的一大堆要求的董事会,正在择业的青年男子,正在估算下一季度供求量的商人,正在预测市场动向的投资者,正在考虑是否应给一家新企业提供贷款的银行家,广告商,广告受众……在不同的美国人眼中,"大英帝国""法兰西""俄罗斯""墨西哥"这些概念的含义可以千差万别。这样的差异性和切斯特顿先生列举的豆绿色街灯下那四个人的情形,在本质上是相同的。

● 6

不过,暂且不要忙着分析人与生俱来的错综复杂的差异性。眼下的当务之急,是充分地意识到每个人对于其所处世界的认识都是差异显著的。[①] 当然,我毫不怀疑作为动物的人类的不同个体之间必然存在显著的生理差异——没有才怪。但是,人的一切行为都是其对于环境做出的反应。作为一种拥有理性的动物,在尚未确定行为环境具有值得衡量的相似性的前提下,就先去总结行为的相似性,此类做法实在过于浅薄。

人们对于天性与后天教育,以及先天品质与环境影响之间的关系的争论由来已久。而上述观点的实际价值就在于对这一争论做出了十分必要的改良。"拟态环境"概念的提出,正是对人的天性与环境条件两者加以综合的结果。仅凭对人的行为的观察,便去斩钉截铁地描述人的本质、预测人的未来,甚或试图直接归纳社会的基本环境条件,都不过是夸夸其谈而已。"拟态环境"的概念可以表明这种夸夸其谈的无效性。原因在于,我们事实上并不知道人对于宏大社会的事实信息会做出何种反应,我们所知道的仅仅是人对于宏大社会中的某个极其不完整的片段图景会做出何种反应。基于有限的事实材料,我们既不能针对宏大的社会环境得出任何概括性的结论,又

---

① 参见 Wallas, *Our Social Heritage*, p. 77 及后文。

不能针对人本身得出任何概括性的结论。

让我们沿着这个思路继续追问下去。不妨假设每个人的行为都非基于直接的、确定的事实信息,而是基于由其意识加工出来的关于事实的图景,或由别人向其传递的此类图景。例如,若某人拥有一本地图集,且这本地图集告诉此人世界是一个平面,那么他就一定会避免在行船中驶向假想中这个平面的边界,因为他担心会"掉出去"。若某探险家在地图上看到某处有一眼可以令其永葆青春的泉水,那么他便会踏上寻找这眼泉水的旅途。若某人挖掘出了在其看来像黄金一样的黄色的东西,那么他在相当长的时间内都会以为自己真的找到了黄金。人在任何时间点上的行为都是基于其彼时彼刻对于现实世界的某种想象。这种想象能够决定人们为何事而奔忙,产生何种情绪,怀有何种希望,却无法判定人们最终会取得何种成就,以及事情将会迎来何种结果。

如果我们试着用趋利避害的原则来解释社会生活,便会很快发现这种享乐主义的思路回避了一个问题:如果我们假定趋利避害就是人的社会生活的目标,那么人们何以认定某种方式就一定比另一种方式更能"趋利避害"呢?这一关键问题并没有得到解答。是通过道德感的指引吗?那么,为什么人会怀有某种特定的道德感呢?又或者可以通过经济上的利己心理来解释?那么,一个人是如何确定什么才是自己所追求的利益的呢?又或者可以用人对安全感、名誉、支配权或所谓的自我实现(其含义其实比较模糊)的追求来解释?可是人们又是如何认定何为安全感、名誉、支配权,以及如何确定自己想要实现何种自我呢?毫无疑问,快乐、痛苦、道德、成就、守护、提升、征服,都是对人的行为方式的一种解读。人的本性之中存在对于这些目标的趋向性。但是,对于这些目标的表述以及对于这种趋向性的描述,并不足以解释作为结果的人的行为。人们常常进行推理,这一事实本身就证明拟态环境——现实世界在他们头脑中的再现——是其思想、感情、行为的决定因素。因为假如现实与人对现实做出的反应之间的关系并非间接且基于推断,而是直接的、毫无迟延的,那么便不会存在犹豫不决或判断失误,萧伯纳(Bernard Shaw)也就不会说"除了作为胎儿在母亲腹中的那九个月,人对自身事务的料理还不如植物"(因为我们无法像子宫中的胎儿那样融入我们所处的这个世界)。

正是由于外部世界与人的反应之间的这种特殊联系,我们很难将弗洛伊德的精神分析框架用于对政治意见的研究。弗洛伊德的理论关注的主要是独特的个体与其所处具体环境以及环境中其他个体之间的冲突,其假定如果个体内在的精神错乱得到了矫正,那么个体与环境之间就能始终保持应有的正常关系。然而,舆论所涉及的内容往往是间接的、不可见的、难以捉摸的,它们无法变得明晰——舆论中所指的环境,其实是各种各样的意见。而精神分析学家几乎总是假定环境是可以被确知的;即便不能被确知,任何一个智力正常者也都能理解并对其做出相应反应。对于舆论研究而言,这个假设是问题的关键所在。社会分析并非想当然地将环境假定为可确知的;相反,研究者最为关心的就是人们认知宏大政治环境的过程,以及如何让这一过程更为顺畅,从而实现更好的认知。如果说,精神分析学者和社会分析学者的研究所围绕的中心都是 X,那么精神分析学者研究的就是所谓"环境"对 X 的影响,而社会分析学者研究的是 X 本身——拟态环境。

社会分析学者当然常常深受前沿心理学说的影响。这不仅是因为只要恰当地运用心理学就一定可以为人们获得自主性的过程提供明显的帮助,而且缘于心理学对于梦想、幻想及其合理化解释的研究有助于揭示拟态环境的全貌。不过,社会分析学者无法像精神分析学者那样,在选择一种评价标准来衡量自己的职业时,要么视其为既存社会秩序内的一种"正常的生物学研究事业"[1],要么反过来称其为既存社会秩序外的一种"摆脱了宗教压制和教条习惯的自由事业"[2]。对于社会学家而言,"正常的社会学研究事业"究竟是什么?

---

[1] Edward J. Kempf, *Psychopathology*, p. 116.
[2] *Ibid.*, p. 151.

"摆脱了宗教压制和教条习惯的自由事业"又是什么？保守的人当然可能会将社会分析归为前者，而浪漫主义者可能将其归为后者。但这样一来，整个世界都被"想当然化"了，因为无论归于哪一点，都等于在宣称社会是一种符合所谓"正常"（或"自由"）标准的存在。然而，实际上，这两个标准仅仅是两种不同的舆论意见而已。精神分析学者或许可以有此说法，但是社会学家不应以本就属于舆论意见的观点作为评价舆论研究的标尺。

● 7

在政治生活中，我们面对的世界是不可触摸、无形无边、难以捉摸的。对于这样的世界，人们只能去探索、描摹和设想。人类并非亚里士多德学说中能够洞察世事的神明，而是经过了漫长的进化历程形成的物种。每个人在现实世界里仅存在于很有限的一部分时空之中，而这一部分时空又刚好能够维系我们的生存。我们所拥有的幸福和远见与漫长的时间之河相比，不过是转瞬即逝的片段而已。然而，人这种生物又能够另辟蹊径，使自己看见肉眼看不到的维度，听见双耳听不到的信息，测度无限大和无穷小的存在，并将原本单凭一己之力绝不可能全部记忆的无穷尽的事物加以统计和区分。人类正不断学习用其大脑去观察世界更广袤的部分，这部分世界原本是人看不清、摸不着、闻不到、听不见，也记不住的。就是在这样的前提下，人们开始逐步在自己的脑海中形成一幅关于那个自己不可企及的广袤世界的"可靠"的图景。

在一些事情上，我们的行为与他人的行为相互勾连，即我们的行为会对他人的行为产生影响，他人的行为也对我们的行为意义重大——我们通常笼统地将这类事情称为公共事务，而公共事务是我们所处的世界的一个重要层面。"他人"头脑中关于自我，关于其他人，以及关于自身需求、目标和社会关系的认知图景，就构成了他们个人的意见；而这些图景一旦成为社会中某个群体的行动指南，或以社会群体的名义由一些个体去付诸实践，那么就成了更宏大意义上的舆论。在接下来的章节中，我们将首先探讨为何人脑中的这些图景常常会对人与外部世界互动的行为构成误导。对此,我们先要考虑哪些因素阻碍了人们对于事实的认知。这些因素包括:人为的审查机制、对社会交往的限制、人们每天用于关心公共事务的时间的匮乏、以过简的信息叙述事件所导致的事实扭曲、用有限的词语描述复杂世界的难度,以及人们因不愿打破稳定的社会生活现状而怯于直面事实的情形。

然后,我们的分析会从这些浅表的限制因素进入另一个领域,即从外部世界进入个体意识内部,去探讨信息是如何受到人脑内既存的认知图景(如先入之见、偏见)的影响,被其诠释、加工,最后又反过来操纵我们的注意力和意识的。刻板印象就是由从外部世界进入个体意识的有限的信息构成的,我们会考察个体如何从自己的立场出发去对这些信息加以感受和认识。紧接着,我们会挖掘所谓的舆论是如何在观念的基础上形成的——国家意志也好,群体心理和社会目的也罢,不管你用什么概念去表达,我们就是要分析它们是怎么产生的。

本书前五部分主要是描述性的。从第六部分开始,我们将分析传统的民主理论中有关舆论的内容,其要旨在于指出:人脑中的认知图景并非天然与外部世界相符,而由此引发的问题从未被传统的民主理论严肃对待。由于社会主义思想家对民主理论提出了批判,本书对其中最有见地、最有条理的思想体系,即英国的基尔特社会主义者(Guild Socialists)的观点,进行了一番考察。这样做的目的在于探究社会制度的改革者是否将有关舆论的诸多重要问题纳入了考虑。我的结论是:他们和传统的民主主义者一样,完全无视舆论问题,因为即使在一个更复杂的文明中,他们同样不假思索地认定人的意识中天然存在着关于其无法掌握的广大世界的知识。

在我看来,代议制政府,无论在我们通常所说的政治范畴内,还是在产业发展问题上,都不会实现成功的运作。这是因为,无论选举基础多么牢固,除非有一个独立的专业机构能够将那些"看不见的事实"揭示出来,使决策者能够理解,否则决策过程就不可能是理性的。

所以，我们不仅要选举出一些人来代表人民，而且须使那些"看不见的事实"能够被表达以形成补充。我要论证的是，若我们能严肃地接纳这一点，单是这种接纳的意愿和行为，就可以确保实现令人满意的分权机制。人人都应该对公共事务拥有良好的见解，这样的想法是一种幼稚可笑的幻想，绝不可能实现；而上述过程将会让我们从这种幻想中解脱出来。新闻媒体令人困惑之处就在于，任何政策、任何主义的鼓吹者或反对者都期待它将幻想变成现实，希望它能补充民主理论所未能预见的问题；而读者也盼望上述幻想能够在无须付出任何代价的情况下轻而易举地实现。报纸被民主主义者当成了弥补民主制度自身缺陷的灵丹妙药，然而新闻的特性及对新闻业经济基础的分析表明，报纸不可避免地反映并强化着舆论机器的缺陷。我的结论是，舆论必须首先经过组织，然后再提供给新闻媒体去表达，而非如今这样由媒体去组织舆论。我认为，这个组织过程应由一门政治科学来完成，这门科学须拥有类似"配方设计师"的地位；政治学家则应取代那些无异于"事后诸葛亮"的决策鼓吹者、评论家和新闻记者，在决策做出之前便发挥作用。我将试图证明，政府和产业层面的种种难题正给政治科学创造着丰富其自身并为公众提供服务的良机。我当然也希望这本书能够让一些人以明确而积极的态度认清并把握这一良机。

第二部分　通向外部世界之路

第二章

审查与保密

● 1

在历史上一场重大战役的最艰难的日子里,一位将军正在主持一场新闻编辑会议。这也许听起来更像是电影《巧克力士兵》(*The Chocolate Soldier*)中的一幕而不是现实生活中的场景。然而,这是我们从法国公报的一位编辑那里获得的一手信息。据这位编辑回忆,此类编辑会议是当时日常军机要务的一部分——在凡尔登战役最激烈的阶段,霞飞将军和他的幕僚总会聚在一起,为第二天早晨要见报的文章字斟句酌。

"1916年2月23日晚的公报是在一种戏剧性的氛围中编辑的,"比埃尔弗先生说,"首相办公室的贝特洛(Berthelot)先生刚刚在首相的授意下来电,要求贝利(Pellé)将军对报道文章做强化处理并突出敌军进攻的强度。在当时的情况下,局势可能真的会滑向一场灾难,有必要使公众为最坏的结果做好准备。这种焦虑情绪清楚地表明当时政府在总司令部和军务部方面均未收到乐观的消息。贝特洛先生传达首相的命令,贝利将军边听边做记录。他将记录着来自政府的这些命令的文件递给我,还有一份从俘虏那里得来的据称是冯·戴姆林(von Diemling)将军当天下达的军事指令,其声称:德国的此次进攻是为了确保实现和平而做出的决定性努力。所有这些内容,经过合适的组织利用,就能很好地用来说明德军的进攻来势凶猛、前所未有,而且意在通过此举的成功来结束战争。而这样的信息背后的逻辑是,人们不应该对我军的后撤感到吃惊。一小时后,我拿着我写的草稿走下楼,发现克劳代尔(Claudel)上校的办公室里,除了他本人不在之外,已经聚齐了雅南(Janin)将军、杜邦(Dupont)上校和伦瓦尔(Renouard)中校。因为担心我的稿子达不到期望的效果,贝利将军还亲自准备了一份公报草稿。我读了我的版本,得到的评价是太过温和,而贝利将军的稿件又过于令人惊恐。我的稿子中有意略去了冯·戴姆林将军的命令内容,因为加入这些内容**会打破公众习以为常的公报的论调**,并把这则命令变成一种恳求。这就像是说:'我方哪里还能反抗呢?'我们有理由担心,公众会被论调的突然转向弄晕了头,认为一切都完了。我将上述理由讲了出来,并建议把戴姆林的命令作为另一则消息单独提供给报纸。"

"由于出现了意见分歧,贝利将军找卡斯泰尔诺(Castelnau)将军来做最后的决定。卡斯泰尔诺将军微笑着来了,文雅而幽默,他调侃我们是新式的战时文人委员会,然后便开始看稿子。他选择了比较简洁的版本,强化了第一段,加入了'如我方所料'的字眼来增强安定人心的效果,并明确地反对将冯·戴姆林的命令纳入其中,而是要求将其作为专稿提供给新闻界……"① 霞飞将军当晚仔细审看并批准了这份公报。

几小时之内,这两三百字的内容就会传遍世界。它在人们的脑海中描绘出一幅凡尔登战场的山坡上所发生之事的图景。面对这幅图景,人们可能会精神振奋,也可能会一蹶不振。从布列斯特的店主到洛林的农夫,从波旁王宫里的议员到阿姆斯特丹或明尼阿波利斯的编辑,所有人都须心存希望,同时准备好接受可能的战败,但又不至于陷入恐慌。为此,传递给他们的信息被塑造成:法军指挥部对于己方损失阵地并不惊讶;此事虽须严肃对待,却没必要为之惊奇。然而,事实上,法军并没有做好应对德军进攻的准备:支援堑壕没挖,备用

---

① Jean de Pierrefeu, *G. Q. G. Trois ans au Grand Quartier Général*, pp. 126-129.

道路没建,有刺铁丝不够用。但如果坦承以上现状,老百姓脑海中浮现出的图景可能会使一次军事失利转变成一场灾难。法军指挥部也许会对战况失望,但他们还能振作起来。然而,国内外的百姓,一旦知道了全部真相,由于内心充满疑惑,又缺少专业军人的坚定意志,可能就会在耳闻有关军事指挥官是否称职的派系内讧后对战局感到迷茫。基于上述考虑,当局并没有将将军们所知的全部事实都呈现给普通百姓,而只是告知了部分事实信息,只有这样才最可能稳定人心。

在上述情形中,设置拟态环境的人是了解真实环境的。只是以后发生的事件,连法军参谋部都不知实情。德国人那天宣布①,他们于前一天下午发起突袭,夺取了杜奥蒙要塞(Fort Douaumont)。尚蒂伊(Chantilly)的整个法军指挥部都对这则消息困惑不解,因为 25 日上午第 20 军团参战后,战局已有所好转,前线发回的报告并未提及杜奥蒙。然而,调查表明,德国放出的消息是真实的,尽管无人知晓要塞究竟是如何失守的。此时,德国人的公报已经人尽皆知,法国方面不得不有所回应。于是,司令部解释道:"尚蒂伊方面完全不知晓这场进攻是如何发生的,我们只能对它的执行计划进行推想,并将其载于 26 日晚的公报,而此事确实发生的概率微乎其微。"载于公报的推想内容如下:

> 一场激烈的战斗正在杜奥蒙要塞附近进行,它是古老的凡尔登防御系统的前哨。敌人今天上午**发动了多次不成功的进攻,多次遭受重大损失后**,他们攻占了这个阵地,但我军已夺回要塞并继续向前推进,敌人已无力反击。②

---

① 宣布时间是 1916 年 2 月 26 日。Jean de Pierrefeu, *G. Q. G. Trois ans au Grand Quartier Général*, p. 133 及后文。

② 这是我自己的译文,2 月 27 日星期天的《纽约时报》(*New York Times*)发布了来自伦敦的英文译文,说敌人"付出了惨重代价",而法文原文是"pertes très élevées"("重大损失"),可见英译对原文进行了夸张处理。英文译文如下:"(1916 年 2 月 26 日伦敦电)杜奥蒙要塞,古老的凡尔登要塞的前沿阵地,近日见证了一场激烈的战争。敌军经过若干次徒劳的进攻并付出惨重代价后占领的区域,很快就被我军夺回。我军继而又将前线向敌方推进。敌军的全部反攻努力都已被我军击退。"

实际情况与法德双方的说法均有出入。在前线部队的调遣过程中,由于命令混乱,该阵地不知怎么就被忘在了脑后。之后,一名连长和几名士兵留在要塞。一些德国士兵看到大门洞开,便悄悄摸了进去,里面的人成了俘虏。不一会儿,山坡上的法军就因看到从要塞射出的子弹而惊恐万状。杜奥蒙并未发生战斗,也无人员伤亡。法军并未像公报说的那样,穿越要塞向前进军。事实上,德法双方都穿越了要塞,但其控制权落入了德军之手。

然而,公报似乎让所有人都相信要塞已经陷入了法军的半包围。公报本身并未说得如此明确,但是"像往常一样,新闻界做了加工"。军事记者断定,德军很快就会放弃要塞投降。几天之后,他们开始自问:要塞中的德军缺少食物,为什么还不投降?"有必要通过新闻局来要求新闻界停止那些关于'包围'的论调了。"①

● 2

这位编辑告诉我们,由于战役打个没完,他和他的同事开始不断渲染德国人的惨重伤亡以淡化德军顽强坚守的事实。必须记住的一点是,当时——事实上直到1917年年底——协约国人民的主流观点都是这场战争的成败取决于"消耗",没有人相信运动战。人们坚持认为,战略或外交手段都没有用,战争不过就是不断地杀德国人。一般公众或多或少地相信这套理论,但是德军一再的胜利让人难以视而不见。

"几乎每天的公报……都在描述德军遭受的所谓公正的审判,说他们损失极为惨重,说到血腥的伤亡,说到屠杀和成堆的尸体。同样,无线电广播也不断援引凡尔登的情报局所统计的数据,局长宽泰(Cointet)少校发明了一种计算德军伤亡数字的办法,用这种办法算出的数目可想而知是相当庞大的。每两周这个数字就会增加10万左右。就这样,这些30万、40万、50万的伤亡数据,被用来算出每天、每周、每月的平均数目,总之是以各种方式反复呈现,制造耸人听

---

① Jean de Pierrefeu, *G. Q. G. Trois ans au Grand Quartier Général*, pp. 134-135.

闻的效果。我们的措辞模式几乎一成不变：'据俘虏供称，德军在进攻过程中伤亡惨重'……'已经证实，伤亡数达到……''由于损失惨重，敌人已无力再发起新的进攻'……有些陈词滥调每天都用，因为说得太多，后来只好放弃了，比如：'在我们的大炮和机枪的火力控制下'……'被我们的大炮和机枪的火力消灭'……如此这般无休止的重复在中立国和德国也制造了很强的效果，形成了一种血腥的气氛，尽管瑙恩（Nauen）的德国无线电台徒劳地尝试着消除这种重复所造成的影响。"①

在审查委员的指导下，法国统帅部发布的种种报告意在使人相信如下说法：

> 德军的进攻动用了其全部有生力量，他们的军力正趋于枯竭。我们得知，他们1916年入伍的兵员已在前线作战，1917年的新兵以及第三类兵员（45岁以上的人和康复的伤病员）正在听命集结。几周内，德国的兵源就会为了维持攻势而耗竭，并发现他们面对的是协约国的全部兵力（1000万对700万）。②

根据比埃尔弗先生的说法，法军统帅部自身对此也信以为真，"这是一种错得离谱的观点，他们只看到了敌军的消耗，仿佛己方军力就没有消耗似的。尼韦勒（Nivelle）将军也同意这个观点。我们在1917年尝到了后果"。

我们如今把这叫作宣传。宣传家能够阻止人们对事件形成独立的见解，他们对新闻进行操控，以服务于自己的目的。即便这个目的打着爱国的旗号，但操控就是操控。他们利用自己的权力使协约国人民按照自己希望的方式去认识局势，宽泰少校统计出的那些传遍世界的伤亡数据也服务于这一目的。他们意图散布一种观点——这是一场消耗战，战局有利于法国。但是，这种观点毫无论据支持，只

---

① Jean de Pierrefeu, *G. Q. G. Trois ans au Grand Quartier Général*, pp. 138-139.
② *Ibid.*, p. 147.

是通过在人们脑海中描绘无数德军在凡尔登的山坡上被杀戮的图景来传播的。这幅图景勾勒出不计其数的德军尸体,却对法军的伤亡情况三缄其口,由此形成了一幅被捏造的战争局势图。这幅局势图有意遮掩德军的战绩,淡化德军的持续进攻所形成的威慑力,并有意使民意默许强加于协约国军队的消极防御的军事策略。于是,公众都接纳了这样一种观点:这场战争的战况就是己方不断运用高明的运动战术、侧翼袭击和包围攻势克敌制胜,而德军不断惨败、投降。人们遗忘了有关战争的图景还可以有另一个严酷的版本——战争是双方人命的较量。总参谋部的将军通过操控有关前线战场的新闻,用符合自己军事战略的事实的版本取代了其他版本。

在战争中,一方军队的统帅所处的地位使其能够在很大程度上控制公众接收到的信息。他们能决定抵达前线的记者的人选,审读他们拟从前线发回的内容,还能控制电报通信。而军队背后的政府,通过其在控制通信线路、签发护照、邮寄信件、审查通关物品以及封锁禁令等方面的权力,进一步强化了这种控制。政府还可以通过对出版物和集会的合法性的审查以及特务机关来实现对这种控制的强化。但从军队的角度看,这种控制并非毫无死角。在无线电时代,针对中立国封锁敌方的公报已是不可能的事。此外,还有士兵之间的传言——他们休假时会把前线发生的事带到后方并四处传播。陆军是难以控制的,因此控制机制在海军部队和外交审查方面的实行效果往往要完美得多,也有效得多。正在发生的事情被越少人知道,监控人们的行动就越容易完成。

● 3

严格意义上的宣传通常必须借助审查机制来实现。为了进行某种宣传,宣传者必须在公众和事件真相之间设置某种屏障,必须限制人们接近真实环境的机会以免其根据自己的判断和希冀去构建脑中的拟态环境。此外,但凡有机会接触真实环境的人,总会在认识真实环境的过程中产生误解,而这种误解是不可控的,于是唯一的办法就是控制这个人往哪里看、看什么。军事审查是在事实和公众之间设置屏障的最简单的一种形式,却远非最重要的一种,因为这种审查制度的存在是众所周知的,故其已在某种程度上被人们认识和接纳。人们自然会在接触由军事审查机构过滤后的信息时,对其可信度打一个折扣。

在特定时间、出于特定目的,一些人会将一些事情对另一些人保密。一些事情会因"公开后不符合公共利益"而被保密,但如今这种保密的范围正在扩大,保密的理由则变成只要某些人认为该事项不关公众的事,就可以不公开。对于个人隐私的界定标准是有弹性的。一个人的财产数额被认为是保密事项,所得税法中有严谨的条款以尽可能维护这种私密性。一桩土地买卖交易可能不算保密事项,但是成交价格可能属于隐私。一般认为,职员的薪酬(salary)比体力劳动者的工资(wage)更具保密性,收入比继承的遗产更具保密性。个人信用等级只能在限定范围内公开,大公司的利润数据比小公司更公开。特定类型的谈话,比如夫妻之间、律师与其客户之间、医生和病人之间、神父与教友之间的谈话,更是受保护的隐私内容。董事会会议通常是保密的,许多政治会议也是如此。内阁会议的绝大多数内容,大使与国务卿的会谈内容,私密的会晤,餐桌上的交谈,都是保密的。许多人认为雇主和雇员之间的合同也是保密的。曾经,一切和公司有关的事项都被认为是保密的,类似于今天一个人的宗教信仰是保密的。而回溯历史即可知,个人的宗教信仰又曾如同其眼睛的颜色一样毫无私密可言。可如果一个人得了传染病,这个消息却会像他肚子里的消化过程一样无人知晓。随着历史的变迁,界定隐私的标准可以成为一个极为有趣的故事。有时,不同的隐私标准会发生激烈冲突,如当休斯(Hughes)先生调查人寿保险公司时,或当某人的丑闻四处流传,先后登上《街谈巷议》(*Town Topics*)以及赫斯特报团那些大报的头版时。

无论保密的理由是否站得住脚,屏障都现实存在。在所谓的公共事务领域,保密机制无处不在。因此,仔细推敲你形成自己的看法时所依据的那些事实信息,将是一件富于启发性的益事。比如,想想

29

第二章 审查与保密 | 35

你形成观点所依据的事实是被谁听到、看到、感受到的？具体数目是谁统计的？谁发布的？是那个人亲自告诉你的，还是告诉你的人也是经人转述？发布消息的人能接触到全部真相的几成？当这个人开口说"法国人认为如何如何"时，他考察了哪部分法国人？怎样考察的？在什么时间、什么地点？他获准跟哪些法国人交谈？他读什么报纸？那些法国人的观点又有何根据？你可以问问自己这些问题。尽管它们难以回答，但是它们能提醒你：当你形成一个观点时，也许你对事件的真实情况远谈不上了解。而这一警示本身就能帮助我们避免一些认知上的谬误。

第三章

交流与机会

● 1

尽管审查和保密机制从源头上阻绝了大量信息的传播,但还有更多的信息完全没有达及公众的可能,或者说传播极为缓慢。这是因为对于观念的流通始终存在着多种多样的限制。

宣传家为使对观念流通的限制能覆盖到所有人而付出的努力从政府的战时宣传活动中可见一斑。美国参战是在战争开始两年半之后,那时成千上万份报纸业已印行,亦曾有过无数场有名或无名的演说;克里尔(George Creel)先生就是在这样的情形下发动了一场"观念争夺战",他要占领人们的思想阵地,目标则是令美国精神传遍世界。

克里尔先生为实现这一目标而组建了一架庞大的宣传机器,其中包括一个"新闻公报委员会"(Division of News)。据克里尔称,他们发布了 6000 多期公报,征募了 7.5 万名"4 分钟演讲人"(Four-Minute Men),对超过 3 亿人次发表了 755190 次演讲。童子军四处向美国家庭散发威尔逊总统演讲的

乔治·克里尔(1876—1953),美国著名记者、作家、政治家,曾在第一次世界大战期间任美国公共信息委员会(United States Committee on Public Information)主席。

威廉·吉布斯·麦卡杜(1863—1941),美国政治家,进步主义运动的领导者之一,曾在威尔逊总统任内担任美国财政部部长,是美国参加第一次世界大战的军费的主要筹措者。

注释本。这个委员会向60万名教师发放双周刊,为演讲制作了20万张幻灯片,同时设计了1438种图案,用于招贴画、橱窗广告、报纸广告、卡通片、图章和徽章。商会、教会、兄弟会和学校都成了发布这些内容的渠道。对于克里尔先生付出的这些努力,我们暂时不予评价,因为此类工作的规模之巨还远未得到详尽的描述。除此之外,还有麦卡杜(William Gibbs McAdoo)先生那庞大的"自由贷款"(Liberty Loans)组织、胡佛(Herbert Clark Hoover)先生就食品问题所开展的影响深远的宣传活动、红十字运动(Red Cross)、基督教青年会(Y. M. C. A.)、救世军(Salvation Army)、哥伦比亚骑士团(Knights of Columbus)、犹太人福利委员会(Jewish Welfare Board),以及独立爱国团体,如和平促进同盟(League to Enforce Peace)、自由国民联盟(League of Free Nations Association)、国家安全联盟(National Security League)等做的相关工作,当然还有协约国及各寻求独立的民族的宣传机构所做的工作。

这场试图用很短的时间对一国人民进行观念灌输以实现思想统一的活动,可谓有史以来规模最大且集中度最高的宣传攻势。过去的改宗运动(proselyting)也许是一种更加稳扎稳打的传播行为,但强度上要逊色很多。如果说要在危机时期完成覆盖所有人的信息传播活动确实需要如此极端的信息传播策略,那么日常的那些信息传播渠道能实现怎样的传播效果呢?当局在战争中试图塑造

赫伯特·克拉克·胡佛(1874—1964),美国共和党籍政治家,曾于1921—1928年担任美国商务部部长,于1929—1933年担任美国总统。

覆盖全美的舆论,我认为他们的尝试是成功的。但这样的成功,以艰辛的工作、复杂的策略创新,以及不可或缺的金钱和人力为代价,这样的条件和资源在和平年代是不可能齐备的。于是,可想而知,在和平时期的信息传播过程中,会有大量的社群、贫民区、飞地人群和阶层只能接触到模糊的、匮乏的信息。

这些人往往过着循规蹈矩的生活,个人的日常琐事已令其应接不暇,他们鲜有余力去关注更宏大的议题。他们几乎不和圈子以外的人来往,也极少读书、看报。旅行、贸易、邮政、电报、广播、铁路、公路、航运、汽车,以及未来即将发展起来的飞机,都极大地影响着观念的传播。它们以最为复杂的方式左右着信息和意见的质量及其流通情况,其本身则受技术、经济和政治条件的制约。政府每放松一次护照或海关检查,每开通一条新的铁路或一个新的港口,每建立一条新航线,每调整一次交通运输的价格,每改变一次邮件传输的速度,每减少一个电报内容审查步骤或下调一次发报费用,甚或每一项公路建设以及拓宽或改建工程,都影响着观念的传播。税率表和补贴影响着商业企业的贸易行为,从而也就影响着人类契约的特性。马萨诸塞的塞勒姆(Salem),本来是国际性影响力的汇集之地,但一次造船工艺的变革就把它变成了一座老派、过气的小城。这样的事情绝不少见。不过,迅捷的运输未必都能带来良好的直接影响。例如,法国的铁路系统高度集中于巴黎,但这对于巴黎人民而言很难说是一件幸事。

毫无疑问,从信息流通的手段中浮现出的问题极为重要。国际联盟纲领最具建设性的一个方面,就是其对铁路运输和入海口的关注。对海底电缆①、港口、加油站、山口、运河、海峡、河道、机场及市场的垄断经营,绝不仅仅意味着一批商人发财致富,或是政府树立起威权,而且意味着给新闻和舆论的传播设置障碍。这种障碍不只包括垄断经营,成本和供给导致的障碍甚至更显著。这是因为,如果旅

---

① 有了海底电缆以后,人们开始发现街谈巷议中往往也包含着重要的信息。

行或贸易的成本高昂得令人无法接受,或交通设施在数量上始终供不应求,那么即使没有垄断经营,这种障碍也会存在。

● 2

一个人收入的多寡深刻地影响着其接触外部世界的范围。只要有钱,信息交流中几乎任何有形的障碍都可以被克服:花钱可以旅行,可以购买书刊,可以了解世上一切已知的事实。个人和群体收入的高低决定着交流所能达到的程度,但是人们的观念也会影响其对收入的支出,进而左右其未来的收入情况。所以说,收入对交流的影响既客观存在,又受到诸多限制,原因在于人们在消费上往往是自以为是和自我放纵的。

有些养尊处优的人将大部分闲暇和闲钱用于开车兜风和品评汽车,用于打桥牌和评论牌局,用于观看粗制滥造的电影和其他文艺作品,用于喋喋不休地和臭味相投的人唠叨些老生常谈的话题。在这样的情形中,人们并不会面临审查、保密、高成本等信息沟通的障碍或壁垒,而只是受困于生活的了无生趣,以及自己对于人类生活的漠不关心和麻木不仁。尽管与外在世界沟通的渠道畅通无阻,一个趣味盎然的世界等着他们去探索,但他们对此视而不见。

他们的一举一动仿佛被无形的绳索拴着,只能在一个固定的半径内活动,而这个半径就是其所处的社会环境的规则及其框定好的熟人圈子。男性由于可在工作场合、俱乐部和吸烟车厢内进行交谈,故其谈话圈子往往大于原本的社交圈子;女性的谈话圈子则基本与其社交圈子规模相当。在社交圈子中,一个人从阅读、演讲和谈话中获取的观念能够被归类、接纳、排斥、评判或赞同。就这样,决定每一场谈话中哪些信息权威者和信息提供者被认可而哪些不被认可的筛选过程得以完成。

在日常言谈中,我们常常会用"人们都说……"这个表述。这是因为,在我们的社交圈子中,有一部分人始终在扮演这一表述中的"人们"的角色,这部分人与我们的关联最为紧密,其对特定事务的态度对我们的影响也最大。大城市中的男男女女往往有着更多的兴趣和更大的活动范围，他们的社交圈子往往就没有什么严格的边界。但即便是在大城市中，也存在着零散的村落，村落内则是一些与世隔绝、自给自足的社交圈子。而在更小一些的社会群体中，交流可能会更为自由、畅通，人们能在那里找到全天候陪伴的真挚伙伴。但不管怎样，很少有人搞不清楚自己属于哪个圈子、不属于哪个圈子。

通常，某一社交圈子得以形成的显著标志是圈内的人愿意结为儿女亲家，而那些选择与圈外人通婚的人会或多或少受到质疑。社交圈子是有"高低"等级之分的，每个圈子的相对地位都非常明确。处在同一层次的圈子内的人，彼此很容易建立联系，会有一见如故的热络和殷勤。但在"上层"圈子与"下层"圈子的交往中，总会存在相互间的怀疑、某种莫可名状的局促感，以及显著的隔离感。当然，在美国这样的社会中，个人跳出一个圈子进入另一个圈子还是有一定自由度的，特别是在没有种族屏障的地方以及经济地位变化较为迅速的地方。

但是，经济地位的衡量标准并非收入的多寡。这是因为，至少对于第一代人来说，决定其社会地位的并不是收入状况，而是其所从事的工作的性质；也许要经过一两代人的沉淀后，工作性质的重要性才会渐趋让位于家族传统。人们往往认为，金融、法律、医疗、公共事业、新闻、教会、大型零售业、经纪业以及制造业这些工作的社会价值，是有别于推销商、监理人、专业技术、护理、教学和店铺管理类工作的，后者得到的评价又有别于私人汽车司机、女装裁缝、转包商、速记员，而这些工作又不同于男管家、贴身女侍、电影放映员或者火车司机。上述的等级区分，未必以收入状况为标准。

● 3

无论不同社交圈子的门槛是什么，社交圈子一旦形成，就不再是一个基于经济状况区分出的阶层，而是更接近生物学上的族群。个体对一个圈子的归属感，会更多地与恋爱关系、婚姻关系以及生儿育女的行为相关；更确切地说，这种归属感涉及共同的价值观念和追求。正因如此，在社交圈子中，人的观念会受家庭传统、面子意识、礼仪教化、品位和格调等方面的标准的影响,这些标准就是一个社交圈子自身形象的图示,这一图示会被绵延不断地植入子孙后代的观念。该图示中的很大一部分内容,是一个社交圈子内部对其他社交圈子的地位形成的整齐划一、心照不宣的评价。在诸多"平民百姓"的阶层中,社会地位之差别是公开化的;而在其他阶层中,社会地位差异往往被处理得更为体面和微妙——人们都知道差别的存在;却不会明说。然而,这种"只可意会不可言传"的社会地位差异,又会在婚姻、战争、社会动荡中显露出来。上述观念为所有个体共同秉持,并帮助维持群体的一系列心理倾向。这种倾向被特罗特(Trotter)归纳为"从众效应"(instinct of the herd)。①

  在每个社交圈子里都有如《纯真年代》(*The Age of Innocence*)②中的范·德·卢伊顿斯(van der Luydens)和曼森·明戈特(Manson Mingott)夫人那样的有着预言家般地位的人物,他们被视为某一圈子的社交模式的解读者和守护神。人们会说,若你成功得到卢伊顿斯的接纳,那你就成功了。受邀参加这两个人举办的聚会,则被视为功成名就和拥有较高的社会地位。在大学的学生社团选举中,对于所有人有着严格的排序,且这一排序被广泛认可,这样的选举活动便决定了每个学生在学校里的地位。至于在社会上扮演领袖角色的人,则肩负着至高无上的优生学责任,须时刻保持高度的敏感。他们不但谨慎地观察着那些凝聚和维系自己所在社交圈子的诸种要素,而且需要培养出参透其他社交圈子的情况的能力。他们扮演着外交部部长一样的角色。当大多数人在其社交圈子中怡然自得地生活,并极为功利地将其所在的社交圈子视为整个世界时,社交圈子的领袖却必须做到对自己圈子的结构了如指掌,同时又能洞察其在整个社会等级体系中所处的地位。

  事实上,这些等级体系就是由社交领袖联结起来的。在某种程度上,社交领袖之间也形成了一个社交圈子。一切通过社交接触而

---

① W. Trotter, *Instincts of the Herd in War and Peace*.
② Edith Wharton, *The Age of Innocence*.

形成的社交圈子之间的垂直联结,都是由这些出类拔萃的人完成的,他们就像《纯真年代》中的朱丽叶斯·柏福特(Julius Beaufort)与艾伦·奥伦斯卡(Ellen Olenska)一样,在不同的社交圈子出入自如。于是,由个体搭建的社交圈子之间的联系通道就建成了,通过这样的通道,塔尔德(Tarde)提出的模仿律便有了运行的基础。不过,社会中的大部分群体之间是不具备这样的通道的。对"下层"圈子中的人来说,要想知道"上层"的情况,必须依靠公开的社会新闻和反映上流社会生活的电影。他们也许会在无意识的情况下发展出自己的社会等级体系,如黑人和外来移民群体。这些人数庞大的群体经同化过程将自身视为整个民族的一部分。尽管不同的社交圈子之间是相互隔离的,但丰富多样的人际交往还是使得各种观念都能得以传播。

一些社交圈子拥有极高的社会地位,以致罗斯(Ross)教授称之为"光芒万丈的典范"①,这是因为上流社会总是被下层社会模仿,掌权者被从属者模仿,成功者被未成功者模仿,富人被穷人模仿,城里人被乡下人模仿。并且,模仿是跨越国界的。掌权的、地位高的、成功的、富裕的、城区的社交圈子的影响力在整个西半球是不分国界的;而从很多方面来看,伦敦都占据了中心地位。伦敦的圈子包揽了世界上最有影响力的人,包括外交家、金融大亨、陆海军高级将领、某些教会巨头、若干报业大亨,等等;而这些人的妻子、母亲和女儿,则把控着社交圈子的门槛。这些人聚在一起,既形成一个巨大的谈话圈子,也形成一个实实在在的社交圈子。但这个圈子的重要性其实体现为圈子内公共事务和私人事务之间的区分实际上已不复存在。也就是说,在这个圈子中,私事就是公事,公事也是私事。正如哲学家形容的那样,玛戈·阿斯奎思和王室成员的分娩过程,就如同关税法案和议会辩论一样被人们公开讨论。

这个社交圈子对很大一部分政治事务是根本不感兴趣的。至少在美国,最有权势的社交圈子对于国内政治不过是时不时地施加一

---

① Ross, *Social Psychology*, Ch. IX, X, XI.

些影响;但在国际事务中,该圈子拥有巨大的能量,到了战时其威望更是炙手可热。这完全是顺理成章的事,因为圈子中的世界主义者接触外部世界的渠道是普通人根本难以企及的。他们到彼此所在的各国首都聚餐、会晤。他们的民族荣誉感远不只是一个抽象的概念,而是可以从朋友的怠慢或赞许中得到的具体感受。就像《纯真年代》所描绘的那样,对于明尼苏达州的肯尼科特(Kennicott)博士来说,首相温斯顿(Winston)先生在想什么无关紧要,银行老板埃兹拉·斯托博迪(Ezra Stowbody)在想什么却至关重要。而对于把女儿嫁给了斯维廷(Swithin)伯爵的明戈特夫人来说,去看望女儿或者取悦温斯顿先生本人是一件非同小可的事情。肯尼科特博士和明戈特夫人都具有社交敏感性,但明戈特夫人关注的是统治世界的那个社交圈子,肯尼科特博士则只对统治戈弗草原镇的那个社交圈子感兴趣。尽管在那些影响着更高层面的"宏大社会"关系的事务上,肯尼科特博士是有立场和观点的,而且他自认为这些立场和观点纯粹是个人思考的结果,但事实上,那不过是上流社会经过地方社交圈子曲折隐晦地传递到戈弗草原镇的观点罢了。

● 4

对社交圈子这样的社会组织加以解读并非此项研究的要旨。我们只需要牢记社交圈子如何强有力地作用于我们和外部世界之间的观念交流、社交圈子如何替我们决定接受何种信息,以及我们如何判断和评价这些信息就可以了。社交圈子会对其影响范围内的事情有自主的决定力,它左右着人们做出判断的具体方式,但是判断所依循的模式可能是从过去的经验中传承而来的,或是从其他社交圈子中传递或者模仿而来的。最高层次的社交圈子的成员是肩负"宏大社会"的领导权的,这个圈子不像其他社交圈子那样只在本地事务上才有独立的观点。在这个"高层社会"中,关于战争、社会政策、最高政治权力分配这样的重大决策,都是带有私人色彩的事务,或至少是潜在地在一个熟人交际圈之中做出的。

既然地位和人际关系在很大程度上决定了我们会看到、听到、读到、体验到什么,以及哪些信息能够被获准传达给我们,让我们看到、听到、读到和体验到,那也就难怪我们会更习惯于进行道义判断而非展开建设性的思考。但是,要想进行有效的思考,首先要避免进行判断,这样才能重获一种单纯的视角,摆脱情感因素的影响,令自己充满好奇心并且襟怀坦荡。整个社会的共同政治观念的形成,需要一种几乎所有人都难以片刻达及的平静且忘我的状态,这显然是不可想象的。但纵观人类历史,事实就是如此。公共事务与每个人休戚相关,但是我们全然沉浸在私人事务中。我们很少专门拿出时间和注意力去批判性地看待各种观念,我们总是被各种杂事束缚手脚。

第四章

时间与注意力

● 1

毫无疑问,要对人们每天给予公共事务的注意力做一个大致的估测并不难。有趣的是,我考察了不同时期、不同地域、使用不同方法进行的三次估测,结果竟然相当一致。①

霍奇基斯(Hotchkiss)和弗兰肯(Franken)曾对纽约市1761名大学生(包括男性和女性)进行问卷调查,答卷基本全部收回。斯科特(Scott)则对芝加哥4000位知名男性实业家和专业人士进行了问卷调查,收回答卷2300份。参与了这两项调查的人,总计有70%—75%认为自己每天会花15分钟读报。芝加哥的受访者中4%的人认为自己每日读报时间少于15分钟,25%的人认为多于15分钟;纽约的受访者中,略多于8%的人认为不足15分钟,17.5%的人认为多于

---

① D.F.Wilcox, "The American Newspaper: A Study in Social Psychology," *Annals of the American Academy of Political and Social Science*, Vol. xvi, July, 1900, p. 56.(数据表曾被重绘,见 James Edward Rogers, "The American Newspaper"。)

W. D. Scott, *The Psychology of Advertising*, pp. 226-248.另见 Henry Foster Adams, *Advertising and its Mental Laws*, Ch. Ⅳ, 1916(?);

Newspaper Reading Habits of College Students, by Prof. George Burton Hotchkiss and Richard B. Franken, published by the Association of National Advertisers, Inc., 15 East 26th Street, New York City,1920.

15 分钟。

人们很难对 15 分钟的实际长短有一个确切的概念,所以上述调查结果不能算作一个准确值。此外,绝大多数企业家、专业人士和大学生都会有种奇怪的小偏见,认为自己若表现出花太多时间读报不是件好事,而且他们往往希望把自己塑造为一个快速阅读者。所以,我们能从上述调查结果中得出的唯一确凿的结论,就是超过 3/4 的受访者认为自己阅读报道外部世界的报纸内容的时间比较少。

另一道方法相对客观的测验题证实了上述调查结论的可靠性。斯科特要求芝加哥受访者回答自己每天阅读的报纸份数,得到的结果如下:

读报数量	人数比例
1 份	14%
2 份	46%
3 份	21%
4 份	10%
5 份	3%
6 份	2%
所有报纸(当时的报纸总份数为 8 份)	3%

读 2 至 3 份报纸的人大约占 67%,和斯科特调查出的 71% 的受访者称自己花 15 分钟读报的结果比较接近。而能读到 4 份及以上报纸的广泛阅读者,则与评估自己的读报时间在 15 分钟以上的人数比例较为吻合。

◉ 2

难以搞清楚的是人们如何分配自己的读报时间。在对大学生做的调查中,受访者被问及"你最感兴趣的 5 个栏目是哪些",不到 20% 的人回答"综合性新闻",不到 15% 的人回答社论,回答"政治"的不到12%,略多于8%的人回答金融,而外交新闻只有6%多一点(尽管世界大战刚过去不到两年)。3.5%的人表示对本地新闻感兴趣,还有3%的人回答的是商业,"劳工"新闻仅占0.25%。其他零零散散的回答还有体育、特稿、戏剧、广告、漫画、书评、"精确新闻"、音乐、"道德风尚"、社交、"简明新闻"、艺术、故事、购物、学校新闻、"时事要闻"以及插图。不管怎样,我们都可以得出结论:大约有67.5%的人对涉及公共事务的新闻和评论最感兴趣。

针对大学生的这项调查的受访对象有男有女。女生对于综合性新闻、外交新闻、本地新闻、政治、社论、戏剧、音乐、故事、漫画、广告和"道德风尚"要比男生更为关心。男生则对金融、体育、商业、"精确新闻"和"简明新闻"更感兴趣。这种区别与我们对于"有教养""有道德""男性化"和"果断"等形象的心理预期过于一致,以至于人们难免会怀疑这些回答是否带有主观色彩。

而且,针对纽约大学生的调查与针对芝加哥男性实业家和专业人士的调查的结果也很相近。在后面这项调查中,受访者被问到的不是对哪种栏目最感兴趣,而是他们为什么会喜欢某份报纸胜于其他报纸。近71%的受访者将其对某份报纸的喜好归结为报上有他们感兴趣的本地新闻(17.8%)、政治新闻(15.8%)、金融新闻(11.3%)、外交新闻(9.5%)、综合性新闻(7.2%)或社论(9%)。其余30%的受访者则归因于与公共事务无关的内容:喜欢与道德风尚有关的内容的人最多,达到近7%;而比例最低的是喜欢幽默内容的人,仅为0.05%。

上述结果是否与报纸刊载这些类型的内容的版面空间相关呢?很遗憾,我没有找到芝加哥与纽约当时的报纸的有关数据资料。不过,威尔考克斯(Wilcox)在20年前做过一个有趣的分析,他研究了14个大城市的110份报纸,并对超过9000个栏目的题材进行了分类。

平均一下全国的情况,各种新闻类型所占的版面空间呈现如下的分布:

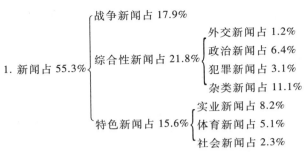

2. 插图占 3.1%

3. 文学占 2.4%

4. 观点占 7.1% { 社论占 3.9% / 来往信函占 3.2%

5. 广告占 32.1%

为了使上述统计数据能够用于更为恰当的比较，我们有必要将广告所占的版面排除，然后重新计算一下百分比，因为在芝加哥和纽约受访者的回答中，只有极少数人将广告内容作为其报纸内容偏好的理由。我认为这样的处理对于我们的研究意图来说是无可非议的，因为报纸往往是拉到什么广告就刊登什么广告①，广告之外的内容才是根据读者的口味设计的。重新计算之后的统计表内容如下：

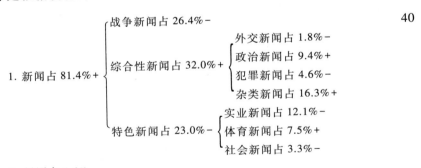

2. 插图占 4.6%-

3. 文学占 3.5%+

4. 观点占 10.5%- { 社论占 5.8%- / 来往信函占 4.7%+

---

① 只有当广告内容可能令人反感或者版面不足时才会有所调整。

第四章 时间与注意力

调整之后,我们将可能属于公共事务范畴的类目,如战争、外交、政治、杂类、实业、观点等的数据相加,所得结果为76.5%。不难发现,1900年报纸版面的这76.5%的内容种类,恰好对应着1916年芝加哥调查中商业人士和1920年纽约调查中大学生回答的其所偏好的报纸内容种类,后两者的数据分别为70.6%和67.5%。

这似乎表明,大城市的实业家和大学生的喜好,基本上与二十年前大城市的报纸编辑的判断相吻合。在过去二十年间,相对新闻内容,特写稿件的数量毫无疑问增加了,报纸的发行量和报纸的容量也增加了。如此一来,如果你能选取一个比商人、专业人士和大学生更为典型的受访人群并保证更精确的答卷回收,你应该就会发现,人们用于关注公共事务相关内容的时间所占的比例其实变得更小了,这些内容所占的报纸版面也变少了。可与此同时,你又会发现,人们花在读报上的时间不再仅仅是15分钟,而且虽然公共事务内容的版面比例变小了,但公共事务的实际数量在不断增加。

这些数据并不足以令我们得出什么精确的结论,却能帮助我们更为真切地了解自己每天会花多少工夫去收集那些用来形成个人观点的信息材料。报纸当然不是唯一的收集途径,却是毋庸置疑的主要途径。杂志、公共论坛、肖托夸(Chautauqua)集会、教堂、政治集会、工会大会、妇女俱乐部以及影片放映室内的系列新闻片,都是报纸的补充。然而,即使对这些渠道的功效做最乐观的估计,当我们每日直面与那个我们无法看清的外在世界相关的海量信息时,时间也总是不够用的。

> 肖托夸集会,19世纪后期及20世纪初流行于美国的类似暑期学校的成人教育活动,常在野外举行,兼有教育、娱乐功能,内容包括报告会、音乐会等,因创始于纽约州的肖托夸湖地区而得名。

第五章

速度、词语和清晰度

● 1

一望无际的外部世界主要是通过文字呈现给我们的。记者将文字转化成电报或无线电信号传送给编辑,编辑再将信号中的文字加工付印为报章。电报成本很高,相关设施使用起来也有诸多限制,故新闻机构传输新闻内容往往要译成电码。比如这样一条电讯:

Washington, D. C. June 1.—The United States regards the question of German shipping seized in this country at the outbreak of hostilities as a closed incident.

(华盛顿哥伦比亚特区6月1日电 在美国政府看来,冲突爆发时有多少德国船只被扣押于此,属于保密事项。)

在电报中就可能是以如下方式传输的:

Washn 1. The Uni Stas rgds tq of Ger spg seized in ts cou at t outbk o hox as a clod incident.①

再如一则新闻:

Berlin, June 1—Chancellor Wirth told the Reichstag to-

---

① 菲利普电码。

day in outlining the Government's program that "restoration and reconciliation would be the keynote of the new Government's policy." He added that the Cabinet was determined disarmament would not be the occasion of the imposition of further penalties by the Allies.

（柏林6月1日电　维尔特总理今天在向国会陈述施政纲领时说："恢复元气与实现和解是新政府的政策基调。"他还说，内阁决心裁军不会为同盟国进一步实施制裁提供机会。）

在电报中会写成：

Berlin 1. Chancellor Wirth told t Reichstag tdy in outlining the gvts pgn tt qn restoration & reconciliation wd b the keynote f new gvts policy. qj He added ttt cabinet ws dtmd disarmament sd b carried out loyally & tt disarmament wd n b. the ocan f imposition of further penalties bi t alis.

以上第二则新闻中的内容是从一个外语演讲中摘取出来，经过翻译，转成电码，然后又解码得到的。收到电文的操作员在这些过程中不断地转录、译码。据我所知，一个熟练的操作员在一天8小时的工作时间内可以译出超过1.5万字的内容，其中还要除掉半小时的午餐时间和两次各10分钟的休息时间。

● 2

寥寥几个词往往就可以代表一系列行为、思想、情感及结果。让我们看看这段消息：

华盛顿12月23日电　朝鲜委员会今日在此发布声明，指控日军的行径比战时在比利时发生的一切都要"更可怕，更野蛮"。该委员会称，此项声明是基于该委员会得到的权威报告做出的。

在上面这则信息中,可靠性存疑的证人向所谓的"权威报告"的写作者汇报了一些情况,报告的写作者将这些情况传达给远在5000英里外的委员会,该委员会又据此起草了声明。这份声明也许因篇幅冗长而难以公之于众,故记者从中摘取内容,写成了这条三英寸半长的新闻。信息的内容不得不在上述过程中被压缩,让读者自行判断这则新闻的分量。

就算是文法大师,或许也无法用区区百字将几个月来发生在朝鲜的所有事情客观、公正地讲清楚。这是因为,语言作为意义的载体,是有着很多缺陷的。词语如同货币般反复流通,今天被用来唤起这样的图景,明天又被用来唤起另一种图景。同样的词语在报道者的脑海中唤起的内容并不一定和其在读者的脑海中唤起的内容一致。理论上说,假使所有的事实及联系都有独一无二的名称,且这些名称为所有人公认,那么在交流中就能完全避免误解。在精密科学领域就存在达至此种理想状态的方法,故而在人类进行的各种全球性合作中,科学研究往往有着最高的协作效率。

人们掌握的词语不足以充分传达他们想表达的意思。正如让·保罗(Jean Paul)所言,"任何一门语言都是消退了的隐喻的汇集"①。一位记者可以同时面向50万名读者进行语言表达,但他对这50万名受众的了解往往极为有限。言谈者的话语被传递到遥远的乡村甚至海外,在这种情况下,想用寥寥几段文字将言谈者的意思完全说清、说准,是根本不可能的。白里安(Briand)对法国众议院说:"劳合·乔治说的话被误解、误传,然后被泛德意志主义者理解成'是时候采取行动了'。"②作为英国首相,他吸引了全世界的注意力。他讲英语,用自己的话表达自己的想法,而形形色色的受众会从他的言语中读出不同的意思。甚至可以说,他在标准的演说中传递其想法时,用语越是丰富和精妙,其本来意图就越会在传达至外国人头脑

---

① 引自 White, *Mechanisms of Character Formation*.
② 《纽约时报》1921年5月25日电讯稿,作者艾德温·L. 詹姆斯(Edwin L. James)。

的过程中发生扭曲。①

在劳合·乔治的受众中,有数百万人基本不识字;即使在识字的群体里,也有数百万人处于不知所云的状态;而在既识字又能理解其意图的受众中,我们至多只能指望四分之三的人每天能抽得出半个小时来关注这个话题。只有这四分之三的人,才会针对劳合·乔治演说的内容进行一系列思考,并使这些思考成为自己投票的依据。我们的观念在很大程度上是由我们读到的内容所唤起的想法构成的。然而,世界很大,牵涉到我们自身的种种情况又往往错综复杂,信息则始终处于相对稀缺状态,故我们的观念有很大一部分根本就是基于想象形成的。

当说到"墨西哥"这个词时,纽约居民脑海中会浮现出什么景象?多半是沙漠、仙人掌、采油井、轮船上的伙夫、嗜饮朗姆酒的印第安人、

---

① 1921年5月,英法两国的关系由于科尔凡蒂(Korfanty)在上西里西亚(Upper Silesia)发动的起义趋于紧张。《曼彻斯特卫报》(*Manchester Guardian*)伦敦通讯社1921年5月20日发出这样一则新闻:

英法之间的语言转换

在英国那些熟悉法国人行事风格和个性的地区,我发现一种倾向。那里的人往往更容易认为,在如今这场危机中,英国的媒体和舆论对于法国媒体活泼、夸张的语言风格有些反应过激。以上观点是一位见多识广、立场中立的观察家向我表述的,原话是这么说的:

语言如同货币一样,是价值的象征物。它们代表着意义,因此也像货币一样,其代表能力会有升有降。法语单词"etonnant"(震撼的——译者注)曾经被波舒哀(Bossuet)用来表达程度很深的含义,但现在这个词已经没有这种含义了。英语单词"awful"也有类似的情况。一些民族的语言在总体上是节制的,另一些民族的语言则是夸张的。一个英国士兵抱怨环境"糟糕",一个意大利士兵则可以用丰富的语言描述,辅以生动的模仿,来表达同样的意思。使用节制语言的民族,其语言的"币值"是稳定的;而使用夸张语言的民族,其语言可能会发生"通货膨胀"。

英文中诸如"杰出的学者""高明的作家"这样的表述,翻译到法语中,就一定会变成"伟大的博学之士"和"顶级大师"。这只不过是语言的转化罢了,就好像1英镑兑换成46法郎,所有人都知道价值并没有增加。阅读法国媒体的英国人应该试着像将法郎换回英镑的银行职员一样,正确地处理这种差异,并且像银行职员那样,还要意识到过去的汇价是25,可如今战争的到来将其变成了46,认识到战争期间语言也是有"通胀"的。

这也应该反向作用于法国人,他们应该认识到含蓄的英语在表达意见上的功能和他们自己使用的夸张语言并无差异。

抖动着胡子鼓吹主权的暴躁的旧式骑士,以及恐惧于浓烟滚滚的工业主义前景并奋力展开人权斗争的质朴农民。"日本"一词又会唤起什么呢?大概会是一群吊眼的黄种人,围绕着他们还有"黄祸"之论、"照片新娘"、扇子、武士、效忠天皇的呼喊口号、艺伎和樱花。Alien 这个词又会唤起什么?一群新英格兰大学生在 1920 年写道,它是指如下这样的人①:

> 1907 年至 1924 年间,有许多年轻的日本女性远渡重洋到夏威夷,嫁给通过照片和信件结识的丈夫。这群姑娘被称为"照片新娘"。

敌视这个国家的人;

反对政府的人;

站在对立面的人;

出生于一个不友好的外国的人;

战时的外国人;

企图危害所在国家的外国人;

来自外国的敌人;

反对某个国家的人;

……

然而,"alien"这个词实际上是一个极为精确的法律术语,比起主权、独立、民族荣誉、权利、防御、侵略、帝国主义、资本主义、社会主义这些令人难免对其臧否的词语来,其含义要精确得多。

● 3

所谓头脑清醒,指的就是有能力分辨出表面的相似性、注意到差异性,并对多样性有所理解。这是一种因人而异的能力。不同人的头脑清醒程度或许是判若霄壤的,甚至如同一个婴儿和一位正在从事严肃研究的植物学家之间的差别。对于初生的婴儿来说,自己

---

① *The New Republic*, December 29, 1920, p. 142.

> 联邦联合会俱乐部，美国南北战争时期成立的一个俱乐部，宣扬效忠共和党，支持林肯总统在南北战争中的立场。

的脚趾、父亲的手表、桌上的台灯、天上的月亮，以及黄色封皮的精装莫泊桑文集并没有什么差别。对于联邦联合会俱乐部（Union League Club）的成员来说，民主党人、社会主义者、无政府主义者以及强盗之间，也没有什么差别。然而在坚定的无政府主义者眼中，巴枯宁（Bakunin）、托尔斯泰（Tolstoi）和克鲁泡特金（Kropotkin）之间有着天壤之别。显而易见，在婴儿心中树立有关莫泊桑的准确观念和在联邦联合会俱乐部成员心中树立有关民主党的准确观念，都是极其困难的。

　　一个只坐车、不开车的人是不大可能看出一辆福特车、一辆出租车和一辆其他普通机动车之间的差别的。但如果一个人有私家车并自己驾驶，且像精神分析学家所说的对汽车产生了"力比多"（libido），那他只需隔着一条街看一眼不同车辆的尾部，就能说出其化油器的区别。这也就是为什么当谈话从一般性议题转向个人的具体爱好时，氛围会突然变得轻松、愉悦。那感觉就如同将视线从客厅里的一幅风景画骤然转向窗外的田野，是一种重回三维世界的体验。画作是画家在脑海中对自以为窥透了的景物的不经心记忆所引发的私人化情感反应，我们客居其中，只做短暂的停留。

　　费伦奇（Sandor Ferenczi）说：我们很容易将两个只是部分相似的东西看作一回事，① 而且儿童比成年人更容易如此，简单的或受束缚的头脑比成熟的头脑更容易如此。婴儿头脑中最早出现的意识

> 桑多尔·费伦奇（1873—1933），匈牙利精神分析学家，因对基本精神分析理论的贡献及对治疗方法进行的实验而闻名。

---

① Internat. Zeitschr., f. Arztl. Psychoanalyse, 1913. Translated and republished by Dr. Ernest Jones in S. Ferenczi, *Contributions to Psychoanalysis*, Ch. VIII, *Stages in the Development of the Sense of Reality*.

如同无序知觉的杂糅。婴儿没有时间意识,几乎没有空间意识,他们伸手去抓枝形吊灯,觉得那就像母亲的乳房一样触手可及,他们在做这两个动作时的心理预期也是无差别的。他们要经过一个极为漫长的过程,方可逐渐了解不同事物的功能。对于一个完全缺乏经验的人来说,世界是千篇一律、没有差别的,一如某人描述某个哲学学派时所说的那样,所有事实都是自由而平等的。世界上那些混作一团的事实尚未与那些碰巧在人类意识中已经被梳理通顺的事实区隔开来。

  费伦奇说,婴儿通过哭闹就得到了他们想要的东西,那是一个"魔幻的假想全能期"。到了第二阶段,长大一些的孩子用手指着想要的东西,然后就会得到它们,这是"借助魔术般的动作而实现的全能"。再往后,孩子学会了说话,可以开口索要想要的东西,并最终得到了其中的一部分,这是"魔术般的思想和语言的时期"。上述各阶段存在于人的一生之中,尽管处于隐藏状态且不会经常出现,但在特定情况下还是会浮现出来,一如某些无伤大雅的迷信观念,我们每个人多少都会信一点。无论在哪个阶段,人们都不可能完全得偿所愿,于是便会受到刺激并开始朝着下一个阶段发展。多数人、政党甚至民族,都难以从这种魔性经验中超脱出来。但是,更超前的人会在反复的失败中创立某种新的原则。他们会发现,月亮并不会因夜犬狂吠而停止转动;欢度春节或者共和党赢得选举亦不会使粮食增产,日照、浇水、播种、施肥和耕作才是正确的做法。①

  鉴于费伦奇对反应的种类的区分有着完美的图解价值,我们会发现有一种品质至为关键,那就是对原始的直觉与模糊的相似性进行区分的能力。这种能力已经被放到严格的实验室环境下进

---

① 尽管在这一更为高级的阶段,经验如同方程式一样得到精确的组织,但身为病理学家的费伦奇并未将其描述为"基于科学的现实主义阶段"。

行考察。① 苏黎世联想研究（Zurich Association Studies）指出，轻微的精神疲劳、来自内部的对注意力的干扰或者是发生于外部的分神，都能使人们对外界反应的质量变得"扁平化"。一种极为常见的"扁平"案例就是"咣当反应"（比如，当听到"cat"这个词时脑海中出现"hat"这个词），这是一种纯粹针对声音产生的反应，完全忽视了提示词的词义。例如，在一次实验中，在第二轮的100次连续反应里，"咣当反应"增加了9%。此时，这种反应已经成为一种条件反射式的机械重复，一种原始、初级的类比效应。

4

实验室中设置的干扰其实程度很低，但足以导致人的辨别能力出现严重的"扁平化"，那么设想一下城市生活的影响会有多大呢？在实验中，被试的疲惫感和注意力受到的干扰均极为轻微，其仅凭兴趣和自我意识就能消除这些因素的影响。不过，如果一个节拍器的声响就能影响人的思维能力，那么不妨想想那些在有轨电车和地铁上读报并以此作为其政治观点的全部依据的人，他们忍受着喧嚣、高温、空气污浊的工厂环境，每天工作8至12小时，或者终日与打字机、电话铃和摔门的嘈杂声为伴……他们又会受到多大的影响呢？包围我们的不是厉声尖叫，而是无所不在的喧哗、骚动；不是电光标牌发出的那种闪烁刺眼的亮光，而是一片无远弗届的强光。在这样的环境中，我们目不能视、耳不能闻。城市居民的生活中是没有独处、宁静和安逸的，就连夜晚也是既吵又亮的。大城市里的人被无休

---

① 例如荣格博士（Dr. C. G. Jung）指导、苏黎世大学精神病诊所（Psychiatric University Clinic in Zurich）完成的联想诊断研究。研究包含的一系列实验主要是按照所谓克雷普林－阿沙芬堡（Kräpelin-Aschaffenburg）分类法进行的。被试对展示给他们的词语做出反应，反应时间和反应类型均被记录下来。最终，反应类型被归纳为内在联系型、外在联系型、"咣当"型几种。被试要在不同的变量设置下做出反应：词汇第一轮出现和第二轮重复出现时；被试内心有一个想法在分散注意力时；被试一边做出反应一边用节拍器击打节奏时。实验的部分结果由荣格博士总结在《分析心理学》（Analytical Psychology）第二章中，并由康斯坦丝·E. 朗博士（Dr. Constance E. Long）译为英文。

止的响动所袭扰,这些响动狂暴、躁动、节奏混乱、永不止息而又麻木无情。在现代工业主义环境下,我们的思想浸泡在噪声中;若说我们的辨别力常常变得愚钝,那么至少在一定程度上要归咎于此。这是一个无论在经验上还是实验中均被证明为不利于思考的环境,而统治者就是在这样的环境中把控着人们的生死与幸福。当环境使思想寸步难行,"不可承受的思想重负"就成了一种真正意义上的负担。思想本应像舞蹈一样,既令人心旷神怡,又让人感觉清爽、自然。

那些工作职责中包括"思考"这一项的人明白,自己每天必须挤出一段安静的时间来,否则思考根本无从谈起。然而,我们又以文明社会的名义去粉饰、歌颂生活的繁乱,全体公民就是在这样一种糟糕到无以复加的环境中履行着岌岌可危的政治职责。人们隐约意识到了这一情况的严重性,于是采取行动去争取更短的工时、更长的假期,以及采光、通风、照明条件更好,更有秩序及更有尊严的工作环境。然而,要想提升我们在生活中的智识水平,这些行动不过是万里长征的第一步而已。只要各种工作对于劳动者而言依然是反复熬煎、漫无目的的例行公事,依然是单调机械的重复动作,那么人们的生活也始终只能是循规蹈矩地过日子而已。在这样的生活中,除了惊天动地、十万火急的大事,人们决然无力明辨任何事物之间的意义差别;只要身体日复一日、夜复一夜地束缚在人群中,精神就一定会时而恍惚、时而松弛。在充斥着无尽的吵闹、孩童的尖叫、繁重的劳动、固执的争吵、难吃的食物、糟糕的空气和令人压抑的装潢的家庭环境里,人是无法进行迅捷的思考和清晰的判断的。

我们偶尔也有机会身处一幢安静、空间宽敞的大楼之中,或走进剧院,让现代舞台艺术驱除那些干扰我们注意力的因素,或去海边,或去其他安静的地方……每当这时,我们都会深感自己所处的时代的城市生活是多么的混乱、善变、奢华、喧嚷,也便理解了为何自己总是晕头转向、总是难以精确地捕捉信息、总是心力交瘁或心不在焉,以及为何媒体上的大小标题总是令人眼花缭乱。唯有如此,我们才能真正明白为何自己难以分辨事物之间的区别,尽管它们是如

5

然而,由于内在无序的存在,外在无序显得日趋复杂。实验表明,所谓的情感冲突干扰着我们进行联想的速度、准确性和质量。实验以 1/5 秒为单位计时,将 100 个从情感色彩中立到情感色彩强烈的词语呈现给被试,其中有 5 至 32 个——甚至全部——都得不到反应。① 很显然,舆论与各式各样的复杂因素有着间歇性的关联,例如野心、经济利益、个人仇恨、种族偏见、阶级感情等,难以穷尽。它们以各种方式扭曲着我们阅读、思考的过程以及我们的言行举止。

最后,由于舆论的影响范围并不会止步于普通社会成员,加上政治家在选举、宣传和鼓动活动中能争取到的普通社会成员的人数多寡决定了其权力的大小,故大众注意力的品质只会变得日益糟糕。不识字、无主见、意志薄弱、极度焦虑、营养不足、心灰意冷的人,数目十分庞大,甚至远远超过我们的想象。正因如此,那些迎合流行情绪的观点便得以在这一庞大群体中大行其道、一呼百应。这些人在心理上只能算孩童、野蛮人。他们的生活乱作一团,他们的活力已被耗尽,他们的世界内向闭塞,他们对于时事议题没有任何切实经验,也不做任何思考和理解。舆论之川行至此处,便在人们星星点点的谬见和误解的涡流中呜咽而止,在偏见和牵强的类比思维中黯然失色。

要做到上文所提的"迎合流行情绪",便要考虑人们对于事物产生联想反应时的特点,并努力找到能引起最多人共鸣的东西。至于"迎合小范围的、特殊的情绪",则往往针对大众那些与众不同的共鸣点。同一个人会在不同的刺激下做出迥异的反应,甚至在不同时间对同一刺激做出的反应也有差异。人对事物的共鸣能力呈现为一种多山的地貌:有孤耸的山峰,有辽阔但彼此隔离的高原;除此之外,那些低海拔的绵延地带便是大众的、人所共有的"区域"。一些人的共鸣点在某些方面或可达至高耸入云的巅峰之境,如能洞见弗雷格

---

① Jung, *Clark Lectures*.

（Frege）和皮亚诺（Peano）的理论的精细差别，或鉴赏萨塞塔（Sassetta）早期和晚期作品的区别；这些人有可能是食古不化的共和党人，他们在经受饥饿和恐惧的折磨时会做出和芸芸众生一样的自然反应。这也就是为什么那些锁定最广泛读者群的畅销杂志往往更喜欢用年轻女孩的照片做封面，因为那张脸美丽得足以打动人心，却又天真纯洁，让人易于接受，是比任何其他元素都更能畅行无阻的商标。这些刺激信息作用于人的精神世界，而精神决定了公众的规模。

● 6

总而言之，舆论在其对环境进行观察和反应的过程中遭遇了各种各样的信息偏折，如审查和保密行为在信息源头设置的阻碍，物质和社会环境条件加诸信息接收层面的限制，以及注意力的缺乏、语言的贫乏、各种使人分心的干扰、无意识的情绪的累积，还有单调生活的消磨、暴力、枯燥……所有这些都影响着舆论对环境信息的反馈能力。信息本身已扑朔迷离，上述限制又成为横亘在我们与环境之间的障碍，这使我们想清晰、公正地把握真相变得无比艰难，使我们常常形成远离事实的假想而非建设性的观点，使我们无法对那些扰人视听的人进行充分的核查。

第三部分 刻板印象

第六章

何为刻板印象

● 1

我们每个人都生活、工作在世界的一隅,活动范围限于小圈子之中,密切交往的人屈指可数。对于具有广泛影响的公共事件,我们充其量只能了解某个方面或片段。在这一点上,即使是那些起草公约、制定法律、发布政令的"局内人"也不例外——他们和处在公约、法律、政令约束之下的普通人没有什么本质的不同。然而,在时间、空间和数量上,我们的见解又必然覆盖比我们所能直接观察得到的事物更为广泛的范围,这部分见解便是由他人的报道和我们自己的想象拼凑出来的。

然而,即便是亲临现场的目击者也不可能事无巨细地再现事件的全貌。① 经验似乎表明,目击者对现场的印象会在事件过后变淡,

---

① 参见 Edmond Locard, *L'Enquête Criminelle et les Méthodes Scientifiques*。此外,近年来关于目击者的可信度问题出现了颇多有趣的材料,一位评论家在《泰晤士报》(*The Times*)1921 年 8 月 18 日的文学副刊上对这本书做出了评论,提到近年来出现的材料表明,目击者的可信度受到其阶层属性、事件本身的阶层属性以及不同知觉类型的影响。触觉、嗅觉、味觉的可采信度比较低。听觉在判断声音来源和方向时武断且具有欺骗性;在听某人说话时,听者往往会"在浑然不觉的情况下添加自己根本没有听到的信息,因为他在听取信息时会试图去理解说话者的意图,并在自己的意识中按照上述意图对听到的信息进行重组"。甚至视觉,也可能在辨认、识别、判断距离、估测数量(比如估计一群人的具体数量)时存在显著的偏差。没有经受过训练的观察者对于时间的长短也很难做出客观的判断。以上这些天生的缺陷,加上人的记忆、想象力的作用,使情况变得更加复杂。

另一例见于 Sherrington, *The Integrative Action of the Nervous System*, pp. 318-327。已故的雨果·芒斯特伯格(Hugo Münsterberg)教授就这一问题写了一本通俗著作,名为《证人席上》(*On the Witness Stand*)。

54 但在讲述事件经过时又会习惯性地添油加醋。他一心以为自己是在叙述事件原本的始末,可实际上他讲的是自己改造后的版本。人的意识中存留的事实绝少保持原貌,而大多经过了意识的局部再创造。一则关于事件的报道,是事件的认知者和事件本身相糅合的产物;在这一过程中,对事件进行观察的人总会对信息做出一些过滤和改造。我们对事实的认识,取决于我们从哪个角度去观察,以及我们在观察时有哪些习惯。

面对一个陌生的场景时,我们往往会像初生婴儿第一次睁开双目看世界一样,眼前是"一团巨大的、繁盛的、喧闹的混乱"①。约翰·杜威(John Dewey)说,陌生的事物总是那样的新鲜和奇特,甚至会使成年人如婴儿一般困惑于眼前的景象。他指出:"面对自己不会讲的外语,我们会感觉其如同天书,传到耳朵中只是模糊一片、无法辨明的杂音。诸如此类的情形还有乡下人置身闹市、旱鸭子落到海里、对某项运动一窍不通的人加入了行家里手的激烈角逐。又如一个毫无相关工作经验的人到了工厂做工,手中的活计对他来说是摸不着门路的一团乱麻;而远赴他乡的人骤然面对另一个人种,会觉得他们的长相都差不多。这样的现象十分普遍,如若一个普通人面对着一群羊,除非其中哪只羊的体型或毛色与众不同,否则他根本无法做出区分,但牧羊人就可以。陌生的事物在我们的眼中,就是一团移动的、散乱的、无法辨识的虚像。而我们若想通过了解新事物的方式来提升自己的认识水平,即养成一种习惯以令自己对眼前的事物有迅速、明晰的洞察,那我们就必须要攻克一道难题:在事物**模糊**、**易变**的特征中,去捕捉其**连贯**、**稳定**的属性。"②

上述目标的达成与认知的主体——我们自身——密切相关。杜威在一篇文章中举例说明哪怕是经验最为丰富的外行人,在对"金属"这一概念进行界定的时候,也会与化学家有着显著的差别。③ 在

---

① William, James, *Principles of Psychology*, Vol. I, p. 488.
② John Dewey, *How We Think*, p. 121.
③ *Ibid.*, p. 133.

外行人的定义中,"光滑、坚硬、有光泽、闪亮、密度大……可锻造、可延展、遇冷变硬、加热变软、记忆性、抗压性、耐腐蚀,这些都可能被提及"。而在化学家眼中,上述外观或实用性角度的特性根本无关紧要,他们会将"金属"定义为"能够与氧化合并形成盐基的化学元素"。

在多数情况下,我们并非先理解后定义,而是先定义后理解。在庞杂、喧闹的外部世界中,我们会优先认出自己的文化里已有定义的事物,然后又倾向于按照文化业已在自己脑海中设定好的刻板印象去理解这些事物。试想,战争结束后,世界上的大人物齐聚巴黎,就全人类的共同事务展开磋商,但他们中究竟有多少人对脚下的欧洲有深入的了解?他们了解的只不过是自己对于欧洲的种种关切而已。若能到克里孟梭头脑中的世界去一探究竟,我们便可看到,他所理解的欧洲究竟是 1919 年时那个真实的欧洲,还是在战乱频仍的岁月里日积月累并愈加根深蒂固的一个刻板印象。他所理解的德国人究竟是 1919 年时真实的德国人,还是自 1871 年以来在法德两国的宿怨中形成的关于德国人这个群体的某种典型印象。显然,答案都是后者。于是,当克里孟梭翻阅从德国发来的报道时,他会仔细去读,但最终只会接受符合其脑中刻板印象的那部分报道内容。譬如,口出狂言的德国容克贵族,在他眼中就是一个真正的德国人;而那些坦诚痛思德意志帝国犯下的累累罪行的劳工领袖,在他眼中根本算不上真正的德国人。

在哥廷根(Göttingen)曾召开过一届心理学会议,其间一批据说是受过训练的观察者参与了一项有趣的实验。①

> 距离会议大厅不远处有一个庆典活动,活动中还有一场假面舞会。突然,大厅的门被猛地推开,一个小丑闯进来,背后有一个手持左轮手枪的黑人在疯狂地追赶他。他

---

① A. von Gennep, *La formation des légendes*, pp. 158-159. 引自 Fernand van Langenhove, *The Growth of a Legend*, pp. 120-122。

们在大厅的中部停下来打斗,小丑摔倒了,黑人跳到他身上,开了一枪,然后两人都冲出了大厅。以上整个过程发生在不到 20 秒的时间里。

会议的主席要求在场的人立刻就刚才发生的事情写一则报告,理由是之后可想而知会有一次司法调查。交上来的 40 篇报告中,只有 1 篇做到了对于主要事实的记述的错误率低于 20%,错误率在 20% 至 40% 之间的有 14 篇,40% 至 50% 的有 12 篇,错误率超过 50% 的有 13 篇。此外,有 24 篇报告中存在 10% 的纯属虚构的内容,其余的报告中有 10 篇纯属虚构的内容多于 10%,6 篇少于 10%。简言之,有 1/4 的报告是虚假报告。

毫无疑问,整个事件是提前安排好的,甚至还拍了照片进行记录。40 篇报告中,10 篇可以被认定为虚构内容,24 篇是半虚构的,只有 6 篇可以被视作有证据价值的材料。

在上述实验中,40 个受过训练的观察者以诚实的态度就刚刚在眼前发生的事件撰写报告,然而大多数人提供了与事实不符的信息。所以,他们究竟看到了什么呢?毕竟,按一般性的理解,讲述发生了什么比虚构没有发生的事要轻松。事实上,这些观察者看到的是他们对于打斗的刻板印象。他们中的所有人在过去的生命经历中都接触过不少打斗的场景,而这些场景如今就会重新在他们眼前闪烁。其结果就是,这些关于打斗场景的刻板印象在当下的观看行为中对真实的场景进行了篡改,篡改程度低于 20% 的只有 1 人,13 人的篡改程度高于 50%,且有 34 人令自己刻板印象中的场景直接取代了眼前的场景中超过 10% 的内容。

一位著名的艺术评论家曾指出:"同一物体几乎可以呈现为无数种形状……而我们是如此迟钝和麻木,竟致无法在脑海中轻松地回想起一个物体的清晰、确切的特征和轮廓,我们只能回想起基于艺术过往对该物体进行过的描摹所形成的刻板印象。"①事实更甚于此,因为赋予世界某种刻板印象的,并不只是绘画、雕塑、文学等艺术形式,还包括我们的道德标准、社会哲学思想,以及政治煽动等。在下面这段引自贝伦森(Berenson)先生的表述中,用"政治""商业""社会"等词去替换"艺术"一词,道理一样说得通:"……除非艺术学校的教育同时教会我们如何用自己的双眼观察事物,否则我们会很容易陷入一种习惯性的束缚,模式化地套用我们所熟悉的艺术表现方式去观察眼前的一切事物。这就是我们关于艺术真实性的标准。在观看某人的作品时,若其呈现的色彩和形状未能立即迎合我们有关色彩运用与表现形式的那些既匮乏又陈腐的经验,我们就会摇着头认为它没能再现我们自认为熟知的事物,或者指责其矫揉造作。"

贝伦森先生描述了我们在看到绘画者的作品"未能完全按照我们的方式描绘事物"时所体验的不快。他还说,我们很难欣赏中世纪的艺术作品,因为从中世纪到现在"我们的视觉表达形式已经发生了巨大的变化"②。他进而指出,从人物造型的角度来讲,我们正在逐渐掌握认清我们真正看到的东西的方法。"多纳泰罗(Donatello)和马萨乔(Masaccio)创立了新的人像标准和新的人体特征表现手法,并得到了人文主义者的认可……他们向当时的统治阶层展现了在随之而来的斗争中最有可能赢得胜利的人会有哪些特征……谁有力量撼动这一新兴的视觉标准?在混乱不堪的社会现实中,谁还能找到比这些天才笔下的人物更能鲜明地反映现实的形象呢?没有人做得到。人们必然会按照这样的标准去看待现实,只接受以这种方式描

---

① Bernard Berenson, *The Central Italian Painters of the Renaissance*, p. 60 及后文。

② 另见其在 *Dante's Visual Images, and His Early Illustrators in the Study and Criticism of Italian Art*(First Series) 第 13 页的注释:"我们总禁不住将维吉尔(Virgil)呈现为罗马人的形象,为他塑造出'经典的轮廓'和'雕塑般的体态'。但丁(Dante)虽然对维吉尔有着透彻的认识,但其对于这位罗马诗人的视觉形象的描绘带有十足的中世纪韵味,其实也不过是对古物进行批判性的复制罢了。14 世纪的画家总把维吉尔描绘成一个戴着礼帽、穿着长袍的中世纪学者,那么但丁以同样的方式去描绘维吉尔也就没什么值得大惊小怪的了。"

绘的形象,并只为这种'现实'中所展现的理想而欢欣鼓舞。"①

● 2

每个人心中都会有一些自以为是的观念,当我们因不了解这些观念而无法对他人的行为予以完全的理解时,出于公正的原则,我们就不仅需要掌握其接触了哪些信息,而且要了解其头脑中用以过滤这些信息的意识机制是怎样的。这是因为,社会中约定俗成的套路、盛行的模式以及既定的评价标准,都会干扰人脑接收信息的过程。所谓的"美国化"(Americanization)就是一个例子。从浅显的层面分析,它就是在美国人头脑中存在着的取代了欧洲式刻板印象的一套新的刻板印象。例如,农民此前可能将其耕种的土地的地主视作封建领主,雇员此前可能将其雇主视作地方权贵,但美国化意识会教导他们从美国的视角去看待他们的地主或雇主。于是,他们的观念就会发生转变。事实上,当思想被成功灌输之后,观看的方式也会随之变化,于是,农民和雇员眼中所见的世界就与以往大相径庭了。一位温良的淑女曾坦言,刻板印象是如此高傲、自负、影响显著,以至于当事实和她的刻板印象不符时,她连人类的手足亲情和上帝都不信了。"我们受到来自自己衣着的奇特影响。衣物会创造特定的心理和社交氛围。比方说,如果一个人坚持只穿伦敦裁缝做的衣服,你还能指望他是个多么坚定的美国精神拥护者吗?食物也影响着美国精神,如果人人都嚼着腌菜和林堡干酪,那就根本产生不了什么美国情怀。再比如,你能指望满嘴大蒜味的人去由衷地崇拜美国精神吗?"②

刚才提到的那位女士搞不好就是我的一位朋友曾经参加过的一场盛会的赞助人。盛会名叫"坩埚",于国庆日那天在一座汽车城举行,那个城镇生活着很多有海外血统的雇工。活动在一个棒球场中举行,在第二垒的位置摆着一个用木头和帆布做的大坩埚,坩埚的两

---

① *The Central Italian Painters*, pp. 66-67.
② 引自 Edward Hale Bierstadt, *The New Republic*, June 1, 1921, p. 21。

侧有台阶通到边缘。观众坐定、乐队演奏后,一支队伍从球场一侧的入口进场,这支队伍全部由当地工厂雇用的有外国血统的工人组成。他们身着自己民族的服饰,唱着自己民族的歌曲,跳着本民族的舞蹈,举着代表欧洲各国的条幅。仪式的主持人是扮作山姆大叔的小学校长,他领着队伍走向大坩埚,指挥他们沿着台阶爬到坩埚边缘,然后走到坩埚内,再到坩埚的另一侧引导队伍从那里出来。出来时,队伍中的人已经换上了圆顶礼帽,身着外套、长裤、马甲,硬领上系着带圆点花纹的领带,并且据我的那位朋友描述,每个人都毫无悬念地在口袋里揣着一支"永锋"牌铅笔,齐声唱着美国国歌《星条旗》。

58

  对于这场盛会的赞助者——或许也包括大多数活动参与者——而言,整个活动成功地表现出了他们在人际交往中遇到的最大困难,即土生土长的美国人和新到的外来者之间如何建立一种友好的关系。他们实际上有着相似的人性,但各自头脑中的刻板印象成为阻滞共鸣产生的障碍。选择了改名换姓的移民对此深有体会:他们希望通过这种方式来改变自己,进而改变身边的陌生人对自己的看法和态度。

  在外部世界的场景和我们观察这个场景时动用的思想意识之间存在着某种联系,正如我们可以预料在激进分子的集会上总会有一些留长发的男人和留短发的女人一样。然而,对于一个心不在焉的观察者而言,只要有少许这样的联系就足够了。比如,若某位记者在观众中看到两个留短发的人和四个留胡子的人,而他又提前了解到这群人在发型和蓄须问题上素有这般偏好,那么他就会从自己看到的景象中得出结论:观众就是一群短发蓄须的人。在我们的观察行为和事物的原貌之间存在着特定的联系,这种联系通常是很奇特的。比如说,某人很少留心风光景致,除非是在考察一块地皮上能否规划某一建设项目这样的情况下。他仅看过一些挂在客厅里的风景画,这些风景画给他留下了一些关于风景的印象,如玫瑰色的落日、经过尖顶教堂的乡村小径以及银色的月亮。突然有一天,他来到了乡间,停留了几个小时都没有看到任何风光,直到太阳在落山时散发玫瑰色余晖的那一刻,他才骤然识别出这番景致,并随之发出"美不胜收"的感叹。然而,两天之后,当他试图回想自己在乡间究竟看到了些什么时,却多半只能追忆起客厅里挂着的那幅画而已。

上文中的那个人千真万确看到了日落,如果他没有喝醉、在睡梦中或者精神错乱的话。但他从日落的场景中看到并记住的东西更多是受他所见到的油画的引导。比方说,一位印象派画家或一个文化修养程度很高的日本人,从这同一个场景中看到的可能就会和他很不相同,印象派画家和日本人会在他们各自曾接触过的表达形式的影响下去观看,除非他们是那种少有的能为人类开辟新视野的杰出人物。如果未经训练,我们在观察中会倾向于选择性地识别我们熟悉的符号,这些符号代表着一些观念,我们会用脑海中贮存的图景将这些观念补全。比方说,如果上述场景出现在我们眼前,我们实际的观看过程可能不是去仔细看落日的景象和那个看见落日的男人,而是会识别出眼前有一个男人和一番落日的景致,然后我们脑海中有关男人或落日的种种景象就会浮现出来,最后我们看到的基本就是与这些景象吻合的部分。

● 3

在上述过程中存在着对于节约成本的考量。由于我们要从零开始并细致入微地观察和认识所有事物,却又由于精力不济或生活繁忙而无法将其归入各种类型,故通过刻板印象来观察外部世界就成了一种经济、便捷的方法。不过,在亲情、爱情、友情乃至敌对的关系中,我们没有捷径可走,而只能将对方当作一个个独特的个体去认识。那些我们喜欢和欣赏的人往往是能够掌握每个人特性的人,他们不会将他人简单归入某个类型。原因在于,就算难以言表,我们凭直觉也能感受到,任何试图对他人进行分门别类的处理的做法都有可能导致我们不愿看到的结果,任何忽视他人独特性的行为都有可能导致人际关系中呈现出斯文扫地的局面。在人与人的关系中,双方人格不受侵犯理应作为公理得到捍卫,若不能做到这一点,这种关系就是有瑕疵的。

然而，现代生活节奏飞快、错综纷繁，空间的距离成了首要因素，将实质上有着密切关联的人隔离开了，如雇主和雇员、官员和选民，他们之间既没有时间又没有机会进行深入的交往。于是，我们只好违背良好人际关系的宗旨，开始以某些外部特征为依据将他人划入不同类型，再用我们关于这一类型的人的刻板印象去填充这个人的形象。比如，当我们将某个人称为煽动家，那表明"煽动"就是我们唯一看到或听说的有关他的信息，进而我们就会通过刻板印象去"确定"煽动家究竟是一种什么样的人，并最终认定他就是那种人。类似的标签数不胜数：知识分子、富豪、外国人、南欧人、来自后湾（Back Bay）的人、哈佛毕业生（与"耶鲁毕业生"截然不同）、普通人、西点军校毕业生、老军士、格林威治村人（这个标签能够"帮助"我们看透眼前这个人，甚至连他妻子是什么样的人都会知道得清清楚楚）、国际银行家、小地方出来的人……

刻板印象的产生和再现是我们的认知过程中最难以捉摸，也最为普遍的影响因素。我们总是在亲眼观察世界之前就被预先告知世界是个什么模样；我们总是先对某一事件进行想象，然后再去切实地经历它。除非教育赋予我们敏锐的观察力，否则这些预设的信息就会深刻地影响我们的认知过程。我们会习惯性地将事物区分为"陌生"和"熟悉"两类，强调两者的差别，然后熟悉感就会被放大，陌生的事物则显得愈发陌生。微小的迹象就能将刻板印象激发出来，无论这一迹象是确凿无疑的，还是只具备模糊的相似性。一旦受到激发，刻板印象就会用原有的认知图景去主导当前的认识过程，将记忆中被唤起的经验投射到当前的现实世界中。假如外部环境与刻板印象之间毫无相似性，这种用先入为主的老观念覆盖新认知的习惯将有害无益，变成纯粹的谬误。不过，在绝大多数情况下，外部环境与刻板印象还是有诸多相似之处的。由于我们时常迫切地需要在认知过程中节省精力，于是便很难在认知的过程中全然抛却刻板印象。离开了刻板印象，我们的生活将寸步难行。

最重要的是了解刻板印象的特质，并且时刻牢记我们在动用自己的刻板印象时是极易受到误导的。能否做到这一点,取决于我们自身的行为模式,这些行为模式的总和就是我们的哲学观。若我们的哲学观假定世界是可以被我们所掌握的规则阐释的,那我们就倾向于用自己掌握的规则去对世界上的事物做出描述和总结;相反,若我们的哲学观认为人只不过是天地间微不足道的存在,人的智慧至多只能理解浩繁的观念中极小的一部分,那么当刻板印象开始发挥作用时,我们就会意识到其只不过是刻板印象而已,不但不值得我们顶礼膜拜,而且在其出错时我们会欣然对其做出修正。此外,我们还会更清楚地了解自己的观念是在何时何地、以何种方式产生的,以及我们为何会接纳这些观念。一切于人有启发的历史都是通过这种方式得到澄清的。它使我们认识到,不同的童话故事、学校课本、传统习惯、小说、戏剧、绘画、言论,是如何被分别植入不同的人的预设观念的。

● 4

那些主张对艺术作品进行审查的人至少意识到了刻板印象的强大威力。只不过,他们曲解了刻板印象发挥作用的方式。他们愚蠢地禁止人们接触任何未经自己审查并认可的内容。但无论如何,就像对诗人评头论足的柏拉图一样,他们也模模糊糊地感受到了虚构的内容会向观看者传输一些模式,而后观看者在理解现实世界时就会套用这些模式。毫无疑问,电影正是这样在人脑中植入意象的,当人们看完电影再去读报的时候,报上的内容就会激发起这些意象。在人类历史上,没有哪一种艺术形式能够匹敌电影对于意义进行视觉化呈现的能量。佛罗伦萨人想看基督教圣徒的形象可以去教堂观赏壁画,雅典人想看古希腊众神的形象可以去神殿。不过,并非世上每一种事物都可以被描绘和呈现。在东方,第二戒律的观念仍为广大民众奉行,故对有形事

> 第二戒律,《圣经》记载的十诫的第二条,大意是:不可为自己雕刻偶像,也不可做什么形象模仿天上、地下和地底下、水中的百物。不可跪拜那些像,也不可侍奉它。

物的描绘、刻画极为罕见——也许正因为此,人们在实际生活中做决定的能力被削弱了。而在西方世界,在最近的几个世纪里,世俗的描绘在规模和范围上都有了长足的发展,从口头描述,到记叙性文字、有插图的记叙性文字,再到电影,直到越来越多的有声电影纷纷出现。

  摄影如今统治着人们的想象力,而此前这种统治权属于印刷文字,更早一些时候还曾属于口头语言。影像给人一种完全真实的感觉,其将内容直观地呈现于我们眼前,使我们认为这些内容未曾经过任何人为的处理,故而成为可以想象的最易消化的精神食粮。面对语言文字或沉闷的画作,我们往往需要花点工夫去记忆,才能将其描绘的图景装进脑海。然而,当我们面对银幕时,所有这些观察、描绘、报告、想象的过程,都预先完成了。我们只需撑住别睡着了,就能不费吹灰之力地从银幕中撷取过去必须花费想象力才能获得的认知结果。模糊的概念会变得生动、形象。比如,因为格里菲斯(David Griffiths)先生的功劳,原本对3K党仅有模糊印象的我们,如今可以通过《一个国家的诞生》(*The Birth of a Nation*)这部影片看到栩栩如生的形象。尽管他刻画的这些形象可能存在有违历史事实之处,或在道德上存在不良影响,但也是对3K党形象的一种刻画。而且我猜想,那些原本对3K党的了解不如格里菲斯先生深入的观众,在看过了这部影片之后,只要一听到3K党这个字眼,脑海中立刻就会浮现出那些"白色骑士"的形象。

大卫·格里菲斯(1875—1948),美国著名电影导演,代表作包括《一个国家的诞生》和《党同伐异》(*Intolerance*)等。

● 5

  若将他人划分成群组去讨论其思想特征,如法国人的思想、军国主义者的思想、布尔什维克主义者的思想,我们便很容易陷入误区,除非我们有能力将与生俱来的思想特征与刻板印象、模式以及规则等区别开来。刻板印象、模式和规则对于搭建精神世界而言起着决定性的作用,而我们与生俱来的思想特征与这个精神世界之间实际上是一种逐步调适和回应的关系。许多有关"集体思想""民族灵魂"以及"种族心理"的谬见,就是人们因无法做出上述区分而犯下的错误。当然,有一些刻板印象的影响力的确传播范围极为广泛且持久,甚至可以实现从父母到子女的代代传承,如同生物遗传一般。用格雷厄姆·沃拉斯(Graham Wallas)先生的话来说,我们有时候的确是寄生于社会传统之中。① 但显而易见,我们自呱呱坠地那天起就承袭了出生国的政治传统的说法是毫无科学依据的。尽管一个民族确有其政治传统,但承袭这一传统的过程体现在幼儿教育、学校教育以及教会对人的教化的过程中,与所谓的"群体心理"和"民族灵魂"等含混不清的概念没有关系。无视父母、教师、传教士或是叔伯们的教化行为的影响而将政治观念的差异归因于基因遗传,无疑大错特错。

我们或许可以谨慎地尝试去概括那些拥有相同教育背景和人生阅历的人之间的差异,但即便是这样一个看似简单的任务,也是难以完成的,这是因为拥有完全相同经历的个体几乎不存在,即便是同一个家庭中长大的两个孩子也难以做到这一点——大一点儿的孩子永远无法体会家庭中年龄相对较小的那个孩子的感受。因此,我们不应急于比较人在天性上的差别,除非我们已完全对后天影响的差异了然于胸。例如,当我们试图通过粮食产量来比较两块土壤的肥力时,我们首先可能要搞清楚这两块地是否一块位于艾奥瓦、一块位于拉布拉多,还要明确它们是否被耕种过、施过肥,是否曾被过度开发,以及是否曾被抛荒。

---

① Graham Wallas, *Our Social Heritage*, p. 17.

第七章
作为防卫手段的刻板印象

● 1

我们在本可追求客观、公正的见解时却往往坚持自己的刻板印象,除了为在认识过程中节省精力外,可能还有一个原因,那就是刻板印象或许是我们个人的传统的核心,是对我们的社会地位的一种保护。

我们每个人都借助习惯、偏好、能力、心理舒适度、内心期待等因素实现对外部世界的某一部分的充分的适应。把我们的刻板印象组接起来,就是有关这部分世界的一幅连贯有序的图景。这幅图景或许不能完整地反映整个世界,却能反映我们所适应的那一部分世界。在这一部分世界中,万事万物均按照我们预期的方式运行。我们会在这部分世界中感到心安理得,感觉自己就是它的一分子。我们已经顺利融入它的环境,对它的一切轻车熟路。这部分世界会让我们感觉亲切、寻常、可靠,我们对其每个角落都熟稔于胸。尽管我们选择停下人生的脚步栖居于这个世界意味着委身于某种束缚并放弃众多其他可能性,然而,一旦我们融入其中,便会立刻如同穿上自己那双适脚的旧鞋般感到舒服、安然。

因此,也就难怪当自己的刻板印象面临质疑时,人们会感到整个世界的根基都被撼动了。事实上,被质疑所撼动的,只不过是**我们的世界**而已;当面对这样重大的问题时,我们会拒绝承认真正的世界和我们的世界之间其实是有差异的。在现实世界中,如果我们发现自己崇敬的人变得一钱不值、自己鄙视的人却高高在上,就会陷入精神崩溃。当我们固有的价值观遭到了其他价值观的挑战,我们的观念就会混乱。比如,对于那些从不把世俗的条条框框放在眼里并坚持我行我素的人来说,如果这个世界真的是"温驯之人得永续",真的是"在先的要在后",真的是"无罪之人可投石",那么他们自尊心的基础一定会发生动摇。

64　　刻板印象并不是中立的。其不仅仅是用有序的方式对庞杂、纷乱的现实进行整理,也不只是一种认知的捷径,它还是我们的自尊心的堡垒,是我们对于自己的价值观、地位和权利的理解在外部世界的投射。因此,刻板印象会因其情绪化特征而遭到批评。它是我们的传统的守护者,有了它的守护,我们才能在自己业已占据的位置上获得安全感。

● 2

例如,公元前4世纪,当亚里士多德在怀疑论调日渐增长的情况下著书立说为奴隶制辩护的时候,雅典的奴隶在很大程度上已经与自由民难以区分。① 齐默恩(Zimmern)引用了《老寡头》(Old Oligarch)中一段诙谐的话来说明奴隶所得到的良好待遇。"假如出台法律允许公民打奴隶,很可能会出现雅典人被误认为奴隶或外邦人而被打的情形,因为雅典人穿的并不比奴隶或外邦人好,相貌上也没有任何高人一等之处。"差异的消弭自然会导致制度的瓦解。倘若奴隶和自由民看起来毫无差别,那还有什么理由区别对待他们呢?亚里士多德在《政治学》(Politics)第一卷中想要着力消除的正是这种混淆。凭着出色的直觉,他明白,要想为奴隶制辩护,必须让希腊人用有利于奴隶制传统延续的方式看待奴隶。

于是,亚里士多德指出,有些人有着奴隶的天性。② "他天生就

---

① Zimmern, *Greek Commonwealth*.见脚注, p. 383。
② Aristotle, *Politics*, Bk. Ⅰ, Ch. 5.

是奴隶,适合成为别人的财产,**这就是原因**。"这实际上就是说,凡是成为奴隶的人,天生就想做奴隶。这种说法在逻辑上毫无价值,事实上它根本就不是个命题,与逻辑毫不相干。它是一种刻板印象,或者说是某个刻板印象的一部分。它直接导出了接下来的论调。在断言奴隶能感知理性却没有运用理性的能力后,亚里士多德进一步强调:"使奴隶和自由民的体魄有所差异是自然的旨意。奴隶为了实现他们被创造出来的目的而具备强壮的体魄,而自由民身材挺拔,不适于从事奴隶劳动,只适于公民生活……他们显然天生就是自由的,而奴隶则天生就是奴隶……"

如果我们问自己,亚里士多德的论断谬误何在?我们会发现,他一开始就将自己与事实隔绝开了。在他宣称奴隶天生就想当奴隶时,他直接忽略了一个至关重要的问题,即碰巧成为奴隶的人是否就一定是天生想当奴隶的人。这个问题使每一个奴隶的身份都遭到质疑,因为身为奴隶这一事实并不能证明一个人命中注定就是奴隶。如此一来,关于什么人该做奴隶这一问题便根本不存在真正的标准。亚里士多德完全回避了这个毁灭性的疑问,坚称身为奴隶者天然就应该是奴隶,每个奴隶主应该将他的奴隶视为天生如此。当奴隶主习惯了用这样的方式看待自己的奴隶,他们就会将奴隶从事奴隶劳动、会干奴隶的活、有强壮的体格等特征,都视为其奴隶天性的明证。

这完全是一种刻板印象,它的特点就是先于理性发挥作用,在我们对自己所感知的信息展开思考之前便预先将一些性质强加于这些信息。这种刻板印象就如同比肯大街(Beacon Street)上淡紫色的玻璃窗,如同品评着来宾装束的化装舞会的守门人。没有什么比刻板印象更加冥顽不化,任何教育和批评都很难改变它。它会为自己找寻证据,再给这些证据打上自己的烙印。我们之所以能通过旅行归来的人的评价去饶有趣味地了解他们出发时的心态,就是这个道理。如果一个旅客出发时心中装着品尝美食的欲望、对瓷砖浴室的期待以及对普尔曼式豪华卧铺车厢的无限向往,并且盘算着要给侍者、出租车司机和理发师小费,而一定不要给车站行李员和引座员小费,那么他的旅途记忆中就会充斥着好吃或难吃的食物、状况频出的洗浴体验、火车包厢中的恶作剧以及被追要小费的经历。而如果一个旅客的性格更加严肃一些,他就会去各种名胜之地,揽其大略,对每一个纪念碑匆匆一瞥,然后埋头逐字逐句地阅读旅游指南,接着向下一处名胜进发。旅行归来后,他脑子里大概会井然有序地存储着欧洲的风光,然后给整趟旅行一个一星或两星的评价。

在一定程度上说,来自外部的刺激,尤其是以印刷文字或口头语言为形式的刺激,会唤起我们刻板印象体系中的一部分。这样一来,我们固有的认知与我们彼时彼刻获得的新认知就会同时出现在脑海中,它们会混合在一起,就像我们透过蓝色和红色的玻璃之后看到的是绿色一般。如果我们的实际所见和预先所想吻合了,刻板印象就会进一步强化,其效果就如同一个人预先听闻日本人很狡猾,紧接着便先后被两个不诚实的日本人欺骗一样。

若新的经验与刻板印象不符,则可能出现两种结果。如果一个人的思想已不具备变通的能力,或某些切身利益使其无法接受改变刻板印象所导致的麻烦和损失,那么他就会对这种不符嗤之以鼻,将其视为一种意外状况,并且认定其恰恰反过来证明了规律的存在。他还会对亲眼见证的人心怀疑虑、吹毛求疵,最后努力忘掉整件事情。而如果一个人仍然拥有好奇心和开放的思想,那么他往往能够接纳新的情况,并且以之为依据去修正旧的观念。在有些情况下,新的情形与刻板印象之间的矛盾可能十分尖锐,甚至使一个人整个既有的观念体系都受到了冲击,那么这个人或许会极为震惊,以至于对自己过去看待生活的一切方式都产生怀疑,并认为全部真相都与自己的认知相抵触。假如这个人是作家,那么在这种极端的情绪下,他或许会将犹大、本尼迪克特·阿诺德(Benedict Arnold)以及

本尼迪克特·阿诺德(1741—1801),美国独立战争时期的重要军事将领,但后来选择投靠英国,在美国历史上极具争议。

凯撒·博尔贾(Caesar Borgia)作为其作品的主人公。

● 3

德国人散布的关于比利时狙击手的传闻可被视为刻板印象发挥作用的典型例子。说来奇怪,这些传闻竟然首先遭到了德国天主教教士组织帕克斯(Pax)的驳斥。① 这些带有暴力色彩的传闻的出现本身无可厚非,德国人会轻信这些传闻也很好理解。吊诡的是,一个如此保守的德国爱国主义团体,竟然早在1914年8月16日就开始大规模声讨这些对敌人进行诽谤的传闻,尽管这样

凯撒·博尔贾(1475—1507),意大利文艺复兴时期著名军事将领,教皇亚历山大六世的私生子,以铁腕军事手段和杀害政敌的残忍手段著称。

的诽谤明明能够极大地抚慰其德国同胞惴惴不安的良心。为何偏偏是这个耶稣会团体来揭穿一则对鼓舞德国人的战斗士气而言至关重要的谣言呢?

我在此引述凡·兰根霍夫先生(van Langenhove)的说法:

> 德军一进入比利时境内,奇怪的谣言就开始流传。它们被四处散播,经过新闻界的再加工,很快传遍了整个德国。谣言称,比利时人**受了教士的鼓动**,背信弃义地参与敌对行动:他们突袭孤立无援的德军支队,将德军阵地地址透露给敌军,就连老人和孩子也对受伤并丧失了抵抗能力的德国士兵犯下了可怕的罪行,他们挖眼睛、剁手指、割鼻子、削耳朵;教士们在布道坛上煽动人们实施这些罪行,许诺他们借此就可以升入天国,甚至带头实施暴行。
>
> 公众轻而易举地相信了这些传闻。国家最高权力机构毫不犹豫地予以认可,并用自己的权威推波助澜。

---

① Fernand van Langenhove, *The Growth of a Legend*.作者为比利时社会学家。

如此一来,德国舆论大哗,群情激愤,**矛头指向教士们。人们认定他们应该对比利时人犯下的暴行承担责任……对天主教教士怀有普遍敌意**的那些德国人十分自然地把愤怒引向了教士。新教徒的心中重燃了古老的宗教仇恨,肆意攻击天主教教会。一场新的文化斗争爆发了。

　　天主教教会立即采取行动回击这种敌意。(黑体系作者所加)①

　　也许确有袭击行动。因为如果每个愤怒的比利时人都要跑到图书馆打开一本国际法手册,看看自己是否有权任意射击践踏其祖国街道的恶魔,那实在不可思议。让一支从未遭遇袭击的军队认为,未经批准就不应射出任何一颗子弹,同样是天方夜谭,因为那实在太麻烦了,而且的确有些违背军事战术规则。真的把这些繁文缛节履行完,军队可能早已被消灭了。可以想象,敏感的人会竭力找证据让自己相信自己痛下毒手杀害的人一定是罪有应得的恶人。虚假的传闻就是这样被编织出来的,直至传到审查机关和政治宣传者那里;他们是否相信这些传闻不得而知,但他们看到了这些传闻的利用价值,并将其散布到德国民间。何况,传闻表明本国军队所践踏的本来就是些卑鄙之徒,这也使他们心里更痛快了些。不过,最重要的是,这些传闻来自战场上的英雄,这也就意味着必须对其深信不疑,因为不相信就意味着不爱国。

　　在战火硝烟中,真相是难以明辨的。想象的空间太大,却缺少核实机制,也没有审查程序。关于残忍的比利时教士的传闻迅速激起了一种宿仇,因为在大多数爱国的德国新教徒(尤其是上层阶级)看来,俾斯麦(Bismarck)是经历了与罗马天主教教会艰苦卓绝的斗争才最终获得胜利的。通过一番联想,对比利时教士的愤怒就变成了对全体教士的愤怒,对比利时人的仇恨则成为一切仇恨的宣泄渠道。德国新教徒的所作所为,很像处于战争压力下的某些美国人。这些

---

① Fernand van Langehove, pp. 5-7.

美国人在发泄自己的敌意时,对国外的敌人和国内的对手是"一视同仁"的。正是对着这样一个人为建构起来的假想敌,即身在德国的德国佬和身在美国境内的德国佬,美国人投注了心中的一切敌意。

　　天主教教徒之所以对关于暴行的传闻进行抵制,自然是出于防卫的心理。他们要针对的是激起了人们对全体天主教教徒的敌意的谣言,而不仅仅是人们对比利时天主教教徒的仇恨。凡·兰根霍夫先生说,帕克斯的行动仅和教会有关,而且"他们的注意力几乎全部集中在那些遭到传闻指责的教士的暴行"上。然而,人们还是不禁怀疑,德国天主教教会将俾斯麦帝国对教会发难的行为揭露出来,动机到底是什么?这一切是否与那位支持在停战协议上签字并就此给德意志帝国判了死刑的政治家,同时是天主教中央党(Catholic Centre Party)领袖的埃茨贝格尔(Erzberger)①有着某种隐秘的关联呢?

---

① 本书写作时,埃茨贝格尔已遭到刺杀。

第八章

盲点及其价值

● 1

我一直用的是"刻板印象"这个词,而不是"理想"(ideal)这个词,因为"理想"一词常常是指我们眼中真、善、美的事物,并因此传递出这样的暗示:它是一个值得向人们推广、值得人们去实践的事物。然而,我们脑海中储存的印象远比这丰富得多,还包括符合预期的骗子、符合预期的坦慕尼(Tammany)政客、符合预期的好战分子、符合预期的煽动者,以及符合预期的敌人。刻板印象的世界并非迎合我们喜好标准的世界,而是符合我们预期的世界。如果事物之间有些联系,我们就会产生某种熟悉感,而且我们会感到自己正随着事物的发展而变化。若我们是渴望活得自由自在的雅典人,那我们的奴隶必须天生就是奴隶。打高尔夫球时,若我们对朋友说自己可以在 95 杆之内打入 18 洞,而事实上用了 110 杆,那我们会告诉朋友原因是自己今天没发挥好,这也就等于表明自己和那些需要多打 15 杆的蠢货不是一回事。

> 坦慕尼协会是美国历史上操纵纽约市政的民主党执行委员会的俗称,此名得自独立战争前以坦慕尼德(特拉华州一位明智、乐善好施的印第安部落首长)命名的协会。该协会后因好施小惠、贿赂政治派别领导人,而致使"坦慕尼"一词成为腐败的城市政治的同义语。

若非每一个时代都有为数不多的人愿意去孜孜不倦地整理、归纳和升华各种刻板印象,并将其转化为"政治经济学定律""政治学原理"一类的逻辑体系,我们绝大多数人可能始终会依据各种杂乱无章、交替出现的刻板印象各行其是。一般而言,只要我们谈及文化、传统和集体思想,就一定会想起那些天才创造的逻辑体系。如今,已经没有人怀疑不断研究和评价这些理想化逻辑体系的必要性,但历史学家、政治家和公众人物不会就此裹足不前,因为左右历史进程的并非某个天才所总结的逻辑体系,而是每个人脑海中交替出现的模仿、复制、伪造、类比和歪曲。

因此,马克思主义未必完全就是卡尔·马克思写在《资本论》中的那些内容,但对于自我标榜为忠心耿耿之士的好战的教派来说,《资本论》就等于马克思主义。你不能从福音书中演绎出基督教的历史,也无法从美国宪法中推论出美国的政治史。你只能根据《资本论》去思考,根据福音书去说教,根据教义去理解,根据宪法去解释和执行。这是因为,尽管标准观念和现存观念之间总是相互影响,但真正影响人们日常行为的始终是现存观念。①

一位像蒙娜·丽莎一样慵懒的评论家说:"相对论向人们宣示,它自己一定会发展成如进化论一样的普遍性原理。进化论起初只是一个专门的生物学假说,后来则演变为适用于几乎全部生活领域的启发性规律,被运用在风俗习惯、道德、宗教、哲学、艺术、蒸汽机、电

---

① 然而,不幸的是,对这种文化实现真正意义上的理解,要远远难于对天才作品进行归纳和评论。这种文化存在于因终日忙碌而无暇条分缕析、对自己的观念进行整合的人的日常生活之中。对于自己的观念,人们很少做出记录;对于自己掌握的数据,人们也很难搞清楚其有多大程度的代表性。或许最好的办法就是采纳布莱斯(Bryce)爵士的建议(*Modern Democracies*, Vol. I, p. 156),即在"不同种类和状态的人群中自由游走",竭尽全力寻找那些知道该如何进行理性思考的、不带主观偏见的人。"只有经过长期的实践并与外部世界保持'富有同情心的接触',人才能获得这种素质。接受过严格训练的观察者知道如何从微小的迹象中获得尽可能丰富的信息,一如老练的水手总是比生活在陆地上的人更善于体察那些预示着暴风雨即将到来的信号。"简言之,人们总是被迫做很多猜测,也难怪追求精确性的学者时常将自己的注意力仅仅集中于其他学者业已建构的简洁体系。

车等各个领域。一切都在'进化'。'进化'变成一个寻常可见的字眼。而在很多情况下,当进化论原本的准确含义荡然无存,由其演化出来的理论亦受到曲解时,这一理论本身也变得含糊不清。我们完全可以大胆预言,相对论也会拥有相似的命运和发展进程。这个物理学专业理论目前尚不能被人们完全理解;未来,它也会变得更加模糊。历史将会重演。正如进化论一样,当人们为相对论提供了大量通俗易懂却科学性欠佳的解释之后,后者将会迈开征服世界的步伐。我们认为,相对论到那时可能会被称作**相对主义**(Relativismus)。毫无疑问,对于这一理论的诸多更为普遍的运用将会大行其道,其中一些会显得滑稽可笑,还有一大部分则会成为老生常谈。紧接着,这一物理学原理,这颗已经成长为参天巨木的小种子,将会再一次成为科学家的纯专业兴趣。"①

然而,在征服世界的过程中,相对论必须与现实的某些方面有所契合,无论这种契合是否严密。伯里(Bury)教授指出,进步观(the idea of progress)这个东西长期以来都是人们设想出来的。② 他写道:"这种人们设想中的观念若不能表现为某种外在的具体形象,或未能得到某种明显的现实证据的支持,便很难渗透到普遍观念中并为普罗大众所了解。对于进步观而言,这两个条件在 1820—1850 年间(的英国)都得到了满足。"最有力的支持来自机械革命。"出生于 19 世纪初的人在不满 30 岁的时候就已经看到了汽轮航运的高速发展,看到了城镇和家庭的汽灯照明,看到了第一条铁路的开通。"在普通人的观念中,这样的奇迹让他们形成了一种意识,即人类是完美的。

坦尼森(Tennyson)的哲学观念很有普遍性。他说,他 1830 年第一次乘火车从利物浦到曼彻斯特时,竟认为火车轮子是在槽里跑动的,遂写下了这样一句话:

---

① *The Times*(London), *Literary Supplement*, June 2, 1921, p.352.爱因斯坦1921年在美国声称,人们总是对其理论的影响力做出过高的估计,却对其确定性估计不足。

② J. B. Bury, *The Idea of Progress*, p.324.

愿这伟大的世界永远在叮当作响的变革之槽里疾驰。①

这句话对利物浦和曼彻斯特之间的火车旅程的理解还算有些道理,但是它试图据此概括出世界的某种"永恒"模式。这种观念为人们所接受,并被五花八门的发明所强化,进而便将一种乐观主义思想施加给进化论。正如伯里教授所言,进化论原本是介于悲观主义和乐观主义之间的中立观念,但由于其宣称变革是永恒的,且人们在现实中见证了这种变革如何体现着人类对自然的有力征服,于是大众便将两者混为一谈了。进化原本是达尔文自己的设想,后经赫伯特·斯宾塞的复杂加工,竟变成了"向着完美演化的过程"。

2

诸如"进步"和"完美"这样的刻板印象,大体上是由机器的发明所建构的。总的来说,这种机器发明直至今日还在继续。在美国,机械工业进步的奇观比世界上任何其他地方都更为壮美,甚至已经对全部道德准则产生了影响。美国人几乎可对任何侮辱逆来顺受,但绝不能容忍被人指责不思进取。无论对于土生土长的美国人还是新移民来说,美国物质文明的巨大进步都令人大开眼界。这样的物质文明进步令美国人形成了一种用以观察世界的基础刻板印象:乡村会变成大都市,普通的建筑会变为摩天大楼,小的会变大,慢的会变快,穷的会变富,少的会变多,一切都会更上一层楼。

亨利·亚当斯(1838—1918),美国历史学家、作家、社会活动家。

当然,并非所有美国人都这样看世界。亨利·亚当斯(Henry Adams)不会,威廉·阿

---

① Tennyson, *Memoir by His Son*, Vol. I, p. 195.引自 J. B. Bury, *The Idea of Progress*, p. 326。

伦·怀特(William Allen White)也不会。但总有人会。这些人出现在杂志上,鼓吹着成功学,扮演着美国的建设者的角色。他们的观点大抵如此。他们宣扬进化、进步、繁荣,宣扬美国人的做事方式。我们当然可以对此不屑一顾,但事实上,这些人的行为模式在人类的总体行为模式中,十分具有代表性。这种模式对待某一事物采取客观的价值标准,对待另一事物又采取世俗的标准,对待第三个事物却可能会采取量化的标准。毫无疑问,这种观念把卓越等同于规模大,把幸福等同于速度快,把人的天性等同于发明新装置。同样的动机还在持续影响人们的道德准则。人们对于最大、最快、最高、最小(若你是手表或显微镜的生产者)的渴望,对于登峰造极和无与伦比的效果的追求,实质上可能已经被视为一种高尚的热情。

无疑,美国人的进步观与其经济状况和人性特点所折射出的大量社会现实是相符合的。它将不计其数的斗争、强烈的占有欲和对权力的极度渴望转变为生产劳动。直到如今,它始终未曾严重挫伤过这个社会中活跃分子的活跃本性。正是这些人创造了一种文明,这种文明使他们在工作和娱乐中都能获得充分的满足感。而他们对山川、原野和远方的征服以及在人与人的竞争中所获得的胜利,甚至在一定程度上发挥了宗教的功能,即生成某种具有普遍性的交融感。这种模式依照理想—实践—成果的顺序运行,取得了前所未有的成功,竟致使任何试图对其提出挑战的人都被当作反美分子。

然而,人们在这种模式下描绘出的世界必然是褊狭而片面的。将进步等同于"发展"的思维定式意味着社会环境中的诸多方面都被直接无视。总体而言,美国人由于对眼下这种关于"进步"的刻板印象深信不疑,因此习惯性地对不符合"进步观"的东西视而不见。他们看到了城市的扩张,却无视贫民窟的增多;他们为人口普查的结果欢呼雀跃,却无视空间的过度拥挤;他们骄傲地展示着社会的成长,却无视农民和无法融入社会的移民群体的漂泊生活;他们疯狂地发展工业,却罔顾对自然资源的过度消耗;他们组建巨头公司,却将对产业关系的协调抛诸脑后;他们将美国打造为全世界最强大的国家之一,却未曾想过以怎样的体系或理念去摆脱自身孤立无援的境况;他们在精神和物质都尚未准备好的情况下卷入了世界大战,直到跟跟跄跄地走出战场时,才意识到一切都是空中楼阁,自己从战争中什么都没学到。

在世界大战中,美国式刻板印象的优点和缺点都得到了清晰的展示。只要不断征兵、筹集无数借款、建造无数的战舰、生产大量的武器并全力以赴,就能赢得战争的胜利。这种观念符合传统的刻板印象,并确实创造出了一些实实在在的奇迹。① 但在深受这种刻板印象影响的群体中,鲜有人去思考胜利的果实到底是什么,以及如何收获胜利的果实。因此,目标完全被忽视了,或者被认为是不言而喻的。而在刻板印象的作用下,胜利也被仅仅定义为战场上的大获全胜。在和平年代,没人关心速度最快的汽车是用来做什么的;在战争时期,也不会有人在乎取得"彻底的胜利"究竟目的何在。然而在巴黎,这套刻板印象严重背离了事实。不打仗的时候,你尽可不断用大的东西替换小的东西,再用更大的东西替换大的东西;而一旦打起仗来,假若你已经赢得了绝对的胜利,就绝不可能继续赢得"更绝对"的胜利。你必须用一种完全不同的模式来处理问题。若缺少了这种模式,那么战争对于你及许多和你一样善良的人而言,便只能有一个枯燥、乏味、寡淡的结局。

这意味着,在某个节点上,刻板印象和事实(事实不容忽视)一定会发生冲突。这个节点必然存在,因为我们脑海中关于事物的印象远比事物实际的起伏、转折要简单、稳定得多。因此,在某个时刻,这个盲点会从视野的边缘走向中心。此时,除非有批评家勇敢地站出来发出警告,或领导人能够理解这种变化,或人们拥有宽容的习惯,否则本来有助于人们在认识中节省力气、集中精力的刻板印象——比如1917年、1918年的情况——就会转而蒙蔽人们的双眼、妨碍

---

① 我想到的是为海外 200 万艘舰船提供的运输和补给。卫斯理·米切尔(Wesley Mitchell)教授指出,我们参战后的商品总产量并没有比 1916 年参战前增加多少,但战争物资的产量的确增加了不少。

> 迦太基式的和平原本指的是罗马和腓尼基人的城市迦太基之间所发生的一系列战争的结局。这一系列战争被称为布匿战争，即两个帝国之间在公元前264年到公元前146年间发生的三次相互独立的战争。第三次布匿战争结束时，罗马人包围了迦太基城。他们占领迦太基之后，杀死了多数居民，将剩下的居民贩卖为奴，并毁掉了整座城市。这个术语的含义后来引申为形容任何战胜方强加于战败方的短暂的、不平等的和平条约。

人们的努力、浪费人们的精力，一如在1919年为迦太基式（Carthaginian）的和平而哭泣，到了1921年又因《凡尔赛条约》（Treaty of Versailles）而悲伤的人们那样。

● 3

不加批判地固守刻板印象不仅会使我们对许多本应被纳入考虑的东西视而不见，而且一旦日后反省、总结，刻板印象土崩瓦解，那么即便自己当时拥有一些智慧，对重要问题也做了一些严肃思考，这些思考的结果也会一并坍塌。一如萧伯纳先生所言，这就是人们盲从自由贸易、自由契约、自由竞争、天赋自由、自由放任（Laissez-faire）和达尔文主义将会受到的惩罚。若是在一百年前，萧伯纳一定是这些原则最坚定的拥护者。他不会用当下这种"属于异教徒的半个世纪"①的眼光去看待它们，也不会认为上述原则只是打垮对手却不必受惩罚的借口。他会认定，政府对各种事情进行干预，任何机构（除警察局以外）都可以庇护合法欺诈并禁止人们以武力反抗欺诈，以及为混乱的产业引入各种人为制定的目标、计划和设想等，都是"违背政治经济学规律"的。作为向着天堂之地②进军的队伍中的先行者，他会觉得维多利亚女王的伯父统治时期的那种人为制定的目标、计划和设想越少越好。他不会把自由竞争理解为强者碾压弱者，相反他认为问题在于强者总被愚蠢者挡道。他会认为，那些所谓的目标、计划和设想正在阻碍发明、阻碍

---

① *Back to Methuselah*. Preface.
② *The Quintessence of Ibsenism*.

企业、阻碍创造性进化论(Creative Evolution)所预示的新发展(他毫无疑问会有此认知)。

即便现在,萧伯纳先生也对他所知的一切掌舵型政府的领导毫无兴趣。但在理论方面,他的观念出现了逆转,如今的他反对自由放任。绝大多数在战前显得相当进步的思想也出现了类似的逆转,人们纷纷反对下述一度为人们普遍认可的观念:若你对万事万物放手以使其顺其自然地发展,那么智慧就会自动泉涌而出,社会也将达至和谐。战争无可辩驳地向人们展示了强势政府在检察官、宣传家和间谍的协助下可以做到的事。这使得严肃的思想家重新接受了罗巴克·拉姆斯登(Roebuck Ramsden)和天赋自由。

所有的循环往复都有一个共同点,即在每一套刻板印象中,都存在某个节点,一旦到达这个节点,努力就会告停,事情则会朝向你所期望的方向自行发展。激进的刻板印象会强有力地刺激人们的行为,甚至使人们无须再去判断这是什么样的行为,以及为什么要有这样的行为。自由放任主义使人得以摆脱愚蠢的官僚主义,并宣称人会受到自发的激情的驱使,朝着预定的和谐状态前进。在信奉马克思主义的人看来,集体主义是治疗无情的利己主义的解毒剂;在信奉社会主义的官员眼中,集体主义意味着必然产生智慧和效率的经济决定论。强大的政府和国内外的帝国主义对于混乱的代价都有着极其深刻的了解。他们最终莫不期冀如下理想状态的出现:凡是有关被统治者的事情,统治者无所不知。每一种理论都天然存在着盲点。

盲点会掩盖某些事实。若事实未被掩盖,并被纳入了考虑,它就会去审视人在刻板印象驱使下的所作所为。如果改革论者像笑话里的那个人一样自问到底想如何利用自己因打破纪录而节省下来的时间,如果自由放任主义的鼓吹者除了考虑人的自由和旺盛的精力之外还兼顾其他观点中所提到的人性,如果集体主义者也稍微考虑一下如何让官员守住其领导地位这一难题,如果帝国主义者敢于质疑自己的灵感……那么我们就会看到更多的哈姆雷特和更少的亨利五世。这是因为,盲点的存在会使人们摆脱有可能令其注意力涣散的种种想法;这些想法一旦为人们所感知,就会连同其所引发的情绪,共同导致犹豫不决和意志薄弱。因此,刻板印象的存在不仅帮助我们在忙碌的生活中节省时间,维护我们在社会中的地位,而且阻止我们规范、全面地观察世界,在最大程度上消弭了我们可能有的迷惑。

第九章

规则及其破坏者

● 1

任何一个曾在车站出站口等着接朋友的人,都有过认错人的经历。可能是某人的帽子样式或看上去有些眼熟的步态,使他在脑海中联想到了自己所等待的那个人的形象,他便以为朋友已经到了。人在睡梦状态下,叮当的铃声听上去像是洪钟作响,远处的锤击声则可能如雷鸣一般震耳。我们在面对某些事物时,哪怕只是捕捉到了一点片面的、模糊的相似性,脑海中积存的记忆图景也会被唤醒,并进入兴奋的状态。在这样的幻觉中,这些图景可能会席卷我们的整个意识世界。被唤醒的意识很少会真正融入我们的知觉,但我个人认为这种体验非常玄奥和难得,它与我们盯着一个字看很久就会感觉不太认识这个字的现象有些类似。毫无疑问,大多数时候,我们能看到什么,是"什么出现在我们眼前"以及"我们期待看到什么"这两者共同作用的结果。宇航员和热恋中的情侣观看天空的方式必然大异其趣;康德的语录在其信徒和某位极端经验主义者的头脑中会激起截然不同的想法;塔西提岛(Tahitian)的美女在其同胞追求者眼中肯定要比在《国家地理杂志》(*National Geographic Magazine*)的读者眼中漂亮得多。

对于任何领域的所谓精通,其实都是一种对该领域有旺盛求知欲的状态,外加能够降低自己期望值的习惯。无知之人会觉得一切事物都是大同小异的,生命也不过是本流水账而已。但在有一技之长的人看来,世间万物各具特色。司机、美食家、鉴赏家、内阁成员、教授夫人分别谈论起汽车、美酒、名画、共和党人、大学教员的话题,都能就其差别和品质讲得头头是道,但一般人聊起这些来,就说不出什么子丑寅卯。

然而,能成为舆论专家的人,实在是凤毛麟角。如萧伯纳先生所言,生命短暂如白驹过隙,人只能在有限的领域内做到精专。在战争期间我们已然得知,都是专业士兵,若命令骑兵去打堑壕战和坦克战,其表现未必令人满意。事实上,在有限领域的专长容易助长我们的一个陋习,那就是使我们试图用刻板印象去理解一切;至于那些与刻板印象冲突的部分,则会遭到我们的认知的排斥,我们会对其充耳不闻、视而不见。

若不格外留神,我们很容易就会将自己觉得熟悉的事物,悉数用脑海中既存的概念去理解。因此,美国人关于"进步"和"成功"的看法,自然体现着美国人对于社会和人性的观念。对他们而言,有助于创造自己所认可的成就的人性和社会,才是理想的人性和社会。于是,在描述一个成功人士、一桩成就,或者为成功归因的时候,我们总会发现其实自己脑海中的刻板印象早已预设了"成功"所应具备的品质。

老一辈经济学家异想天开地将上述品质标准化了。他们试图描述自己身在其中的那个社会体系,结果发现它复杂到难以用语言界定的程度。于是,他们转而创制出了一幅简图,并十分真诚地期望人们能够通过这幅简图去了解社会体系。然而,经济学家提供的简图无论准确性还是可靠性均很差,就像儿童在纸上画了个平行四边形外加四条腿和一个头,便妄想用这样简单的图案去呈现"一头牛"这么复杂的概念。经济学家的简图包括如下元素:一个通过雇用劳动力处心积虑地积累着资本的资本家、一位依社会有效需求开设工厂的企业家、一群以劳动为标的订立契约的工人、一位地主,以及一群在廉价品市场上花钱购物的消费者——这群消费者以追求享乐与逃避痛苦为人生目标,故其心中认定消费行为必然会给自己带来无尽的欢乐。以上模式奏效了。那些推崇该模式的著作告诉我们:经此模式设定的人,完全可以在该模式设定的世界中融洽地协作,直到永远。

经过修改和润饰,这种经济学家经过简化其思考得到的纯粹的幻想,开始被一些人接受,直至大行其道,最后竟演变为当代的经济神话。它设定了资本家、赞助者、工人和消费者的标准形象,这些人组成了社会,专注于如何获得成功,却不去解释成功的原因。拔地而起的建筑和日渐增多的银行存款都充分证明了对人的行动加以指导的刻板印象是如此正确。那些因成功而获益的人也开始相信自己就是天生的成功人士。这也难怪,有些暴发户一旦离世,总会有直言不讳的朋友在读过其传记和讣告后会不由得心生疑虑:这个人真的是我认识的那个朋友吗?

● 2

对于失败者和饱受压迫的人来说,上文提及的那幅冠冕堂皇的社会简图显然与现实生活相去甚远。一个人,一旦摇身变为成功的榜样,是不会时常反思自己是否已经踏上了经济学家或其他权威人士设定的成功路径的,更不会停下追求更大成功的脚步,但失败者往往费尽思量。威廉·詹姆斯说:"人只能丰富自己对细节的认识,却甚少去进一步洞察全局。"[①]工业巨头将建立大型托拉斯视为自己成功的丰碑,竞争中的失败者却从托拉斯的倒影中窥见自己惨淡的败局。商业大亨为大财团的德行和效能辩护,不可一世地宣称自己是繁荣的代表和贸易的先驱;被压制的人则会指陈托拉斯既纵欲又残暴,并大声疾呼司法部出面粉碎商业阴谋。针对同一情形,前者看到进步、效能和光明的前景,后者则看到反动、挥霍和贸易钳制。为证明自己言之有理,双方均公布了大量统计数据,甚至发布秘闻轶事以揭露所谓的内部的、深入的、通观全局的真相。

---

① *The Letters of William James*, Vol. I, p. 65.

当刻板印象系统已完全固化,我们的注意力便会被吸引到那些能够支持这个系统的事实上去,却有意无意地忽略与该系统有矛盾的某些事实。所以,善良的人总能为善良找到理由,邪恶的人也总能为邪恶找到理由,这大抵因为我们的刻板印象系统会趋向于接受那些与其自身相符的事实。"戴着有色眼镜看人"这个说法真是十分贴切。正如菲利普·利特尔(Philip Littell)在一篇介绍一位杰出教授的文章中所写的那样:若像无知阶层中的人那样去看待人生,那我们大概会完全在刻板印象的主导下,不假思索地把他人分成三六九等。一切陌生的事实都将被我们的认知所排斥,一切事物之间的差异都会被心不在焉的眼睛所忽视。我们总是倾向于对那些符合自己哲学观的事实产生深刻印象,这一过程有时是刻意的,但大多数时候完全是无意识的。

● 3

上述哲学观在一定程度上就是一系列描绘无形世界的图景的组合,而这些图景的作用绝不仅仅止于描绘,而且会作用于我们的判断。因此,刻板印象总是负载着偏好,被爱憎填充,与恐惧、欲念、热望、骄傲、期待等各种情绪纠缠不清。我们在处理任何唤醒了刻板印象的信息时,总是会带着某种先入为主的情绪。除非有意地克制自己的偏见,否则我们不可能在判断眼前人是好是坏之前先对其仔细研究一番;我们会直接认定自己就是看见了一个坏人,正如我们会不假思索地认定自己看见了凝露的晨曦、羞涩的少女、圣徒般的神父、古板的英国人、不羁的波西米亚人、懒惰的印度人、狡猾的东方人、满脑子梦想的斯拉夫人、反复无常的爱尔兰人、贪婪的犹太人,以及典型的美国人一样。在日常生活中,我们往往就是这样去分辨事物的。我们在缺乏足够依据的情况下便得出结论。我们在做出判断时总是信心满满,认为依据不过是些唾手可得的东西而已。这样的判断过程缺少公正、善意和真实性,原因正在于依据的欠缺。不过,完全没有偏见的、意见完全中立的人,在任何鼓励思考的文明中都是不大可能存在的,因为很难有建立在如此理想化状态上的教育体系。我们虽然可以去发现、弱化和剔除偏见,但是每个人都有其局限性;将整个文明中无限量的信息一股脑放入短暂的学校教育阶段,是根本不可能实现的事。所以人不可避免地要在自己的脑海中存储一些既成的图景并因此怀有偏见;人的思想与行为的品质则取决于其与生俱来的偏见是否具有足够的包容性。这种包容性指的是,一个人若对他人和异己的观点产生了较好的印象,那么他就能够对其生出好感,而不会因为他人和他人的观点不在自己的好感范畴之内就对其产生厌憎之情。

道德准则,以及那些衡量品位好坏和形式优劣的标准,会将我们潜在的偏见进行标准化加工,然后再予以强化。我们会依据由此形成的准则来调适自己,同时据此调整我们所接触到的事实信息。从理性的角度来看,我们所接触到的信息相对于我们的是非观念而言是中立的;但实际上,我们奉行的准则在很大程度上决定了我们了解什么以及如何去了解。

道德准则乃是适用于一系列典型情况的行为选择规范,在该准则指导下做出的行为则服务于人为了实践该准则所追求的目标。这个目标可能是遵从上帝的意志或国王的旨意,可能是使个人得到救赎并升入完美、可靠、真实的天国,也可能是世俗的成功或为全人类服务的奉献精神。在任何情形下,准则的制定者都会选定某些典型的环境,然后通过某种形式的推理或直觉,演绎出能够实现其所认可的目标的行为方式,而他们制定的准则依照其设定发挥作用。

但在日常生活中,一个人如何才能知悉自己所处的境况到底是不是准则制定者心中设想的境况呢?也许准则禁止其杀人,但若他的孩子正在遭受攻击,他是否可以为了制止他人的杀人行径而自己去杀人呢?十戒并未对此做出解答。因此,总是有无数人对准则进行各种各样的解读,以推演在更多具体的情况下该如何去执行准则。假定修法者判定一个人可以为了自卫而杀人,则在此之后遭遇同样情况的人所遇到的问题可能变得更复杂。比如,一个人如何才能确定自己对于正当防卫的理解是正确的?若其对事实做出了误判,误以为对方在发动攻击,可实际上是他自己先动手的呢?如果是他挑衅对方才导致对方攻击自己呢?又该如何定义"挑衅"?1914年8月时的德国人心中萦绕的就是这样的困惑。

在现今世界,人们依据道德准则去处理的情况千差万别,其重要性远远超过不同道德准则彼此之间的差异。宗教、道德和政治规范的信奉者所要辨别的各种事实情况的差异也远远比其所信奉的那些规范本身的差异多。实实在在的讨论取代了比较中的假设对看待事实的方式进行推敲。人们应该明白己所不欲勿施于人的道理,这一观念的根基是人性的统一。而萧伯纳先生宣称,人不应当信奉己所不欲勿施于人,因为这一观念的根基是人性的分裂。竞争是商业的灵魂,这一说法建立在关于经济动机、产业关系和特定商业机制运转不辍的庞大假设之上。美国必须开放私营经济才会拥有商船,这一说法则基于特定营利行为与经营动机之间存在的可确证的关联性。

在每一套道德准则的核心,都存在着一张对于人性的写照、一幅有关世界的图景和一套关于历史的说辞。只有针对(这样被构思出来的)人性,在(这样想象出来的)世界中,基于(这样被理解的)历史,这套准则方能适用。然而,个性、环境和记忆仍然是千差万别的,无论什么准则都不可能适用于所有情况。如今,任何道德准则都不得不酌情考虑人的心理特点、物质世界和传统习惯等因素。对于受到科学影响的准则来说,概念仅被视为一种假设;而那些产生于过往经验或者凭空从意识深处构想出来的准则,不会将概念看作需要加以证明或反驳的假设,而将其视作一种毋庸置疑的构想。在前一种情况下,人会对自己的信仰怀有谦逊的态度,因其深知无论什么信仰都注定是不确定的、有瑕疵的;而在后一种情况下,人是武断的,会将自己的信仰视为完美无瑕的神话。具有科学素养的道德家深知,自己虽然做不到洞悉世事,但总是可以不断获得新知;教条主义者则会在某种神话中产生自己全知全能的幻觉,而实际上其毫无辨别是非的能力。神话的显著标志就在于其赋予真理和谬误、事实和虚构,以及报道和想象这些截然相反的概念以同等的可信度。

由此可知，神话也未必是虚假的；它可能碰巧是完全真实的，或部分真实的。如果神话能长期影响人的行为，则我们几乎可以认定其在诸多方面都有着重要且深刻的真实性。然而，神话中绝不会包含对其自身的真实和虚假部分加以区分的批判性能力，因为要具备这样的能力，就必须承认任何人的观点都只是观点而已，没有什么观点可以至高无上、免受检验，任何观点都要言之有据。你若非要问我为何检验如此重要，那么我实在无法回答，只好请你亲自去体会了。

● 4

道德准则建立在关于事实的特定观点上，有大量证据可以证明这一点。我所说的道德准则包括各种类型：个人的、家庭的、经济的、专业的、职业的、爱国的、国际的，等等。每种准则的核心都包括一系列心理学、社会学和历史学层面的刻板印象。每一套准则中都有关于人性、习惯或传统的不尽相同的观念。我们不妨对经济层面的道德准则和爱国层面的道德准则进行一番比较。假设发生了一场波及全民的战争。有两个人是生意伙伴，其中甲参了军，乙则签了一个军火合同。选择当兵的甲牺牲了一切，甚至可能丢了性命。甲每天只拿到一美元的报酬，但没有人认为更高的报酬会是令其成为更好的士兵的有效刺激因素，因为在这种情况下，他的那部分由经济利益驱动的人性已不复存在。至于做军火生意的乙，不但没有付出什么牺牲，而且获得了超出本钱的丰厚利润，人们则会认定其军火生产行为必定是出于对经济利益的追求。这样说也许不大公正。这个例子的重点在于，人们普遍接受的爱国主义道德准则只作用于甲的行为，而乙的行为受到了经济利益准则的主导。这些准则往往基于对真实行为的预期，其产生的效果多半是：一个人一旦接受了某套准则，就会逐渐具备该准则所要求的那种人性。

正因如此，对人性做出过于笼统的概括往往是很危险的。一位慈爱的父亲可能同时是一个刻薄的老板、一个活跃的市政改革者、一个掠夺成性的沙文主义者。他的家庭生活、商业生活、政治活动和对外政策遵照完全不同的观念，这些观念在如何看待他人以及如何指导自己的行动方面奉行截然不同的准则。人在不同生活领域的观念差异源自其所奉行的多个准则之间的差异,同一社交圈子中的人奉行的准则未必完全相同,而不同的圈子、国家与种族各自奉行的准则往往判若云泥,这种差异发展到极致,就会形成不可通约的局面。这就是为什么号称忠于同一信仰体系的人之间竟可能发生争战。他们为自己设定的看待事物的观念就是其信仰的基本构成要素,而这些观念决定了他们将如何行动。

道德准则就是如此微妙而普遍地影响着舆论的形成。主流理论认为舆论乃是对一系列事实的道德判断。我却更支持下述说法:在目前的教育状况下,舆论基本上就是有关事实的道德化和准则化的看法。我想说的是,作为道德准则之核心的刻板印象,在很大程度上决定了我们能看到什么,以及从什么视角去看。这也就解释了为何无论编辑、记者怀有多么良好的意愿,报刊的新闻报道都不可能背离其既定编辑方针,以及为何资本主义者和共产主义者自始至终都会将自己的目光投向事实和人性的不同方面,并且坚持认为自己所见的才千真万确,而对方是偏执和情绪化的。事实上,资本主义者和共产主义者真正的分歧只是观念上的,其视角的差异其实产生于社会主义和资本主义两套观念所拥有的不同的刻板印象体系。一位美国编辑曾断言"美国无阶级",而《共产党宣言》(Communist Manifesto)则说"至今一切社会的历史都是阶级斗争的历史"。若你的刻板印象体系与这位美国编辑一致,那你便只能看到那些能够证明这套体系的事实;至于那些跟这套体系不兼容的事实,你既无法看清,也不会留下深刻印象。反之,如果你的刻板印象体系与共产主义者相符,那么你就会看到完全不同的事实;而且就算你与这位编辑将目光投向同一个事物,你们观察的侧重点也会截然不同。

5

每个人的道德体系都建立于其所接纳的关于事实的观点之上。至于那些试图否定我们的道德判断以及我们的观点的人,我们会倾向于认定其是错误的、异己的、危险的。如此一来,又该如何去解释他人的存在呢？持异见者的存在总是需要得到一个解释，而我们能找到的唯一解释就是，他看到的是事实的另一个方面。然而，我们会始终回避这样的解释，这是因为我们本以为自己对生活有确定、完整的认识，而上述解释会动摇我们内心这块确信的基石。只有充分意识到观点在一定程度上只是我们在刻板印象的影响下获得的经验，我们才能真正对持不同意见的人宽厚以待。若不具备这样的习惯，我们就会坚信自己的观点是唯一正确的观点，并认定一切对立的观点都居心叵测。这是因为，尽管人们愿意承认一个"问题"有两面性，但他们绝不愿意承认自己已经认定为"事实"的观点也是有两面性的。除非长期接受批判性思维教育，否则人们很难充分认识到自己对于社会信息的解读是多么间接和主观。

如果意见相左的人都仅从自己的角度看待事实，一心针对事实建构自己的解释，那么他们之间便不可能形成坦诚、互信的关系。若某种观念模式在某些关键点上与他们的经验相符，他们也便不再将之视为一种对于事实的解释，而是直接将其当作事实本身。这套观念甚至可能与事实相去甚远，仅仅是在结论上迎合了他们的某段过往经验而已。我可以在地图上画一条直线来演示自己如何从纽约旅行到波士顿；同理，一个人也完全可能将其取得成就的过程描述为一条笔直的路。但事实上，我可能要经过不少转弯、折返的歧路才能最终从纽约抵达波士顿；而那个人的成就也绝不只是进取心和勤俭带来的简单结果。然而，由于我最终抵达了波士顿，而那个人也获得了成功，故我们的经历对于他人而言就成了既存的范本。只有当他人按照我们的指引去做却遭遇失败时，我们才会遭到质疑。当我们坚称自己正确却遭到对方的反对时，我们会将对方视为一个不安分的蠢货，对方则会将我们视为伪善的骗子。于是，我们开始将彼此描绘成某种形象。对方会为自己设置"罪过全在你，我没错"的立场，因此也就成了我们眼中格格不入、专搞破坏的家伙。无论如何，反对者的存在对我们的观念体系构成了干扰，兼此体系深植于我们的意识，且建立在不容辩驳的逻辑推演之上，故我们不得不在该体系中为反对者寻找一个位置。然而，无论在政治领域还是工业领域，人们都很少能心安理得地承认反对者只是看到了同一事实的不同侧面而已，因为承认这一点就意味着自己整个观念体系的动摇。

因此，身在巴黎的意大利人认为阜姆（Fiume）属于意大利。他们不仅觉得拥有这座城市对意大利王国有益，而且认为这座城市本来就是意大利的。他们满脑子想的就是在这座城市的法定边界内生活的人多数是意大利人。而美国的议会代表团在纽约看到的意大利人比在阜姆的还要多，但他们不会因此将纽约也看成是意大利的；至于阜姆，在他们眼中不过是中部欧洲一座可以作为交通要塞的港口城市而已。他们的目光更多集中于在郊区和非意大利人聚居地区生活的南斯拉夫人。于是，法国的意大利人想要找到令人信服的理由去证明美国人的固执、偏颇。最后，他们在流言中找到了这种解释，没有人知道这流言出自哪里，它说的是：一位很有影响力的美国外交官中了其南斯拉夫情妇的圈套；人们亲眼看到她……和他……在凡尔赛的林荫道上……在树木环抱的别墅里。

这种指控是应对反对意见的常见做法。有时，这种指控更具诽谤性，并且不会见诸报端。其结果就是，某位罗斯福先生等了几年、某位哈丁先生等了几个月，才得以强力干预话题，遏止这些有意策划的、已经波及所有谈话圈子的小道消息。公众人物不得不忍受无数产生于俱乐部聚会室内、餐桌上以及闺房中的恶毒的流言蜚语，它们反复不休、胡编乱造，大众却对此津津乐道。尽管我认为这样的现象在美国尚不及在欧洲那么盛行，但是美国的官员如今也大多难逃流言缠身的命运。

我们将反对派塑造成恶棍，编造阴谋并扣到他们头上。例如，如果商品价格上涨，那一定是投机商人干的；如果报纸发布了歪曲报道，那一定是资本家的诡计；如果富人太富，那一定是发了不义之财；如果自己在某次势均力敌的竞选中失败，那一定是因为选民被人贿赂了；如果某位政客做了让我们不高兴的事，那一定是因为他受了什么可耻之徒的收买或干预；如果工人骚动不安，那一定是有人在煽风点火；如果骚乱行动四处蔓延，那一定是有什么阴谋正在暗流涌动；如果飞机产量不足，那一定缘于间谍破坏；如果爱尔兰有了麻烦，那一定跟德国人有关。总而言之，如果你陷入了极端状态，鬼迷心窍地要挖出什么阴谋诡计，那么你就会把一切罢工、普拉姆计划（the Plumb plan）、爱尔兰反叛、穆斯林动乱、君士坦丁国王复辟、国际联盟、墨西哥骚乱、裁军运动、周日电影、女短裙、逃避禁酒令，以及黑人自主运动，统统看作某个庞大阴谋的一部分，而策划这个阴谋的，不是莫斯科、罗马、共济会和日本人，就是犹太长老。

第十章

发现刻板印象

● 1

老练的外交家必须以高声喊话的方式对卷入世界大战的各民族进行观念的灌输。对于如何以强化刻板印象的方式来实现宣传效果,他们深谙其道。他们要在风雨飘摇的国家联盟中左右逢源,而联盟中的各国领导者均如履薄冰,勉力维系着彼此间的团结。普通的士兵及其亲眷即便有着超凡的勇气和无私的品质,也不至于仅听外国外交官鼓吹的人类文明之未来奥义便会选择欣然赴死。很少有人愿为给盟国夺取某个港口、矿山、多岩的山隘或村庄便慨然穿越无人地带。

假设有这么一个国家,主战派掌控了外交部、统帅部和绝大多数新闻机构,并对该国的众多邻国提出了领土要求。那些文质彬彬的阶层会将此种情况形容为要建立一个更大的鲁里坦尼亚(Ruritania)王国,并把吉卜林(Kipling)、特赖奇克(Treitschke)和莫里斯·巴雷斯(Maurice Barrès)看成百分之百的鲁里坦尼亚人。然而,这一宏大的想法未能得到多少国家的响应。于是,手握桂冠诗人笔下最美的

> 鲁里坦尼亚,或称"浪漫国",是安东尼·霍普(Anthony Hope)的三部小说中虚构的中欧王国。此后,"鲁里坦尼亚"被当作虚构的国家名使用。

鲁里坦尼亚天才之花的鲁里坦尼亚王国的政要们开始采用各个击破、划区征服的方式去实现自己的目标。他们的主张是将土地划分成块。针对每一个盟国，他们都援引不同的刻板印象作为依据

> 吉卜林（1865—1936），英国小说家、诗人。特赖奇克（1834—1896），德国历史学家、政论家。莫里斯·巴雷斯（1862—1923），法国作家、政治家。此处以这三人作为民族主义和扩张主义精神的代表。

以使其难以被反驳，其原因就在于该盟国曾经使用同一刻板印象作为自己利益主张的依据。

第一个地块上生活着异族的农民，该地块恰好包含山脉，于是鲁里坦尼亚王国就以维持自然地理分界线的完整性为由提出领土要求。一旦自然条件的不可言喻的重要性得到了强调，异族农民的存在就不再是什么紧要的障碍，人们眼中只能看到那一线山脉赫然屹立。另一个地块上生活的人主要是鲁里坦尼亚裔，于是根据"人不应生活在异族治下"的原则，该地块也被并入了鲁里坦尼亚王国。还有一个地块是一座贸易地位显要的城市，城中虽无鲁里坦尼亚裔人口，但该城在18世纪曾是鲁里坦尼亚王国的一部分，于是经援引"历史正当性"（Historic Right）原则，它也被兼并了。更远的一个地块乃是一片资源富集的矿区，为异族人拥有并由其经营。这块地依"损害补偿"原则最终也被兼并了。再远一些的地方97%的人口都是异族人，这块地位于另一国的自然地理边界上，在历史上也从未隶属于鲁里坦尼亚王国，然而已经并入鲁里坦尼亚王国的省份曾与那里的市场有密切的贸易联系，而且当地占统治地位的文化也是鲁里坦尼亚文化，故鉴于文化优势原则和捍卫文明的需要，鲁里坦尼亚王国对这块土地也提出了领土要求。最后一处是一个港口，与鲁里坦尼亚全无任何地理、人种、经济、历史、传统上的联系，却被鲁里坦尼亚王国以国防需要为由提出了领土要求。

我们可以在世界大战结束时签订的各色条约中发现很多类似的例子。这些条约根本不可能使欧洲恢复并保持安定局面，对此我十

分确信。正是由于上述"原则"被如此肆无忌惮地使用,和解的精神才无法得到崇尚,和平的要义也便无从谈起。当你开始讨论工厂、矿藏、山脉甚至政治权威,并将之作为可以完美地适用某些永恒原则的例子,你所做的便已不是辩论,而是争夺了。永恒的原则是排除一切反对声音的,它们将问题与其所处的背景和语境割裂开来,令人产生某些强烈的情绪。这种情绪固然与原则相符,却根本不适用于解决船坞、货仓和不动产的问题。人们一旦开始在这种情绪的支配下行动,便很难收手,真正的危险也就迫在眉睫了。为达成目的,你不得不诉诸更具绝对化色彩的原则去应对他人的攻击,为自己的立场辩护;而后,还得进一步为你的辩词进行辩护。你建起缓冲区,又得建立缓冲区的缓冲区,直至事态混乱不堪。这时你就会发现,与其继续辩论还不如直接争夺。

我们可以通过特定的线索来识别刻板印象所具备的荒谬的绝对性。在鲁里坦尼亚王国的政治宣传中,不难发现总是会有一个原则可以轻而易举地推翻之前的原则,由此我们可以看出种种被宣传的主张究竟是如何被炮制出来的。一系列矛盾之处可以表明,鲁里坦尼亚王国对于每一块自己渴望占领的土地都使用了不同的刻板印象式的观念,这些观念的任务就在于清除不利于其领土主张的种种事实。上述矛盾,就是我们识别刻板印象的绝佳线索。

● **2**

另一条很好的线索是人的空间概念的匮乏。比如,1918年春苏俄撤军,许多人感到恐慌,遂提出了"重建东部战线"的要求。在他们的观念中,在这场战争中东西两条战线并存,若其中一条消失了,就应当马上重建,而目前没有任务的日本军队应该扮演这一角色,到前线去替代已经退出的苏俄军队。然而,这样做面临着另一个无法克服的障碍,那就是符拉迪沃斯托克(海参崴)和东部战线远隔5000英里,且只借助一条已经被破坏的铁路相连。但这些好战分子显然未将这5000英里放在心上,他们认为重建东部战线是大势所趋,这个信念压倒了一切,而且他们对日军的骁勇善战也充满信心。因此,在他们心中,早已存在一条神奇的坦途,可以轻轻松松地送日军跨越5000英里的路程直抵波兰。军事当局只好辩称,将军队送往西伯利亚边缘根本就够不到德国人,就如同从伍尔沃斯(Woolworth)大厦的地下室爬到楼顶也够不到月球一样。然而,这样的辩解根本没有多少人听得进去。

在这个例子中,"战争有两条战线"就是一个刻板印象。在人们对世界大战的战局的初始理解中,德国就是被夹在法国和俄国之间的。整整一两代战略家脑子里的战局图景皆是如此,其做出的一切战略布局也均建立在这幅图景的基础之上。在整整四年中,他们看到的各种战争地图更强化了上述刻板印象,他们进而认定这场战争的情况就是如此。于是,当局势出现转变,新的情况便很难为他们所接受,大家还是按照过去的刻板印象来看待时局。至于像日本与波兰之间实际相隔万里这样与刻板印象相悖的事实,很难在短时间内得到人们的正确认识。

有趣的是,在应对新情况的问题上,美国当局比法国更为务实。之所以如此,一方面是因为关于这场在欧洲大陆发生的战争,美国人在1914年之前并未形成什么先入之见;另一方面,为增强自己的军事实力,美国人对西线战事显然更为关注,这种狭隘的关注点本身也是一种刻板印象,它使美国人丧失了对于战争中其他情况的敏感性。1918年春,法国式的传统观念仍占主流,美国人的看法则较为边缘。美国对己方的力量充满信心,而当时(在坎蒂格尼战役和第二次马恩河战役之前)的法国疑虑重重。美国人的刻板印象中浸润着他们的自信心,而自信心又使他们对局势保持密切关注,使他们有活跃、合理的批判性意见,使他们不断提振自己的斗志,使他们将情感上的追求作为一种行动目标,使他们的意志和行动保持统一。詹姆斯指出,以上这些特征,都属于我们所谓的"实事求是"的范畴。[①] 而绝望中的法国人,固守着他们既有的观念,若事实(甚至是重要的客观地理

---

① *Principles of Psychology*, Vol. II, p. 300.

条件)与他们先入为主的观念相抵触,他们就会要么在脑海中抹去这些事实,要么将事实曲解得走了样。这样一来,就出现了德军要到那遥远的战场去迎击日军的消息,这样的消息祛除了让日军行军5000英里够到德国人这种想法的虚妄色彩。然而,1918年3月至6月间的确出现了一支据说要向东西伯利亚远征的"德军",但实际情况是,他们只是一伙德国囚犯而已。不过,在人们的假想中,"一伙囚犯"变成了一支"由大量囚犯组成的军队";在刻板印象的作用下,人们既然已经对"5000英里"这一显著的客观障碍视而不见,那么一伙德国囚犯在口耳相传之下变成一支德国军队,也就没什么稀奇了。①

● 3

精准的空间观念是很难形成的。仅仅通过在地图上的孟买和香港之间画一条直线并测量距离,我们是根本无法获知要完成这趟旅程得走多远的。即便我们计算了必经路途的实际里程,也依然会觉得不知所措,除非我们已经把要坐哪艘船、船的运营时间表、船速、能否订到铺位、付不付得起船票钱等细节完全搞清楚。在实际生活中,若要准确地对空间关系做出判定,就需要对可行的运输方式有全面的了解。这不是一个简单的平面几何问题。资深的铁路大亨都很清楚这一点,所以他们才会威胁说要让跟自己过不去的城市的街道上杂草丛生。假设我在驾车途中问别人离目的地还有多远,对方告诉我还有3英里的距离,却绝口不提需绕行6英里才能真正到达,那我一定会将其斥为十足的混蛋。这是因为,对于开车的人而言,步行距离为3英里这一信息毫无用处,这和告诉我乌鸦飞过去只要1英里没什么分别。因为我既不能像乌鸦一样飞过去,也不是步行过去。

---

① 参见查尔斯·格拉斯提(Charles Grasty)对福煦将军的访谈,载于1918年2月26日的《纽约时报》。"德军正在穿过苏俄。美国和日本有义务前往西伯利亚迎击。"另见1918年6月10日通过的犹他州参议员金(King)的提议,以及塔夫脱(Taft)先生在1918年6月11日的《纽约时报》上发布的声明,还有对俄情报部门长官A. J. 萨克(A. J. Sack)先生于1918年5月5日对全美发出的宣言:"如果德国站在协约国的立场上……它一定会在一年之内派300万人投入东线的战斗。"

我需要的信息是驾车多远才能抵达。而且,若那绕行的6英里路况不佳,我也需要提前知道。我会称对我说还有3英里的人为讨厌鬼,会认为告诉我还有1英里的飞行员是在恶作剧。他们提供给我的信息,都是以他们设想的方式判断出的距离,而不是我实际上需要知道的距离。

划定边境线时,若未能考虑到一个地区的实际自然地理状况,就一定会出现意想不到的麻烦。一意孤行的国家领导人往往依据一些笼统的规则在地图上划出边境线,结果一到实地考察,便发现自己划定的边境线要么穿过了工厂和乡村街道的街心,要么穿过了教堂的中庭、农家的厨房和卧室。在一些牧场,还可能出现边境线隔开了牧场和水源以及贸易市场的情形。在工业国家,则可能出现边境线把一段铁路的末端划到了另一边去的情况。关于人种分布的地图,对不同种族居住区域的划分可能是准确的,但是除此之外的其他空间维度,却有可能是错误的。

● 4

人的时间感也很糟糕,比空间感好不了多少。典型的例子就是有的人会努力列出一份详尽的遗嘱,使自己对于财产的控制能延续至自己死后很长时间。威廉·詹姆斯一世(the first William James)的曾孙亨利·詹姆斯(Henry James)写道:"威廉·詹姆斯一世的一个愿望就是让他的孩子们(他死时还有几个孩子没到法定继承年龄)通过勤奋和阅历赢得继承自己巨额财产的资格。怀着这个想法,他留下了一份包含了众多规训性和引导性内容的遗嘱。这样做显示出他对自己判断力的自信,也体现了他对子孙后代道德品质的关切。"[①]然而,法院的裁决并未遵从其遗嘱中的意愿,因为法律不承认永恒性结论的存在,并认定任何人将自己的道德观念强加给未知将来的做法都有着明显的局限性。然而,詹姆斯先生的这种期望又是人之常情,很多人都持有与之类似的想法,故法院也允许这份遗嘱在

---

① *The Letters of William James*, Vol. I, p. 6.

主人死后的一段时间内保持效力。

  宪法的修正条款是制宪者自信程度的体现,其中有些人打心眼里相信自己此时此刻的观念对以后千秋万代的人都有效力。而我很确定,美国有些州的州宪法中并未预留任何修正的空间。这些宪法的订立者对于时间的变迁缺乏正确的认识。他们认为"此时""此地"的一切都是确凿无误的,而未来则是模糊且令人担忧的,于是他们自信满满地宣称未来应该按照当下的指导去运转。且由于宪法难以修改,热衷于永恒法则的人便喜欢把各种规则和戒律都塞进这一永垂不朽的篇章。可事实上,若人对于未来尚有一丝敬畏之心,便绝不会赋予宪法内容任何超越其他普通成文法内容的效力。

  我们的头脑通常会被某种假定的时间观占据。一个人可能会将自己习以为常的规则视为永恒的标准;但对于另一个人来说,这些规则可能只是暂时的。地质学所理解的时间与生物学所理解的时间是截然不同的概念,而最为复杂的是社会时间。政治家需要考虑究竟是解燃眉之急还是为长远打算。有些决策必须基于两小时之内会出现的情况做出,而有些决策要考虑一周、一个月、一个季度乃至十年中的情况。有些决策是为了孩子长大成人后做打算,有些决策则要考虑孩子的孩子长大成人后的情况。智慧的一个重要体现就是能够根据事件的差异区分不同的时间观。持错误时间观念的人既有可能是一个好高骛远的空想家,也有可能是一个鼠目寸光的市侩。有了正确的价值尺度,我们就能对时间的相对性形成敏锐的感知。

  距离我们比较遥远的过去和未来,只存在于我们的构想之中。但是,正如詹姆斯所说:"我们对于更长的时间跨度缺少直接的知觉。"①我们能即时感知的最长时间段被称为"表象的当下"(specious present)。铁钦纳(Titchener)称,它的最长跨度仅为6秒。② 我们在这段时间内所获得的印象都是**同时**出现在脑海里的,这使得我们不仅能够感知静止的物体,而且能观察到事件的发生与变动。观念中

---

① William James, *Principles of Psychology*, Vol. I, p. 638.
② 引自 Warren, *Human Psychology*, p. 255。

的当下是知觉中的当下的补充。我们对于记忆图景的感知被拼凑起来，这就使得一整天、过去几个月乃至几年的时间，都可被包括在一个更为宽泛的"当下"的概念之中。

詹姆斯指出，观念中的当下的生动性是与我们所能辨识的差异性成比例的。例如，一个百无聊赖的假期在我们的回忆中会显得非常短暂，但我们身处其中时又觉得时间过得很慢。一场精彩的活动会让身处其中的我们深感时光飞逝，但它在记忆中显得相当悠长。关于我们对时间长度的感知和我们的时间观念之间的关系，詹姆斯写了一段有趣的文字①：

> 我们有太多理由推想，不同的生物能够直观感受的时间跨度及其感知事物的细致程度都是极为不同的。对于这种差异性，冯·贝尔(Von Baer)沉湎其中，他通过假设改变自然属性来对这种差异带来的效果做出有趣的计量。原本我们在1秒钟内只能对10个事物产生知觉②，但假设我们现在能在1秒钟内觉察10000个事物，并且我们一生也只能产生特定数量的有确定性的知觉，那么我们的生命就会缩短至原本长度的千分之一。我们大概就只有不到一个月的生命。我们作为个体，便不再能感知季节的变化。若生在冬天，我们对于夏天的概念就会像我们现在去想象炎热的石炭纪一样。有机体的变化对于我们来说也会变得很慢，只存在于推断之中。太阳会一动不动地悬在天空，月相几乎不会改变，诸如此类。而如果前述假设反过来，即我们在限定时间内感知事物的数量减少为千分之一，那么冬天和夏天就会变得像一刻钟那么短。蘑菇等生长期短的植物会飞快地破土而出，仿佛凭空出现；一年生的地表灌木则会如翻滚的温泉一样起落消长；动物们会像子弹和炮弹一样呼啸而过；太阳会像流星一样划过天空，留下炽热的尾迹；凡此种种。

---

① William James, *Principles of Psychology*, Vol. I, p. 639.
② 高速相机利用这一原理进行了奇妙的创造，于是有了电影。

5

韦尔斯(Wells)先生在《历史概要》(Outline of History)一书中进行了颇有勇气的尝试,他直观地展现了"历史时间和地质时间的真实比例"①。如果在一把刻度尺上用3英寸的长度表示哥伦布时代到我们如今的时代之间的时间距离,那么读者若想到达在奥尔塔米拉(Altamara)岩窟上作画的人类时代,须走上550英尺。若要到达恐龙灭绝的时代,就要走上约一英里。公元前1000年之前基本上没有清晰、准确的纪年,而对于那时的人而言,"阿卡德-苏美尔帝国(Akkadian-Sumerian Empire)的萨尔贡一世(Sargon I)已是遥远的记忆……比康斯坦丁大帝(Constantine the Great)与今天的时间距离还要遥远……汉谟拉比(Hammurabi)已经死去了一千来年……英格兰的巨石阵也已存在一千多年"。

韦尔斯先生这段文字有其目的。"在一万年的时光中,这种聚落(人类的集合单元)已经从新石器时代早期文化中的小家族部落演变为如今这些高度集中、土地广袤的国度,尽管它们在本质上仍是空间狭小的、不完整的。"韦尔斯先生希望以不同的时间观念来看待当下的问题,进而促进道德观念的转换。然而,所有这些将当下予以最小化处理的天文视角、地质视角、生物视角和望远镜视角,都不会比显微镜视角更接近真实。西米恩·斯特伦斯基(Simeon Strunsky)先生坚持认为:"如果韦尔斯先生就是在表达他写的副标题——人类未来的可能性——的原意,那么任意时间长度的未来都应当被纳入考虑的范畴。但如果他在意的只是西方文明如何在世界大战的摧残下获得救赎,那么他思考的时间段就应该以10年或者20年为单位。"②西米恩先生是正确的。选取何种时间单位取决于实际的目的。我们有时需要被放大的时间单位,有时则需要更小一些的单位。

---

① William James, *Principles of Psychology*, Vol. II, p. 605. 另见 James Harvey Robinson, *The New History*, p. 239.

② 参见"The Salvaging of Civilization," *The Literary Review of the N. Y. Evening Post*, June 18, 1921, p. 5.

如果有人说,既然某国有高生育率,那么哪怕在饥荒中饿死上千万人也没什么关系,只消两代人的时间人口便恢复了,那么这个人就是在用其刻意选择的时间单位来掩盖自己内心的迟钝。谁若将一个落魄而健康的年轻人视为乞丐,那他便过分感情用事地夸大了当下的挫折,而忽视了乞丐的生命长度。那些决定向侵略者献金以求本国一时太平的人,就是受到了"表象的当下"的迷惑,根本没有考虑到子孙后代的平安。那些对爱惹麻烦的邻居失去了耐心并寄希望于一次性硬碰硬解决问题的人,也是"表象的当下"的受害者。

● 6

几乎所有社会领域的问题都会涉及如何对时间进行合适的裁量。例如,在伐木的时候,就要考虑到各种树木生长速度不尽相同。好的育林政策应该做到,每一季度砍伐的某一树龄的某一树种的数量,都与随后复植的数量相匹配。只有把这样的计算进行得准确无误,才能保持最佳的经济状态。少于适宜的采伐量会导致木材的浪费,而多砍会带来过度开发的问题。但也存在突发情况,比如战争时期对制造飞机用的云杉木的需求就必然会导致许可采伐量上限的提高。头脑清楚的政府官员完全可以注意到这一点并在之后的年份中注意使木材产量与采伐量恢复到平衡状态。

煤矿产业则采用另一套时间概念。煤矿不像树木,它的产出是要以地质时间为尺度去衡量的。而且,矿藏的储量总是有限的。于是,制定正确的煤炭政策,就涉及方方面面的复杂计算:全世界的可用储量、探明新矿点的可能性、目前的矿藏使用率和能源利用效率,以及替代性能源的情况,等等。但这样的计算结果必须经过时间性标准的调整。例如,假设工程师断言目前煤炭能源储量正在以一定速率耗竭,那么除非发现新的矿点,否则我们的工业规模或早或晚必将出现收缩。在通过各种方式提高能源利用效率之后,为了不掠夺子孙后代的能源,我们就必须决定要在多大程度上节约用量。可又该如何定义子孙后代这个概念呢?是到孙子辈,还是到曾孙辈?或许我们应该认为100年是合适的时间长度?若现在就断言我们将不得不寻找替代能源,那么100年或许是找到新能源需要花费的时间?这个时间长度当然只是一个假设。但只要将这个假设的时间长度代入前述计算,我们就必须给出足够的理由。我们需要在涉及舆论的问题中考虑到社会时间这一要素。

93　　让我们想象另一种情况:一座城市和一家电车公司签订契约。公司表示若自己不能获得主要道路为期99年的垄断权利,就不会同意投资。对于提出99年要求的这家公司而言,这一期限是如此之长,简直可以将其视为永恒。可如果这种在地面上行驶、从中心电站始发、在轨道上运行的车辆在20年之后就被淘汰了呢?那么签订这样的契约基本上就是一个不明智的做法,因为它事实上将会导致以后的人们被迫使用劣质的交通工具。在签订这一契约时,城市官员对于99年这个时间长度缺乏准确的理解。与其用一种虚幻的永恒感来吸引企业投资公共交通,还不如直接给对方发些补贴。当城市官员和公司主管商定以99年这一时间段作为条件时,他们都缺乏对于时间的真实认识。

在大众史学领域,错误的时间观念对人的认识的干扰简直无处不在。比如,对于一个普通的英国人而言,克伦威尔(Cromwell)的所作所为,《联合法案》(Act of Union)牵涉的贿赂问题,1847年的饥荒,都是早已离世的人遭遇的事情;导致这些事发生的人,也都早已不在人世,活在当下的爱尔兰人和英国人都与之没什么关联。但在一个爱国情怀泛滥的爱尔兰人看来,这些事情仿佛刚刚发生。这个爱尔兰人的记忆,或许就像油画作品一样——维吉尔和但丁可以在其中同席谈天。上述看待时间的不同视角和方式,成为将人与人阻绝开来的巨大隔阂。在某些思想传统中,有些事会被认为是历久常新、刻骨难忘的,而最困难的莫过于让另一种思想传统之下的人以同样的方式铭记这些事。

一切对于过往的认识,只要被冠以"历史上是正确的"或者"历史上是错误的"之名,通常都是不完全客观的。例如德法之间关于阿尔萨斯-洛林的争端,如何看待此事完全取决于你选取哪个时间点作为事件的起始。如果你从劳拉奇人（Rauraci）和塞卡尼人（Sequani）的时代开始算起，那么这块版图自古以来就是高卢（Gaul）的一部分。如果你倾向于从亨利一世时代算起，那么它在历史上曾是德国的领土。如果你从1273年算起，它便属于奥地利王朝。如果你从1648年或《威斯特伐利亚和约》（Peace of Westphalia）的签订算起，那么它的绝大部分属于法国。如果你从路易十四时代或1688年算起，那么它就几乎全部属于法国。我们在用历史事实作为论据时，必然会精心挑选某一特定的历史时间点去佐证自己在当下的时间观，从而证明自己对眼下问题的处置方案是正确的。

与之类似，关于"种族"和民族问题的争论也会暴露出人们的时间观念的随意性。战争时期，由于受到强烈情绪的影响，人们普遍认为"条顿人"与"盎格鲁－撒克逊人"及法国人之间的差异是永久性的，认定他们自古以来就是彼此对立的种族。然而，就在一代人的时间之前，以弗里曼（Freeman）为代表的历史学家还在强调西欧人有共同的条顿血统，人种学家也坚持认为德国人、英国人和绝大部分法国人都是同一个种族的分支。一个普遍的规律是：你若对某一个现代种族分支怀有好感，就会上溯到你们共同的种族源头，主张各分支有共同的主干；你若反感某个现代种族分支，则会坚持认为人种的分支与分支之间是相互独立、毫无关联的，即所谓的分支实乃各自独立的主干。在前一种情形下，你强调的是各个分支之间产生区别之前的阶段；在后一种情形下，你关注的是分支相互区隔之后的阶段。最后，你会将符合自己所选择的那一立场的观点视为"真相"。

另一个稍微温和些的例子是家谱。人们时常会向上追溯自己的身世，直至找到某一对先辈夫妇并将其认定为自己的祖先。在这个过程中，人们会竭尽全力将自己认定的祖先与某些光荣的历史事迹关联起来，比如诺曼底征服。被认定为祖先的这对夫妇，却仿佛不是任何人的后代，其上也不再有更古老的祖先。然而，这对夫妇又必然是有祖先的，他们或许可以被称为家族的奠基人，但这并不代表他们就是这条血脉的源头的亚当和夏娃。只不过后辈很乐意认定一切都是从他们开始的,坚称其为所谓的祖先。当然,也有可能是因为他们是家族中最早有文字记载的祖辈。家谱还带有其他更为浓重的偏见色彩,如其后代谱系往往是沿着男性成员的血脉加以书写的,除非某一支的女性后裔有十分显赫的成就。整个家族的血脉之树,完全是以男性为本的。而女人,只是周而复始地落脚在这株古老的家族之树上的蜜蜂而已。

● 7

然而,最易令人产生错觉的时间是未来。对于未来,我们最常受到的迷惑就是跳过必经的顺序,走一条捷径。要走完某一阶段的"程序",我们需要花时间去完成方方面面的"任务";而我们经常会犯的错误,就是由于期待或怀疑而将这段时间估计得过长或过短。有关工人阶级如何在工业领域行使管理权的讨论就常常处于这样的困扰之中。管理涉及众多岗位①,有一些完全不需要经过培训就能胜任,有一些需要少量培训,还有一些则需要投入一生的学习。真正有针对性的工厂民主化方案的实施一定是循序渐进的,在赋予工人管理者职权的同时对其进行必要的培训。而试图让无产阶级立即实现专政,就等于忽略了中间需要的准备时间;反对任何职权分工,则是否认人的能力会随着时间慢慢改变的事实。诸如轮流领导制、蔑视专家地位等原始的民主观念,不过是对古老神话的再现——期望工人阶级能像智慧女神雅典娜一样,刚从朱庇特头中跳出来就有了现成的大智大勇。这样的观念错认为那些需要多年学习方可获得的素养其实是唾手可得的。

当某一政策以"落后人群"(backward people)这一表述作为其基础时,时间概念就成了决定性的因素。例如,《国际联盟盟约》指出,"委任统治之性质应依该地人民发展之程度"②以及其他标准而区别之。它还称,部分族群已达到了相当的发展程度,其独立可得到暂时

---

① 参见 Carter L. Goodrich, *The Frontier of Control*。
② 第19条。

承认,同时其也应接受指导及援助,"至其能自立之时为止"。对于这一刻何时到来,委任统治地和受委任国各怀心事,其各自的想法则会深刻影响二者的关系。以古巴为例,美国政府和古巴爱国者的想法实际上是一致的,所以即便美古两国关系紧张,却还是能成为有史以来强国处理与弱国关系的典范。但在历史上,我们更多看到的是双方想法相左、互不妥协的状况。受委任国无论对外如何宣称,内心始终认为落后之地已经落后到绝无希望的程度,不值得救助;或这种落后恰恰对受委任国有利,故受委任国乐得保持现状。这样的逻辑腐蚀和侵扰了世界的和平秩序。很少有占统治地位的强国真的认为落后之地的落后现状应当得到改善,并为其制定明确的发展规划且划定期限。恰恰相反,落后总是被解读为天生和永远的劣等性,这种情况不断发生,几乎成了定律。于是,弱国做出的任何试图摆脱落后境地的努力,都会遭强国怒目而视,甚至被扣上骚乱的帽子——在这样的情形下,不是骚乱也是骚乱了。在美国的种族战争中,我们起初未能意识到时间终将洗脱黑人身上的奴隶属性,未能认清建立在奴隶性之上的社会机制终将土崩瓦解,后来我们都得到了教训。

我们总想把未来描述成符合自己心意的样子,总想消除那些阻碍我们满足自己欲求的因素,总想加固那些为我们挡风遮雨的屏障。要避免这些倾向,绝非易事。

● 8

当我们试图对舆论进行汇集和梳理时,需要观照的事实范围比个人目光所及的范围要大得多,需要考察的时间范围也比个体所亲历的时间范围大得多。不仅如此,我们还需要对不计其数的人、行动和事物进行描述和判断。我们需要总结和归纳,需要抽取样本,需要树立典型。

要在一个规模庞大的阶层中完成准确的抽样并非易事,难点在于对统计学知识的掌握。这对于只有初级数学水平的人来说,显然是十分困难的。尽管我曾真的以为自己读懂了那六七本统计学教材,但我的数学水平始终一塌糊涂。读那些教材只不过使我更加明白了要进行归类和抽样有多难,也使我体会到人们在这一领域常犯的错误就如同要将少量黄油涂抹于地球那么大的面包上一般荒唐可笑。

不久以前,英格兰谢菲尔德一组社会工作者开展了一项工作,他们希望消除自己对该市工人群体的思想素质的主观印象,以实现更为精准的了解。① 出于某些高尚的动机,他们希望能证明谢菲尔德工人群体的思想素质是很高的。然而,他们发现自己面临着十分棘手的情况,即当我们决定对自己的第一印象进行批判性反思时常常会遇到的那种情况。关于他们选用的调查方法没什么好谈的,唯一有必要指出的就是,那是一场规模很大的调查。为了说得更为简洁、清晰,我们暂且假设借助调查中的提问能够准确考察出一个在英国城市中生活的人的思想素质。那些问卷本应向所有工人发放,但工人阶级的范围并没有一个明晰的界定。就算我们还是暂且假设在人口统计调查中能够明确界定哪些人属于工人阶级,那么接下来的问题就是约有10.4万名男性和10.7万名女性属于该调查应该覆盖的人口。只有分析过这些人在调查中做出的回答,我们才能了解"工人是无知的"或"工人是充满智慧的"这两个断言到底哪个是对的。然而,对这20多万人进行调查的难度是常人难以想象的。

于是,社会工作者请教了一位杰出的统计学家——鲍利(Bowley)教授。鲍利教授建议他们至少抽取男性和女性各408名以确保样本的科学性。根据抽样原理,这个数量的样本对于总体的代表程度堪比每22个人抽取1个的抽样比例。② 因此,社会工作者共计要对至少816个人进行调查,才能有基本的资格声称自己对工人的思想素质进行过研究。但是,他们如何确定要调查哪816个人呢?"我们也许会首先求助于那些此前就与研究团队的成员认识的工人;我们也许会寻求慈善人士的合作;我们也许会通过俱乐部、布道所、医务室、礼拜场所或者居住小区而与某一部分工人建立联系。但是,通过这

---

① *The Equipment of the Worker.*
② *The Equipment of the Worker*, footnote, p. 65.

种方式选取的样本会致使整个调查结果毫无价值。这样选出的样本对工人整体的平均水平来说没有任何代表性,而只能代表工人阶级中的某些特定团体。"

"抽取样本的科学方法确保研究者能'中立''偶然''随机'地选取受访工人,我们付出了大量的时间和劳动以践行这样的科学方法。"该研究团队的确做到了这一点。尽管有了这些预防措施,但调查结果并没有比此前的直观判断明晰多少。调查显示,在20万名谢菲尔德工人中,约"1/4""思想素质较高","近3/4""不够高","约1/15""很糟糕"。

不妨将这种务实求真,甚至有些钻牛角尖的方法与我们通常对某一庞大群体做出的直接概括——如反复无常的爱尔兰人、讲逻辑的法国人、守纪律的德国人、愚昧无知的斯拉夫人、老实的中国人、狡诈的日本人等——进行一番比较。上述"直接概括"或许也源自某一样本,但抽样的方法从数据统计的角度来看毫无科学性可言。使用这种方法的雇主,完全有可能以其接触到的最桀骜不驯(或最温良恭顺)的雇员为依据,来获得对全部员工的整体印象;更有不少激进分子干脆主观地认为这样以偏概全地评价工人阶级并无不妥。毕竟多数女性在看待"顺从性"这一问题时,所能想到的不过是她们对待自己的仆从的方式,没有什么更高明的看法。这是一种因果式思维——怀有某种偏见的人会主动挑出符合其偏见的样本,将其视为支持自己偏见的证据。当然,他们也有可能在不经意间接触到了与其偏见相左的样本,然后再以这些样本为证据推翻自己的偏见。无论在哪种情况下,偶然选取的随机样本最终都会被用来代表整个阶层的总体情况。

我们往往抗拒外界对自己做出的种种限定。一旦出现这样的情况,我们就会感到困惑。我们若能安于外界对自己做出的限定,便可以轻松自如地对未来进行各种预判。然而,事实是,像"工人阶级"这样的术语,其实只能限定特定时间条件下、特定范围内的有限事实。你若将此术语用于指代低于某一收入水平的所有人,便难免会期待

第十章 发现刻板印象

这些人的言行均符合你对于"工人阶级"的刻板印象。然而,你其实并不了解这些人的真实情况。工厂工人和矿区工人或许与你的刻板印象大致吻合,但农场工人、小农、小贩、小店员、办公室职员、佣人、士兵、警察、消防员就超出了你所能理解的范围。人们使用"工人阶级"这个称谓时,脑中的图景往往只包括二三百万比较明确的工会会员。人们将其称为"劳动者"。其余的一千七八百万人,尽管在统计数据意义上也符合"工人阶级"的标准,却被完全忽略了。工会会员这种有组织的核心人群的意见,就被默认为能够代表余下一千七八百万人的意见。可是,试想,将英国工会联盟(Trades Union Congress)的决议案和知识分子撰写的种种小册子中的观点一同视为1918—1921年间英国工人阶级的总体观点,怎么可能不是一种误导呢?

将劳动阶层视为解放者这种刻板印象对支持自己的事实加以利用,并对与自己立场相悖的事实加以排斥。于是,基于工人真正采取的行动,有人假想出了所谓的劳工运动(Labor Movement);在这样的假想中,运动的主体是经过理想化处理的大众,他们朝着一个经过理想化处理的目标奋斗。这是一个关于未来的假想,在此假想中,"有可能"被混淆成了"很可能","很可能"又进而被误认为"一定会"。只要这个假想所针对的未来时间足够长,人们就可以把"有可能"变成"很可能",再将"很可能"变成"一定会"。詹姆斯将这一现象称为"置信阶梯"(faith ladder)。他指出:"这就像由人们的美好愿望搭成的斜坡,人们在日常生活中思考宏大问题时所产生的愿望就这样被逐层垒高。"①

  1. 断言有关世界的某种观点是真实的,这样做没什么错,也没什么矛盾之处;
  2. 这个观点可能在特定条件下是真实的;
  3. 这个观点可能此时此刻就是真实的;
  4. 这个观点具备真实观点的特质;

---

① William James, *Some Problems of Philosophy*, p. 224.

5. 这个观点应该就是真实的；

6. 这个观点一定是真实的；

7. 这个观点就是真实的，于我而言，它在任何条件下都是绝对真实的。

正如他在另一部著作中指出的："一个人可能在特定条件下让自己的行为成为确保某种观点完全真实的手段。"①没有人会比詹姆斯先生更坚定地主张我们应当竭力避免用理想代替现实，避免将那些我们通过付出勇气、努力和技能方可在未来做到的事情视为当下已经确定可以做到的事情。然而，要听进这番道理绝非易事，因为对于如何在判断过程中科学地选取样本，我们缺少基本的训练。

对于自己信以为真的东西，我们几乎总能找到能够证明其为真的论据，或能找到其他如我们一般对其信以为真的人。一旦找到了足够的事实去支撑自己的预期，我们便很难对这一事实进行足够的反思和权衡。当我们一连遇到多个与自己观点相同的人，我们便很难意识到或许他们不过是早餐时凑巧和我们读了同一张报纸而已。我们对某件事的真实性进行评估时，往往不具备抽取 816 名受访者进行问卷调查并对调查结果加以检验的能力。若一味依据自己主观臆断的因果联系来行事，那么我们在对体量庞大的事实信息进行处理时就一定会受到先入之见的干扰，我们在权衡事实的过程中亦无法科学地抽取样本用于分析。

● 9

当我们尝试着更进一步在复杂而无形的事物和现象中寻找因果联系时，思维的随意性会带来更多危险。人们很难一眼看清有关公共生活的重大事务间的因果联系。商业周期、物价和工资水平的波动、移民与同化现象、国际交往中各方的意图……对这些领域，即便多年潜心钻研的专家也很难透彻理解。但对于这些问题，我们又都

---

① *A Pluralistic Universe*, p. 329.

能说出一套自以为是的道理来。如此一来,便也不难得出一个合情合理的结论——绝大多数人拥有的所谓推理能力,不过是一种直觉而已,其逻辑是"发生于其后者必然是其结果"(post hoc ergo propter hoc)。

  一个人的思想越是缺乏训练,就越会倾向于想当然地认为同时被自己关注到的两个事物之间存在因果联系。我们已经详细地论述过事物是如何引起自己注意的。我们已经了解到自己获取信息的渠道既不畅通也不确定。我们对于事物的理解深受刻板印象的影响,我们对于证据的选择和利用又受到自我辩护心理、威望、道德准则、不准确的时空概念以及不科学的抽样方式等因素的操控。我们现在还需要牢记的是,除了这些认知能力的先天缺陷外,舆论还受到其他因素的干扰——在看待一系列在认知过程中必然受到刻板印象干扰的事物时,我们会将时间上的先后或并列关系等同于因果关系。

  这样的状况最可能发生在两件同时发生的事情引起我们同样的感受的情况下。两件同时发生的事情本来就容易引起我们同样的感受;就算它们没有同时发生,一件事所引起的强烈感受也会带出所有记忆角落里关联着类似感受的其他事。因此,引起我们痛苦(或快乐)情绪的事情总会相互之间形成某种因果联系,成为一个系统。

> (1675年)11月11日,我听说上帝向这个小镇射了一支箭。一只普通的天鹅便染上了天花,天鹅的看护人名叫温莎。他的女儿病了。人们看到,此病开始于一个酒馆,这证明了上帝对于酗酒罪孽的怒意以及对大量酒馆的厌恶。①

  杰出的天体力学教授英克里斯·马瑟(Increase Mather)则在1919年对爱因斯坦的理论进行了这样的讨论:

> 很有可能……起义其实只是某些根本性的、深层次的世界性精神失调症的外在表现……同样的精神骚动已经侵

---

① *The Heart of the Puritan*, p. 177, edited by Elizabeth Deering Hanscom.

入了科学领域。①

我们若对某事怀有强烈的恶感,就会轻而易举地将这件事与其他我们厌憎或恐惧的事联系起来,并在两者之间建立因果关联。这种关联可能就像上述例子中的天花与酒馆、相对论与起义之间的关联一样牵强,它们只是被同一种情感联系在一起罢了。在那位迷信的天体力学教授的头脑中,情感就像汩汩流动的岩浆一样,会吞没它途经的一切;但你若挖开它的表面,就会发现里面其实仿佛掩埋着一座城市,万事万物都荒唐地彼此纠缠不清。只要感觉到位,随便什么事物之间都可以有关联,而处在这种状态下的人会对其内的荒诞色彩浑然不觉。自古已有的本能恐惧感与当前经历的恐惧感交织、融合,使各种令人恐惧的事彼此间都有了因果联系。

● 10

大体上,上述趋势会走向极端,人们会虚构出两个体系,所有的美好之事被归于一个体系,所有的丑恶之事被归于另一个体系。这就体现出了我们对于绝对主义的热衷。我们不喜欢表达限制意义的副词②,嫌它们搅乱了句子的结构,同时对炽烈的情感表达构成阻碍。我们更喜欢的是要么全有、要么全无,我们厌恶"有点""大概""如果""或许""不过""接近""不太""几乎""暂时""部分"等词语。然而,几乎所有关于公共事务的观念都需要用这些词来加以限制。可一旦我们处于无拘无束的状态,就会倾向于绝对——百分之百、到处、永远。

我们不满足于声称自己的立场比对手的立场更正确,更能保护和促进民主。我们非要坚称自己如果取得胜利,就能永久性地消除一切争端,使全世界的民主永不再受侵犯。然而,当战争结束,当我们战胜了最大的恶势力却仍受到其他小一些的恶势力的困扰时,我

---

① 引自 *The New Republic*, Dec. 24, 1919, p. 120。
② 参见弗洛伊德《梦的解析》(*Interpretation of Dreams*)第六章中对梦中的绝对主义的探讨,尤其是第288页及其后的内容。

们又会忽视这一结局的相对利好,转而将现存的问题绝对化,使之征服我们的情绪。我们会感到绝望无助,因为我们期待中的战无不胜如今落了空。我们就这样在无所不能和一无是处之间摇摆不定。

我们失去了真实、确切的空间观念、时间观念和科学的数量统计方法;我们无法把握事物间真正的联系,进而也就无法对程度做出正确的判断。我们赖以行动的视角、背景和维度,都在我们的刻板印象中被割裂和固化。

第四部分 兴趣与利益

第十一章

兴趣的激发

1

不过,人的头脑可不是一卷胶片,无法通过快门和镜头即刻记录下面前的各种事物并存储成印象。人的头脑有着无穷无尽的想象力。我们对脑中记录下来的图像进行加工,在最大程度上将其私人化;这些图像或被淡化,或彼此融合,或根据实际情况被大脑强调、压缩。总之,图像不再无力地附着于大脑的表层,而是借助想象力被转化为每个人独有的印象。我们本人则于其间做出种种取舍,并参与了这一转化的过程。

在这一过程中,我们喜欢将事物人格化,将事物之间的联系戏剧化,像讲述寓言一样对各种事物进行象征化的表达。除了思维极其灵敏的人之外,少有人能避免陷入这种状况。诸如社会运动、经济力量、民族利益、社会舆论之类的存在,往往会被我们当作人物来看待;相反,教皇、总统、摩根和国王之类的人物会被视为同一个概念或同一种机制。在种种刻板印象中,最为根深蒂固的便是关于人的刻板印象,这种刻板印象将人的本性视为无生命或集合性的物质。

人们关于事物的印象多得令人眼花缭乱。这些印象尽管经历了种种审查,但其多样性依然迫使人们利用更为省力的寓言形式去加以消化。世间万物皆有不同,我们不可能对每一件事都记忆犹新。一般情况下,我们会对事物进行命名,再以此名称来代表自身对这些事物的整体印象。但是，无论怎样的命名方式都必然是漏洞百出的。旧的含义悄悄溜走，新的含义不期而至。想要保留名称的全部含义，就如同试着还原对事物最原始的印象一样，十分费力。而且，就负载思想的功能而言，名称实乃一种劣币，它太空洞、太抽象、太罔顾人性。因此，我们便开始尝试用一些个体化的刻板印象去理解名称，对其加以深入解读。最终，物的名称便被赋予了某些人性的特质。

然而，人性本身是模糊不清、摇摆不定的，要想牢牢记住它，必须借助一种有形的方式。因此，我们往往会将人性归并到自己脑海里的印象的名称中去，于是人性便又会通过有形的隐喻实现形象化。例如，英国人民和英国历史这两个概念就这样被浓缩成了"英国"；而英国这个概念又变成了约翰牛的形象——既快活又肥硕，不大伶俐，但足以照顾好自己。在一些人看来，移民就像是一条蜿蜒的河流；而在另一些人眼里，移民如同泛滥的洪水。又如，我们将人的勇气比作磐石，将人的目的想象成道路，将人的疑惑视作途中的岔路口，将人面对的困难看作沟坎和拦路石；人所取得的进展，则被视为最终抵达的一片沃野。同理，若将领调动了军舰，那就是"利剑出鞘"；若军队举旗投降，则成了"一败涂地"；若士兵受到压制，便是在"经受苦难"。

若想通过演讲、口号、戏剧、电影、漫画、小说、雕塑或绘画等手段将公共事务广而告之，就必须首先引起人们的兴趣；而若想引起人们的兴趣，则首先要将原始形象抽象化，再将抽象的东西具象化地表现出来。对于未曾亲见的事物，我们不太可能有很大的兴趣，也不太可能受到太大的触动。由于我们每个人所能目睹的公共事务非常少，故其总是让人觉得味同嚼蜡，直至有人通过艺术手段将其变成电影，我们才会兴致勃勃地去关注。唯此，获取信息的渠道的匮乏以及偏见导致的我们对于现实的认识的抽象性问题方能得以补救。我们既非无所不在，又非无所不知，所以对于那些必须思考和谈论的事物，我们不可能全部亲力亲为；我们都是血肉之躯，无法靠词语、名称和灰色的理论来维持生存；或许每个人在某种程度上都可以被称为艺术家,这也就意味着我们能够根据抽象观念来绘出图画、演出戏剧、拍出卡通片。

当然,我们可以求助于那些善于将事物形象化的有才华之人,毕竟并非所有人都具备同等程度的形象化能力。在我看来,一如伯格森(Bergson)所言,实用型的头脑最易于接受空间性的事物。① 头脑清晰的思想者总能出色地将事物形象化,但正是出于同样的原因,即由于他们如"电影投影机"一样看待事物,故其往往显得流于表面且有些迟钝。而那些以直觉见长的人可能会在音乐或运动上有所建树,他们往往比那些善于形象加工的人更能理解事物的特性和行为的深意。若关键因素是一种从未被公开地、坦诚地表现的欲望,且这种欲望看上去只是某种模糊不清的手势或语焉不详的节奏,那么在这种情况下以直觉见长的人往往会比他人更易理解事物的本质。形象化手段自然可以紧扣刺激点和结果,但中间过程和内在因素往往会被擅长形象化手段的人扭曲,就像作曲家故意在少女声部中放入一个嘹亮的女高音一样。

然而,尽管直觉常常出奇地准确,但它有高度的隐私性,且几乎是只可意会不可言传的。而社会交往依靠的就是交流。一个人可以凭借准确的直觉极其优雅地驾驭自己的生活,可他若想让其他人也对这种直觉感同身受,则往往十分困难。我们对他人讲起自己的直觉的时候,对方往往会一头雾水,这是因为直觉虽可令人更准确地感知人类情感,但由于空间和触觉的隔阂,直觉往往与理性相去甚远。因此,当我们需要众多人统一思想以采取某个行动时,会发现最初的思想往往不够清晰;而只有当其变得生动形象、可触可感时,才能成为人们付诸行动的依据。不过,形象化的思想本身于我们而言并无意义。思想必须与我们的内在诉求相关联方可起作用,除非其释放或阻碍、抑制或增强了我们的某一欲求,否则便只是无关紧要的东西而已。

---

① *Creative Evolution*, Chs. Ⅲ, Ⅳ.

● 2

图像始终是传递思想的最确凿的方式,比这种方式再次一级的则是能从记忆中唤起图像的词语。然而,我们只有在对图像的某些方面的内容有所认同的情况下,才可以认定其传递的思想成了我们自己的思想。这种认同过程,按照弗农·李(Vernon Lee)的说法就是"移情"(empathy)①,它是极其微妙和象征化的。模仿的过程几乎是在我们浑然不觉的情况下发生的,并且时常采用有可能触动自尊心的方式。对成熟、世故的人而言,这一过程不仅仅是关注正派角色的命运,而且是关注整个概念体系,在这个体系中正派角色和反派恶人的命运都很重要——不过这是比较高的层面了。

在一些大众化的再现方式中,对于认同过程的处理几乎都是一望而知的。你会一眼看出谁是正面角色。而如果标识不够清晰、选项不够明确②,那么这样的内容可能根本无法在大众中流行。这还不够。观众必须有事可做,而仅仅观看真、善、美并不算是在做事。为避免呆滞地面对图像,观众需要被图像调动起来,这一点对于新闻报道、小说、电影都适用。有那么两种调动形式,无论从操作便宜程度还是人们对寻求刺激的渴望程度来看,都远胜其他形式,那就是性激情和争斗。这二者间还存在诸多关联,彼此紧密难分,以至于围绕着性展开争斗的主题,远比其他任何主题都更有吸引力,更能超越文化和国界的樊篱去攫取人的注意力。

美国的政治议题中很少真正涉及性主题,这一主题至多在为数不多的战争狂热浪潮、偶尔曝出的丑闻或与黑人及亚洲人的种族冲突中出现。将其视为一个独立的主题实在有些牵强。只有在电影、小说和杂志上的虚构文章中,劳资关系、商业竞争、政治及外交关系才会牵涉到某个女孩或某个女人。不过,争斗主题是美国政治议题中的家常便饭。政治一旦牵涉到斗争或争议,就立刻变得引人注目

---

① *Beauty and Ugliness.*
② 一个对于新闻的特性有着重大影响的事实,见本书第七部分。

起来。为了让政治走向大众,争议就必须得到充分的展现;即便是在有关真相和正义的话题上,对于采用哪个结论、援引哪一原则、选择哪些事实的探讨,也需要一点好斗的精神来推波助澜。①

若缺少了冲突性氛围的润色,与事件没什么直接关联的人便很难对其产生持续的兴趣。至于那些置身其中的人,就算事件没有引发争端,也会被一种真切的吸引力牢牢抓住,为行动本身所提供的纯粹乐趣以及微妙的竞争和创造活动所调动。反之,事不关己的人会以疏远的、浅表的方式去看待这件事,绝不会轻易参与到行动之中。这件事的图景在与之无关的人眼中是模糊不清的,为了令此模糊不清的图景变得有意义,就必须吊起这些人对于斗争、悬念和胜利的胃口。

帕特森(Patterson)小姐坚称,"悬念……决定了大都会艺术博物馆(Metropolitan Museum of Art)中展出的艺术杰作和里沃利剧院(Rivoli Theatre)与里亚尔托剧院(Rialto Theatre)放映的电影的差别"②。若她可以更明确地指出艺术杰作既不能以轻松的方式引发人们的认同感,亦缺少受当代人欢迎的主题,那么她的下述论述就完全站得住脚了:"这就解释了为何只有零零散散的人心不在焉地步入大都会艺术博物馆,却有成百上千的人蜂拥而入里沃利与里亚尔托。大都会艺术博物馆里的观众欣赏一幅画的时间不会超过10分钟,除了美术专业的学生、评论家或者鉴定家;而里沃利与里亚尔托剧院中的观众却会持续盯着银幕一个多小时。就审美价值而言,在这两座剧院上映的影片可能无法与艺术博物馆中的画作相比,但这些动态图像所构成的影片,远比静止的美术杰作更能长时间吸引人的注意力。这不是由于电影的艺术价值高于绘画,而是因为电影是在逐步揭示一个故事,故事的结局可令观众屏息凝神地等待,故事的过程中

---

① 参见 Frances Taylor Patterson, *Cinema Craftsmanship*, pp. 31-32。"三、如果情节缺少悬念,则:(1)增加一个反派角色,(2)增加一个障碍,(3)增加一个问题,(4)强调观众心中的某个问题……"

② *Ibid.*, pp. 6-7.

包含着斗争的要素,总能成功地制造悬念。"

距离较远的事物若要进入我们注意力的中心,就必须被转化为有可能获得我们认同的图像信息,否则便只能在我们的注意力范围内转瞬即逝。它需要被观看而非被感知,需要去冲击我们的感官,需要保持神秘感。它要能使我们做出选择,我们也应当有能力做出选择。我们必须在内心深处离开观众席,走上舞台,像主人公一样投身于以正压邪的战斗。我们必须为故事注入我们自己生活的气息。

● 3

因此,尽管批评家争得面红耳赤,但有关现实主义与浪漫主义的古老争论还是有了一个定论。在大众看来,最好先有一个能够使人产生认同感且能够自圆其说的现实主义背景,然后在这个背景中展开情节,最后使情节终结于令人神往的浪漫主义,但同时又不能过于浪漫以至于令人觉得虚假。在开端与结尾之间,尺度是自由的,但写实的开端和美好的结尾是固定的套路。电影观众拒绝一以贯之的浪漫主义故事逻辑,因为纯粹的浪漫与他们身处的机械时代毫无共性;他们也拒绝冷若冰霜的完全的现实主义,因为他们不希望电影中的斗争与自己在现实生活中面临的斗争完全重合,从而感受到挫败。

什么是真实感、现实主义?什么是美好、丑恶?什么是令人神往的?这些问题都没有永恒固定的答案,有的只是我们在刻板印象中固定下来的结论,而这些结论来源于过去的体验,并被套用于未来需要做出的判断。因此,若电影和流行杂志的投资方没那么迫切地追求一时间的大红大紫,有思想和想象力的创作者本可以如人们所设想的那样利用银幕和杂志,去对那些构成人类想象力来源的图景进行扩充、提纯、修正和批判。但由于现实中成本的压力,电影创作者正如旧时代的宫廷画家和教堂画家一样,只能依附既存的刻板印象去进行创作,否则就要为受众预期的落空付出代价。刻板印象的确是可以改变的,但改变所需的时间使电影公司想在新片上映后6个月内获得成功的目标变得毫无保障。

真正改变刻板印象的人,是那些先锋艺术家和评论家。他们本能地对那些保护投资利益的经理和编辑心怀不满。他们在创作中甘冒一切风险,为何别人却做不到呢?这一想法不太公道,因为他们在义愤之中忘记了不能指望商业雇主如自己一样在做这件事时获得强烈的满足感。他们不会换位思考。在与不懂艺术的"俗人"之间展开的无休止的争斗中,先锋艺术家还忘记了另一件事,那就是他们其实期待着获得前辈艺术家和智者完全无法奢望的巨大影响力,他们想要的发行量和受众规模在几代人以前根本就是难以想象的,故这一目标一旦无法实现,他们就会备感失望。

像《大街》的作者辛克莱·刘易斯那样大受欢迎的人,是有能力将那些人人都有共鸣却无力言明的思想表达出来的。"你替我说出了我想说的话。"人们从刘易斯的作品中找到了新的形式并不断加以模仿,直到该形式本身又演变成了新的刻板印象。之后的先锋艺术家会发现他们很难让公众用一种不同于《大街》的眼光去看问题,于是他们又像当初的先驱者刘易斯一样,与公众展开了较量。

这样的较量并非完全源于刻板印象之间的冲突,还源于先锋艺术家对其素材的尊重。只要选择了某一个面向,他就会一直停留在这一面向上。若要探索某件事情的内在因素,他会刨根究底深入此事内部,不管这个过程多么痛苦。他不会用幻想去帮助别人,或是在没有和平的地方疾呼和平。他心中存在着一个自己认定的美国。但广大受众并不喜欢这样严谨的方式,他们对自我比对世界上的任何其他事物都更感兴趣。而所谓的"自我"则是由学校教育和传统习惯设定的。他们要求艺术作品能够运载着自己一步穿越到异域;他们期望作品中不存在现实世界里的国界、疆域,而应当是一片能令自己在长达一小时的时间里完全摆脱日常俗务的乐土。为满足大众的这一要求,会有一个处于中间地带的艺术家阶层挺身而出。他们有能力也有意愿去将不同的面向杂糅起来,实现现实主义和浪漫主义的结合,虚构出一个高人一等的人物,并如帕特森小姐建议的那样,"让现实生活中很难出现的事得以出现,为种种困难提供有效的解决方法,将黑白颠倒、善恶不分的现实……转变为天理澄明、善恶有报的幻想"①。

● 4

109　　政治上的意识形态也遵循这些规则。政客们总是先从现实主义的角度出发,在争论中强调和凸显那些凶险的事实,如来自德国的威胁、阶级矛盾等。这些内容只描述了真实世界的某些侧面,但由于其与人们业已熟悉的刻板印象相符,故显得十分可信。然而,意识形态的功能并不限于对当前的事实进行描述,还在于对未知的将来进行预言;就是在这个过程中,它神不知鬼不觉地越过了实证的边界。在对现实的描述中,我们或多或少受到普遍经验的束缚;在对无人知晓的未来的预言中,我们则势必会信马由缰。这一情形,多少有些类似我们身处末日之战的战场,心中却始终怀着为了上帝而战的崇高情怀,很有可能……一切都是从事实(一种符合盛行标准的选择性事实)而起,最后却结束于美好的展望。例如,政治煽动者均坚信当下的世界既残酷又罪恶,只要能遏制独裁,世界就会变得美好。在其眼中,人性之恶存在于莱茵河以东的每个角落以及莱茵河以西的德国人身上。人性之恶的存在毋庸置疑,但他们一面对其严峻性言之凿凿,一面又宣称只要取得战争胜利就能一劳永逸地拥有和平。多数时候,这只是他们的伎俩而已。诡计多端的政治煽动者深知,尽管将一个听起来可信的分析作为开端有其必要,但绝不能无节制地继续分析下去,因为有关政治领域的现实进展的内容单调、乏味,会很快令人们兴味索然。于是,政治煽动者用一个勉强贴合现实的开头来耗尽人们对于现实的兴趣,然后就开始挥舞着通向天堂的通行证来调动人们的激情,引诱人们投入持久而宏大的行动。

　　只要把大众的意识和观念与个人的紧迫需求掺杂在一起,上述原则就会起作用。而一旦掺杂成功,战火燃起,在激烈的争斗中,最初发挥这种作用的个人需求和刻板印象也就不复为人注意了。

---

　　① 参见 Frances Taylor Patterson, *Cinema Craftsmanship*, p. 46。"男女主人公通常必须具有年轻俊美、心地善良的优点,拥有高尚的自我牺牲精神和永不动摇的坚定意志等。"

第十二章
关于私利的再思考

● 1

同一个故事在不同人的耳朵里,或许有着截然不同的版本。每个人都会从与他人不尽相同的角度进入这个故事,因为没有哪两个人的经历是完全相同的。人们会用自己的方式重新演绎故事,将自己的情感渗透其中。有些艺术家技巧高超,善于攫取人的注意力,令人们不由自主地融入与自身经历毫无共同点的故事,即便故事情节乍看起来十分单调、沉闷乃至古怪,人们也会乐此不疲。不过,这样的情形并不多见。对绝大多数引人入胜的故事,我们都能令自己产生代入感,想象自身就是其中一个角色并且借此演绎生活的寓言。这个寓言或精细,或粗糙,或与故事主旨相符,或者只是眉眼之间有些相似;但它一定是由于我们感同身受地把自己代入了故事中的角色,被角色调动了情感,然后才从这种情感中浮现的。因此,故事本身所传达的主题完全可以被强化,被改写,被每一个阅读者在自己的头脑中重新编织。就连莎翁的经典剧作,其每一次上演,实际上都是由演员和受到启发的观众根据自己的经历和需求进行的有意义的再创作。

那些口耳相传的英雄传奇在变成白纸黑字的书面故事之前,都经历过一个类似的过程。在当下,印刷品对内容的记述在一定程度上限制了人们想象力的扩张。但传言受到的限制很少,甚或根本没有限制。所以,存在于传言中的故事的最初版本——无论是真实的还是编造的——都会在随后的流变中长出翅膀、犄角、蹄子和喙,仿佛艺术家在利用每一次闲谈对其进行再创作。第一位叙述者讲述的版本在后续的流变中不断走形,每个听到故事的人都会对其进行编辑、修改,并将此过程视为一场白日梦传播开去。①

于是,观众的成分越复杂,其对于故事的反馈就会越趋多样化。观众的数量越庞大,其共同使用的词语数量就会越少,故事对每个人而言所具备的共性也就越抽象。于是,故事不再有自己的具体特质。听故事的人各怀心事,不断将自己的特质强加其上。

● 2

人们赋予故事何种特质,不仅取决于其性别、年龄、种族、宗教信仰和社会地位,而且会受到某些更为粗略的分类标准的影响,包括才能、事业发展情况、事业发展的侧重点、情绪和心理紧张程度、在各种人生竞争中所处的地位等一系列人在先天或后天获得的个体体征。对于自己接触到的各类公共事务信息,无论是报刊新闻中的几行字、几张照片、几则轶闻,还是自己的某些偶然经历,我们都会用头脑中业已形成的思维模式去加以思考,并在自己情绪的作用下做出反馈。我们不会认为自己的个人问题不过是宏大社会环境的一个局部样本而已。相反,我们往往不假思索地认定所谓的宏大社会环境其实是对自己个人故事的放大和模拟。

不过,我们对宏大社会环境所持的态度未必与我们对自身私生活的态度相一致。因为在私生活中,选择的余地是有限的,自我在相当大的程度上会被压抑、被隐匿,不会直接指导我们的外在行为。因此,尽管多数普通人会下意识地将自己在生活中感受到的快乐放大为普遍的善意,将自己在生活中感受到的痛苦放大为普遍的愤恨,但总还存在着一些人,尽管表面上很快乐且对自己身边的人充满善意,

---

① 一个有趣的例子可参见 C. J. Jung, *Zentralblatt für Psychoanalyse*, 1911, Vol. I, p. 81, translated by Constance Long, in *Analytical Psychology*, Ch. IV。

但是对圈子以外的其他人残暴有加,或干脆反过来,对自己的家庭、朋友和工作充满厌憎,却对全人类饱含仁爱。

若从宏观的层面切换到细节层面,你就会更容易看清:人在不同的事情上体现出的特质是无法一概而论的。每个人都会有若干个自我,这些自我的基本内核或许是相同的,但是在具体的方面必然存在差异,没有人会在全部情境下表现完全一致。可能仅仅因为时间的流逝或记忆的积累,人就会有所变化,毕竟人非草木。除时间外,环境的改变也会导致人的改变。一个在南部海域独居的英国人始终保持着刮胡子的习惯,就餐时则一定戴上黑色的领结,这表明他本能地担心自己在文明社会中获得的特性会因生活环境的变化而丧失。日记、相册、纪念物、旧书信、旧衣物以及我们对于一成不变的生活习惯的依循,都印证了我们内心深知的一个道理,那就是人不可能两次踏入同一条河流。

没有哪一个自我是持续起作用的,因此,在舆论生成的过程中,搞清楚人的哪一个自我在发挥效力,就显得十分重要了。例如,当日本人企图争取在加利福尼亚的定居权时,我们将这种企图理解为其想从事水果种植业,或将之解读为其想娶白人的女儿,结果是截然不同的。又如,若两个国家间存在领土争端,双方是将其视为一项不动产交易、一次对方发起的挑衅,还是用更带火药味儿的语言将其形容为一种"侵略",差别也是显而易见的。这是因为,在我们思考柠檬这种水果,或想象某一遥远地域时,操控直觉的那个自我,与我们作为一家之主为了某事暴跳如雷或极有可能暴跳如雷时的那个自我,根本就不是一回事——前者是漫不经心的,后者则会因愤怒而面红耳赤。因此,只是强调人的观点会受其"私利"的影响无济于事,因为这是句废话,没有说明任何问题,除非我们清楚所谓"私利"在特定情形下究竟在被众多自我中的哪一个所主导。

宗教学说和世俗智慧会在每个人身上区分出若干人格,例如高尚的和低下的、精神的和物质的、神性的和凡俗的,等等。我们纵然无法全然接受这样的划分,却也不得不承认差异的确客观存在。以

第十二章 关于私利的再思考

上述二元对立的方式区分人格可能不太适用于现代社会中的人,如今我们所看到的各类人格之间的区分更为微妙,很难达到非此即彼的程度。现代人或许会认为神学家对于人格的区分是武断且肤浅的,因为在其设定的体系下,许多原本彼此相异的人格仅仅因为都符合神学关于"高尚"的定义便被简单粗暴地划为一类。不过,现代人还是不得不承认,关于复杂的人性其实是存在着某种权威的认识标准的。

我们已对人的多重自我习以为常,且让自己尽量做到对此不予置评。我们深知自己在不同时刻遇到的同一个人纵然在肉体上依然如故,本质上却已全然不同。人在对待社会地位低于、等于或高于自己的人时,往往会采取截然不同的态度;人在与他人发生性关系后究竟会不会与之结婚,会导向不尽相同的情形;男人对一个女人大献殷勤时的态度,与他面对一个被其视作附属品的女性时的态度,一定会不同;人对自己的孩子、合作伙伴、最信任的下属以及掌控自己命运的上司的态度,与其对其他人的态度不同;人为维持温饱而挣扎生存时的状态与其功成名就之后的状态,会截然不同;人对待彬彬有礼的陌生人的方式与对待自己瞧不起的人的方式,也不相同;人在身处危险境地时的状态与其诸事顺遂时的状态不同;人独自在巴黎时的状态与其和家人一起待在皮奥瑞亚(Peoria)时的状态,也注定不同。

人与人在性格的稳定性上往往体现出巨大的差异。有的人可能像吉基尔医生(Dr. Jekyll)那样有着分裂的人格,有的人则如布兰德(Brand)、帕西法尔(Parsifal)或堂·吉诃德一样始终如一。当一个人的多重自我呈现出明显的矛盾时,我们就会不信任他;而如果一个人过于一根筋,我们又会认为其木讷、呆板、冥顽不灵。就人的各种性格而言,孤僻的、自负的人性格往往比

> 吉基尔医生,19世纪英国小说家斯蒂文森的小说《化身博士》中的人物,原本善良、敦厚,因服用了自己发明的一种药物而变成了凶残、狠毒的海德先生。
>
> 帕西法尔,亚瑟王传奇中寻找圣杯的英雄人物。

113

较单一,而对环境适应性较强的人的性格更富于变化。在一个人的种种自我中,既有人们希望呈现给上帝的显著外露的一面,也有藏匿于最深处、连我们自己都无法正视的一面。一个人可能拥有极为不同的一系列自我。从家庭关系的角度看,他可能是父亲、上帝或暴君,同时可能是丈夫、占有者、大男人,此外他还可能是情人、好色之徒。从职场的角度看,他可能是雇主、老板、剥削者,也可能是竞争者、阴谋家、对手,还可能是下属、爱拍马屁的人、趋炎附势的小人。他所扮演的某些角色或许永远不会为公众所知,还有一些可能只在特殊情况下才会被公开。不过,性格总是形成于一个人对自身所处情境的感知中。若某人判断自己身处一个聪明人的圈子内,他就会模仿其认为得体的性格,而这种模仿行为会对其举止、言行、话题选择和偏好起到调节作用。人生的许多喜剧感便产生于此。当身处陌生环境并假想自己此时应有何种性格的时候,我们仿佛是在做着沙里淘金、去芜存菁的工作,可实际上我们根本搞不清楚什么是真、什么是假。

● 3

人的性格是在诸多因素的影响下形成的,但搞清究竟有哪些因素并非易事。① 直至今日,我们对性格形成过程之基础的分析,相较于希波克拉底(Hippocrates)在公元前5世纪所做的分析,其实也高明不到哪里去。希波克拉底当时提出了有关人类体液的理论,归纳出多血质、抑郁质、胆汁质、黏液质四种类型,并将其归因于血液、黑胆汁、

希波克拉底(前460—前370),古希腊著名医师,被西方人尊为"医学之父"。他订立的《希波克拉底誓言》被视为后世医学行业的道德纲领。

---

① 约瑟夫·贾斯特罗的著作《确信的心理学》(*The Psychology of Conviction*)在"性格和气质研究的先例"("The Antecedents of the Study of Character and Temperament")一章中对解释性格问题较有价值的早期研究做了一番有趣的概述。

黄胆汁和黏液的作用。我们能看到的这方面的新近理论，比如卡农（Cannon）①、阿德勒（Adler）②、肯普夫（Kempf）③等人的理论，都延续着同样的套路，莫不是从外在的行为和内在的意识推导出人体的生理学特征。尽管在技术上已有如此巨大的提升，但我们依然不能在天性和教化之间做出明确的区分，无法从后天习得的性格中归纳出先天具备的性格特征。约瑟夫·贾斯特罗（Joseph Jastrow）称，试图对性格做出确凿无疑的解释，体现了心理学的理论贫困；只有那些颅相学家、看手相的、算命的、玩读心术的，以及为数不多的政治学教授才会对这种固化的所谓体系津津乐道。你会发现，这套理论还在不断得出如下似是而非的结论：" 中国人喜欢色彩，他们有弯曲的眉毛"；"卡尔美克人（Calmucks）的头颅顶端凹陷，侧面又很宽大，这种器官特征导致他们喜欢获取，而该民族偷窃成性众所周知。"④

现代心理学家倾向于将成年人的外在行为视为一系列因素交互制衡的结果，例如来自环境的抑制、在各个成熟期被压抑的欲望，以及显在个性三者之间的相互作用。⑤ 心理学家的这种理论让我们有理由认为，人的欲望所受的控制和压抑并非自始至终由这个人的整个自我来决定，而是在一定程度上与其自我的多重性有关。一个人作为爱国主义者可能会拒绝做一些事，但当他不将自己视为爱国主义者时，又可能会去做这些事。毫无疑问，人的有些欲望只出现在其幼年时期，终其一生再未出现，当然这种欲望或许已经含混暧昧地与其他欲望结合在了一起。但这种情形也不是固化的，因为欲望所受

---

① *Bodily Changes in Pleasure, Pain and Anger.*

② *The Neurotic Constitution.*

③ *The Autonomic Functions and the Personality*; *Psychopathology.* 另见 Louis Berman, *The Glands Regulating Personality*。

④ Jastrow, *The Psychology of Conviction*, p. 156.

⑤ 对此，肯普夫在《精神病理学》（*Psychopathology*）一书的第74页做了如下表述：从前青春期被压抑的欲望，到青春期被压抑的欲望，再到其后阶段被压抑的欲望，最后到一个人对外显露的个性，所有这些因素都受到来自环境的抑制；而以上作用的最终结果，就是人的行为。

的束缚绝非不可消除。正如精神分析学家能够让人们内心深处的欲望重现庐山真面目，社会环境也能做到这一点。① 只有当我们所处的环境正常且平静，即外界环境加诸我们的引导机制稳定运行时，我们才会对自身的某些性格特征浑然不觉。一旦意外的因素出现，我们就会骤然产生对自我的新理解。

　　所有对我们施加过影响的人，都对我们建构自我的过程起了一定作用。这些被建构起来的自我，会指示我们在特定环境中应当怀有何种冲动，并规定冲动的强度和指向；而对于所谓的特定环境，我们早已预先学会了应该持有何种态度。人的经验有明显的种类，在某一类特定的经验中，人的某一种性格往往会占据控制地位，主导着其全部自我中的某些显露在外的部分。例如，在文明的生活中，残暴的仇恨情绪往往很快就被克制住。人在扮演父母、子女、雇主或政客的角色时，就算已经气得说不出话，也不会轻易怒形于色。没人愿意呈现出自己残忍、暴虐的那部分性格，在大多数情况下，都会选择皱皱眉了事，因为身边的其他人也是这样做的。可一旦战争爆发，你会发现所有自己崇敬的人都认为杀戮和仇恨是理所应当的。起初，这种感受的表露尚有节制，表露者也多是为了呼应真正的爱国热情，即那种你能在鲁珀特·布鲁克（Rupert Brooke）身上、在爱德华·格雷（Edward Grey）爵士1914年8月3日的演讲中、在威尔逊总统1917年4月2日对国会的讲话里感受到的

鲁珀特·布鲁克（1887—1915），英国著名诗人，以其在第一次世界大战时期创作的大量十四行诗著称。

---

① 参见埃弗雷特·迪恩·马丁（Everett Dean Martin）的非常有趣的著作《群体行为》(The Behavior of Crowds)。另参见霍布斯（Hobbes）《利维坦》(Leviathan)一书的第二部分，第25章。"人们的激情在分散的时候，其激烈程度还算适中，就如同一块被点燃的木头；可一旦集中在一起，就好像是将很多块被点燃的木头聚拢于一处，它们会彼此引燃，尤其是当人们通过演说的方式相互煽动的时候……"勒庞（LeBon）在其著作《乌合之众》(The Crowd)中对于霍布斯的这种观察也进行了细致的阐述。

爱德华·格雷(1862—1933)，英国自由党政治家，1905—1916年间担任英国外交大臣，因其在第一次世界大战爆发时的一段讲话广为人知。

情感。在这一阶段，人们对战争仍持厌恶态度；对于战争究竟意味着什么，人们尚在逐步了解，但了解的过程必然是缓慢的，因为人们对于以往的战争的回忆均被加以不同程度的美化。在起初的蜜月期，仍有对战争持现实主义态度的人坚称全国人民尚不清醒，他们相互劝导："等有了伤亡名单再说吧。"然而，渐渐地，大开杀戒的冲动就占了上风，一切能对这种欲望施加约束的性格旋即土崩瓦解。这种冲动占据了主导地位，变得神圣而不容置疑，并最终完全失控。杀戮的冲动并不仅仅以同仇敌忾的方式被发泄，所谓的敌人也已不限于大家在这场具体的战争中共同面对的敌人，而是变成自己讨厌的任何人、任何事、任何观念。对于敌人的仇恨自然有其正当性，但其他形式的仇恨通过根本站不住脚的类比心理机制实现了正当化。一旦我们冷静下来，就会发现这种正当化是十分牵强的。强大的冲动一旦被释放，就很难受到控制。因此，直到战争结束很长时间以后，人们才步履维艰地恢复了自我克制，逐渐回归文明的性格特质来解决和平的问题。

诚如赫伯特·克罗利(Herbert Croly)先生所言，现代战争是现代社会政治结构的固有产物；然而，在现代社会的理想中，战争又是非正义的。对于平民百姓而言，战争中是不存在什么理想的行为准则的，可事实上参战的士兵又都奉行着这样的准则，过去的骑士也是如此。百姓眼中没有判断标准，至多有少数人能够通过临时抱佛脚的方式形成一点对战争的理性认识；他们唯一的判断就是，战争是罪恶的。战争难以避免，却没有足够的道德教育使人们对此有所防备。只有在自己那一部分高尚的自我中，人才会拥有特定的行为模式、奉行特定的准则；而当其被迫在高尚自我的观照下去以某些低劣的形式行事时，内心深处的困惑便接踵而至。

道德教育的一项重要功能,就是让人能够以相应的品质去应对任何可能遭遇的状况。于是,很显然,道德教育的成功与否,取决于人们是否能准确地判断某种环境具有出现的可能性并对其有所了解。因为,假如我们对世界的设想是错误的,那么我们对自己应当具备何种品质的设想也将是错误的,然后我们就会行为失范。所以,道德家必须做出选择:要么不择优劣地为人类可能有的全部人生经历提供相应的行为规范,要么保证人们所排斥的情形永远不会出现;要么让战争绝迹,要么教会人们以最小的心理代价面对战争;要么废止人的经济生活并使人靠幻觉和露水过活,要么研究经济生活中的一切困难并提出一种在绝无可能独善其身的世界中适用的行为模式。然而,主流的道德文化常常拒绝做出上述抉择。面对现代社会的极端复杂性,这种文化往好里说是不够自信,往坏里说就是懦弱无能。眼下,是道德家应该研究经济学、政治学和心理学,还是社会科学家应该给道德家上一课,已经不重要了。只要一代人未能接受足够的教育,未能拥有足以应对一切可能境况的品质,那么这一代人就谈不上为身处现代世界做好了准备。

● 4

在人们天真的私利观念中,上述问题是没有一席之地的;这种观念倾向于忽略一个事实,即无论"自我"还是"利益"其实都是人们设想出来的,并且在很大程度上是被"循规蹈矩"地设想出来的。关于私利的老生常谈往往会全然忽视人的认知功能。天真的私利观念是一种执念,我们总会把一切都归结到自己身上。正因如此,我们很难平心静气地对下述事实做出反思:其实人关于包括自身在内的一切事物的观念都非与生俱来,而是后天习得的。

詹姆斯·麦迪逊(James Madison)在《联邦党人文集》(*The Federalist Papers*)第十篇中所做的论述是很有道理的。他写道:"土地占有者的利益、制造业的利益、商业的利益、金融业的利益以及其他小一些的集团的利益,必然会在文明国家的社会中出现,并会因情感与见解上的分歧而把整个社会分成不同的阶层。"但是,若详细考察麦迪逊文章的语境,你就会觉察出其实他在尝试以经济的话语去解释历史,而我认为这是一种本能的宿命论的体现。麦迪逊在为联邦宪法进行辩护,在"联邦的种种优点"中,他特别提到"其能够减少并控制分裂局面带来的暴力危险"。麦迪逊所担心的是分裂。并且,他认为分裂的缘由就在于"人的本性";正是由于人的本性,"潜在的情绪会依社会情形的差异而导向不同程度的人类社会活动"。"人们在思想上往往对于宗教、政治及其他一些社会领域怀有某种带有投机色彩的追随的热情;他们要么依附那些野心勃勃地争夺权力的领袖,要么依附那些坐拥巨额财富的人。以上种种,将人们划分成不同的党派,并煽动其对彼此的仇恨,使其相互袭扰、相互压迫,而不是为了共同的利益而合作。人们彼此敌视的倾向是如此强烈,以至于即便不存在什么实质性的事端,某些细微的、假想性的分歧也足以点燃敌意,从而使其陷入暴力对抗的局面。不过,导致分裂的最为寻常可见的原因,就是财富分配的复杂和不公。"

因此,麦迪逊的理论就是在说分裂的倾向可能是由宗教和政治观念导致的,但最普遍的原因还是财富分配问题。但需要注意的是,麦迪逊说的是人因为与财富的关系而走向分裂。他并不认为人的财富与人的观念之间存在因果关系,而只是强调财富拥有状况的差异导致了人的观念的差异。这番道理的关键词是"差异"。你也许可以从经济状况的不同推测出人的观念存在不同这一结论,却决然无法推测出观念的具体内容是什么。

● 5

享乐主义的苦乐计量法假设人的性格能够毫无例外、充满智慧地引导其遵从某种行为模式,可事实上我们甚至连清晰地认识人性究竟是什么都还做不到。享乐主义者认定人总是趋乐避苦的。这基于一种对于人的本能的幼稚理解。这种理解是詹姆斯提出的[①],尽管他也对其做出了严格的限制;其指的是"一种行为方式","在这种

---

① William James, *Principles of Psychology*, Vol. II, p. 383.

方式的作用下,人们设定目标,却对目标缺少预见,并且未受足够的教育便贸然行动"。

至于这种本能式行为是否存在于人的社会生活中,却是颇有争议的。因为诚如詹姆斯所言:"任何有记忆力的物种,其本能行为一旦经过了重复,也就不再处于'盲目'的状态了。"[1]无论个体出生时的条件如何,其种种与生俱来的性格从婴儿期开始便已沉浸于各种经验,而这些经验会决定哪些事物能够在后天激发出这些性格。"他们逐渐获得能力,"[2]麦克杜格尔(McDougall)先生指出,"即使是天生的性格,也未必只是在人们遇到能够激发它的事物时才会被激发出来。到后来,仅仅是人们关于这些事物的观念,甚至是人们对其他种类的事物的察觉和设想,就能将天生的性格激发出来。"[3]

麦克杜格尔先生继续指出,只有"处于核心部分的性格才具有稳定性。哪怕相应的本能已被激发,这部分性格在任何人身上、任何情形下都能保持一成不变"。无论认知的过程还是身体为达成本能所期望的目标而采取的实际行动,都是极其复杂的。换言之,人的恐惧感或许是一种本能,但一个人会对什么东西感到恐惧以及会采取何种躲避行动,却不是与生俱来的,而是由其经验决定的。

若不能认识到性格的易变性,我们便很难理解人类的天性是多么复杂多样。但只要想想人所有的重要倾向,他的欲望、他的爱、他的恨、他的好奇心、他的性渴求、他的恐惧感、他的斗争性,以及能够激发这些倾向的事物有多繁复、能够满足这些倾向的事物有多庞杂,便不难理解人的天性的复杂性了。其实,每一代人都会在不经意间受到前一代人的局限性的影响,是前人造就的环境的继承者;可想而知,可能的排列组合将是无穷无尽的。

我们不能想当然地假设若一个人渴望某个事物、做出某种行为,

---

[1] William James, *Principles of Psychology*, Vol. II, p. 390.

[2] Introduction to *Social Psychology*, Fourth Edition, pp. 31-32.

[3] "多数关于本能和本能行为的定义都只考虑了它们意动(conative)的方面……忽略本能心理过程中的认知和情感因素是一个常见的误区。"参见上书脚注,第 29 页。

就一定是其本能或天性使然。渴望和行为都是后天习得的,而且不同代的人的习得方式各不相同。分析心理学和社会史共同为此提供了证明。心理学理论声称,特定刺激和特定反应之间的联系就其本质而言是偶然的。人类学则在更宽泛的意义上强调,引起人们激情的事物,以及人们用以展现其激情的方式,会随着时空的变迁而永无休止地变化。

人总是在追求自己的利益。至于如何去追求,却并非命中注定。因此,人类只要还能继续在这个星球上生存下去,就永远不会穷尽自己的创造力。我们不能贸然断言无意识行为必然导致灾难。如果一定要下这样的结论,也只能说:一个人可以认定其一生中不会发生什么其认为好的变化。可一旦真的下了这样的结论,他便等于是以自己目光所及的狭小范围限定了自己的人生,从而拒绝了心灵所能拥有的更为广袤的可视范围。他将自己偶然获得的某种尺度,当作评价高低优劣的永恒尺度。一旦摒弃了心中至高无上的期待并让意识彻底松懈下来,他就会发现自己陷入了一无是处的境地;除非他认定不为人知的事永远不会为人所知,无人所知之事会永远无人所知,而无人掌握之事也永远不可能通过学习而为人掌握。

第五部分 公意的形成

第十三章

兴趣的转移

1

经由前文的论述,我们已然明白,在每一个人对不可见的外部世界所持有的印象中,始终存在着诸多变量。与外部世界接触的时机、对外部世界刻板印象式的预期,以及被激发出来的兴趣都是因人而异、不一而足的,其中又尤以兴趣的激发机制最为微妙。任何一个人在某时某刻所形成的印象,都是内在且相当私人化的。因此,要了解整个人群在某时某刻所形成的共同印象,就成了一件异常复杂且难以把握的事。那么,人的思想与那个超出其直接认知范围的外部环境之间,究竟是如何建立起实际关联的?换言之,既然有关外部世界的图景如此抽象,而每个人对其形成的感受又如此私人化,那么该如何才能形成民主理论所强调的"公意"(common will)呢?还有,在这般错综复杂的变量之中,该如何产生简洁、稳定的观念?在这般转瞬即逝的图景之中,所谓的"民意""国家意志"和"舆论"又该如何得以凝结?

1921年春,在美国驻英大使哈维(Harvey)先生和他的众多同胞之间展开了一场剑拔弩张的争论,这场争论佐证了上一段话所论及的种种艰难。争论缘起于哈维先生于英国某场晚宴上发表的讲话,他在讲话中斩钉截铁地向全世界介绍了美国于1917年正式参战的动机。① 按照他的说法,美国人之所以选择加入战争,并非出于威尔

---

① *New York Times*, May 20, 1921.

逊总统在阐释美国精神时所强调的那种动机。自然,事到如今,无论哈维先生、威尔逊先生,还是双方的朋友和批评者,乃至任何相关不相关的人,都无法从数量和质量上断言彼时那三四千万成年美国人的心意。大家只了解一个事实,那就是我们参与了一场战争,而且在付出了巨大努力之后取得了胜利。至于威尔逊口中的动机和哈维口中的动机究竟哪一个在鼓动战争方面发挥了更大的作用,抑或二者相互结合共同发挥作用,已无人知晓。对于普通美国老百姓来说,这一切不过是参军、打仗、工作、纳税,以及为了共同目标而做出牺牲而已,没有人能确切说出每个人究竟是受到什么力量的推动来做这一切。因此,当哈维先生想打消某位士兵关于这场战争是一场结束战争的正义之战的念头时,他的做法无疑是徒劳的。这样想的士兵依然会**这样想**,而那样想的哈维先生依然会**那样想**。

也是在这次讲话中,哈维先生还以直截了当的方式对1920年选民的心意做出了断言。这么做显然是轻率的。简单地假设所有投你票的人都跟你想法一致,实在过于一厢情愿。票数显示,1600万选民投了共和党,900万选民投了民主党。哈维先生称,选民投票的依据在于是否支持美国加入国际联盟。为支持这一论点,他可以搬出威尔逊总统要求举行公民投票的事实,亦可强调下述不可否认的事实:民主党和考克斯(James Middleton Cox)先生都坚持认为国联问题是争论的焦点。不过,声称国联问题是争论的焦点并不必然使其真的成为争论的焦点;仅仅通过选票统计的结果,我们也无法看出选民在国联问题上的意见分布。例如,有900万人投了民主党,你就能断言他们都是国际联盟的支持者吗?显然不能。因为基于自己对美国政治的了解,你会明

詹姆斯·米德尔顿·考克斯(1870—1957),美国民主党籍政治家,曾参加1920年总统大选,最终败给竞争对手哈丁。

白,在几百万投票给民主党的选民中,很多人这样做不过是为了维持南部地区的既存秩序而已,无论对国际联盟意见如何,这些人都不会投票给共和党。在这些人中,赞成美国加入国联的人毫无疑问会对民主党加入国联的主张持赞许态度,而反感国联的人则会在强忍不快的状态下投票给民主党。但不管哪种情况,这些人最终都会做出一样的投票选择:支持民主党。

至于共和党方面,意见是否会更为一致呢?假如我们各自考察一下自己朋友圈中把票投给共和党的人,便会发现他们的观点同样异彩纷呈——既有强硬抵制国联的约翰逊(Johnson)参议员和诺克斯(Knox)参议员,也有为国联辩护的胡佛国务卿和首席法官塔夫脱(Taft)。究竟有多少人在国联问题上持有一致的观点,以及有多少人是根据自己对国联问题的态度来决定投票给哪个党的,很难说清楚。人们有成百上千种观点,却最终只能用两种方式来表达,难怪无人能够从投票结果中推定究竟是哪些观点的融合最终导致了这一结果。参议员博拉(Borah)在共和党的竞选表现中找到了为共和党投票的理由,洛威尔(Lowell)校长也是如此。大体上,投票给共和党的选民包含以下几类人:认为共和党获胜将扼杀国联的人;认为共和党获胜能有效挽救国联的人;认为共和党获胜能建立一个更高级、更合理的国联的人。所有这些人都纠结于自己的欲求,其间还掺杂了其他选民的五花八门的诉求:促进商业发展、管束劳工活动、对民主党的参战决定施以惩罚、对民主党没能及早参战施以惩罚、把伯莱森(Burleson)先生赶下台、提高小麦价格、降低税率、阻止丹尼尔斯(Daniels)先生大搞世界级建筑的追求或者帮助哈丁(Warren

洛威尔于1909年至1933年担任哈佛大学校长,大力呼吁公众支持美国在战后参加国联。

沃伦·盖玛利尔·哈丁(1865—1923),美国第29任总统,共和党籍。

Gamaliel Harding)先生做同样的事情,等等。

尽管如此,一个决定还是得以形成:哈丁入主白宫。原因在于,全部选票的最小公分母就是民主党下台、共和党上台。在所有相互矛盾的意见彼此抵消之后,唯一剩下的因素就是这个。这个因素决定了之后四年的国家政策将会发生的改变。在1920年11月的那一天,究竟是什么原因让人们如此期望改变?这一切并没有被记录在案,甚至每一位投票的公民也早已淡忘了自己当时的想法。原因是变动的,会发展,会演进,会转化成其他原因。因此,哈丁先生上台后所要面对的舆论,已经不是当初投票选他为总统的那一拨儿舆论了。在1916年,人们有目共睹,舆论的差异并不必然为行为选择设定界限。威尔逊总统很显然是因迎合了大家结束战争的吁求而上台的,但他5个月后就带着美国卷入了战争。

因此,多数意见的形成及运作机制,一直有待解释。对这一机制的飘忽不定的作用有着深刻印象的人将勒庞先生奉为先知,并且非常赞同罗伯特·皮尔(Robert Peel)爵士的概括——"所谓舆论,就是汇集了愚蠢、软弱、偏见、错误的感受、准确的感受、固执的观点和报纸文章的大杂烩。"还有人总结出:既然在飘忽不定和杂乱无章中也能形成确定的目标,那么一定有某种高于国民的神秘力量在起作用。他们想象着有集体灵魂、民族意志、时代精神一类的东西在遏止混乱的观念并创造出秩序来。不过,我们似乎的确需要用"超验"来解释这一切,因为群体中每一个成员的情感和观念所揭示的内容都远非清晰、简明,就连群体成员本人也不会认为这些乱七八糟的感受就是所谓的舆论。

● 2

但我认为,我们不必求助于任何超验的假设,便可以就上述情况做出更有说服力的解释。毕竟,那些引导观念迥异的各色人等做出一致投票选择的技巧,在政治选举领域早已不是新鲜事。例如,在1916年,共和党候选人不得不从形形色色的共和党人那里争取选票。让我们看看休斯(Charles Evans Hughes)先生在获得提名后发表的首次演说。① 演说的背景众所周知,此处不做过多解释,不过演说所涉及的问题在今天已经不具争议性了。这位候选人的语言超乎寻常的质朴,他已经远离政治多年,亦未曾卷入对当时各类热点问题的讨论。此外,罗斯福、威尔逊、劳合·乔治等备受拥戴的领导人所具备的那种魔力,即那种能将追随者的情绪和感受演绎在自己身上的天赋,他也一点儿不具备。在某些政治层面上,休斯的天性和素养使其呈现出一种颇具疏离感的格调。不过,他城府颇深,对政治家的种种伎俩亦熟稔于胸。他是那种对"应当做什么"心知肚明,自己却不太会去身体力行的人。这种人更适合做教师而不是艺术大师;对于后者而言,艺术就是其第二天性,连他们自己都说不清楚事情怎么就"做成了"。能干的动手,不能干的动口,这话用来形容教师可能并不完全准确。

查尔斯·埃文斯·休斯(1862—1948),20世纪初美国共和党籍政治家,曾任纽约州州长、美国国务卿和美国首席大法官,1919年代表共和党竞选美国总统,后败给威尔逊。

休斯先生明白眼下的机会至关重要。他精心准备了讲稿。刚从密苏里州赶回来的西奥多·罗斯福(Theodore Roosevelt)坐在一间包厢里。剧场里挤满了经历过世界大战的复员军人,各怀不同程度的疑惧心和幻灭感。在讲台上和其他包厢里,可以看到一些1912年时的伪君子。一望而知,他们如今身体健康而又满怀感伤。大厅外面则有强势的亲德派和亲协约国派,有来自东部地区及大城市的主战派和中部及偏远西部地区的主和派。在主会场上,人们就墨西哥

西奥多·罗斯福(1858—1919),美国第26任总统,共和党籍,人称"老罗斯福",以与其远房堂弟、后来也成为美国总统的富兰克林·罗斯福相区分。

---

① 1916年7月31日于纽约卡内基音乐厅(Carnegie Hall)发表的演说。

问题各抒己见,争得面红耳赤。塔夫脱派对阵罗斯福派、亲德派对阵亲协约国派、主战派对阵中立派、赞成干涉派对阵反对干涉派,而休斯先生必须在这种局面下赢得多数人的支持以反对民主党。

当然,我们在此不必去关注此事中涉及的道德和智慧问题,而应主要关注政治领袖如何整合异质性的舆论,以确保人们最终做出一致的投票决定。

本次代表集会是一个可喜的征兆。它意味着**重新联合**的力量。它意味着**林肯**的政党的复兴……

黑体字部分起着黏合剂的作用:在这样的演讲中,**林肯**当然与亚伯拉罕·林肯没有任何关系。这只不过是一种刻板印象,它把亚伯拉罕·林肯这个名字在人们心中唤起的虔诚感转移到了眼下处在林肯位置上的共和党候选人身上。林肯这个名字使共和党人、进步党人和党内当权的保守派想起了在分裂之前他们曾有过的共同的历史。至于分裂,没有人愿意提及。然而,它客观存在,至今没有弥合。

作为演讲者,休斯必须弥合这种分裂。如今,1912 年的分裂又出现在了内政问题上;1916 年的重新联合,正如罗斯福先生所言,建立在威尔逊先生对国际事务的处理方式所引起的公愤的基础之上,但国际事务本身也是很容易导致冲突的。因此,如今就需要找到一个开放的话题,既能避开 1912 年的历史,也能避开 1916 年那充满火药味的冲突。"值得称道的民主党人"是一个诋毁性的说法,休斯先生迅速地激发出了这种效果。既然是客观记录,便毫无分辩的余地,休斯先生更是义无反顾地对民主党展开了直接的攻击。从逻辑上说,这是创造出普遍情绪的第一步,他做得很出色。

休斯先生旋即转向墨西哥问题,开始回溯历史。他必须考虑到人们普遍对墨西哥每况愈下的局面不满,同时要注意到避免卷入战争的情绪同样普遍。此外,还有两种比较主流的意见:一种认为威尔逊总统不承认许尔塔(Adolfo de la Huerta)是对的;另一种则宁愿倾向许尔塔也要反对卡兰萨(Venustiano Carranza),并主张对两者都进行干涉。许尔塔是最令人头疼的问题……

许尔塔(1881—1955),墨西哥政治家,曾于1920年短暂出任墨西哥总统。

卡兰萨(1859—1920),墨西哥革命领导人之一,1917年当选为墨西哥第一任立宪总统,1920年被刺杀。

他毫无疑问是墨西哥政府事实上的首脑。

但是,那些将许尔塔视为醉醺醺的杀人犯的道德人士,其情绪也需要得到安抚。

他是否应被承认需要慎重斟酌,但终须根据正确的原则来决定。

这位候选人并没有说许尔塔应该被承认,而是说需要依照正确的原则。每个人都信奉正确的原则。并且,很显然,大家都相信候选人掌握了这些原则。为了进一步煽动这个议题,他将威尔逊总统的政策描述为"干涉"。也许依照法律来看,威尔逊的政策的确属于干涉,但是其事实上并不符合"干涉"这个词在当时的语境下指涉的意义。候选人延伸了这个词的意思,以使威尔逊总统的作为和真正的干涉主义者的期望都能被囊括进来。如此一来,分裂的双方之间存在的争议就被抑制了。

演讲者绕开了"许尔塔"和"干涉"这两个争议焦点,方法是让这两个词的意义对于各方而言都是开放的。由此一来,演讲得以顺利进行。这位候选人讲述了坦皮科(Tampico)、维拉·克鲁斯(Vera Cruz)、维拉亚(Villa)、圣·伊萨贝尔(Santa Ysabel)、哥伦布(Columbus)和卡里札尔(Carrizal)的故事。休斯先生将其演讲内容控制在个别、具体讨论的层面上,这样做要么因为报纸上提供的事实令人气愤,要么缘于真正的解释(如关于坦皮科的事务)是很复杂的。总之,他要避免在陈述中激起反对情绪。然而,竞选人最终还是要表明立场,他的观众期待他这样做。控诉是罗斯福先生提出的。休斯先生会接受罗斯福的补救方案,支持干涉政策吗?

130 　　我国没有针对墨西哥的侵略政策。我们对它没有任何领土上的企图。我们希望它保持和平、稳定与繁荣。我们会做好准备,帮助它治愈创伤、消除饥荒、平抚创痛,通过最切合实际的方式,使它从两国之间无私的友谊中获益。当局的作为导致了一些我们必须加以克服的困难……我们必须推行新的、稳定的、能够被长期贯彻的政策,通过这种政策,就能促进持久的友谊。

在这段话中,"友谊"这一主题是说给主张不干涉的人听的,"新政策"这一主题是说给主张干涉的人听的。在这些没有什么争议性的表述中,细节被掩盖,围绕着议题的一切讨论都暧昧不明。

关于欧洲战争,休斯先生用了一种非常机智的说法:

　　我主张毫不退缩地维护陆地和海上的一切美国的权利。

为了理解这种表态在当时的力量,我们必须牢记,在中立时期,每一派别都坚信只有自己反对的那些欧洲国家正在侵犯美国的权利。休斯先生似乎在对那些亲协约国的人说:我将制服德国。而那些亲德派坚持认为英国的海军力量对我们的大多数权利构成了侵犯。这一说法使用了具有象征性的短语"美国的权利"来容纳两种截然相反的主张。

> 卢西塔尼亚号,英国的一艘豪华客轮,1915年5月7日被德国潜水艇用鱼雷击沉。

还有卢西塔尼亚号(Lusitania)的问题,如同1912年发生的分裂一样,这一事件带来的难以消除的阻碍使公意的达成举步维艰。

……我相信,卢西塔尼亚号的沉没没有造成任何美国人的生命损失。

由此可见,对于人们无法达成一致意见的事,不如干脆将其抹杀。也就是说,如果出现了一个并非所有人都能达成共识的问题,那就让我们假装这个问题根本不存在吧。休斯先生对于美国与欧洲之间关系的未来保持沉默。无论他说什么,都无法同时取悦互不妥协的双方,而他努力争取的恰恰是双方对他的支持。

不用说,这种技巧并非休斯先生首创,他对它的运用也非完美无缺。但他的做法说明了一个问题,那就是在分歧的意见中形成的舆论是多么的含混、暧昧,其含义就如同将许多种色彩搅乱并调和所得到的颜色。当冲突在事实上难以抹杀,政治家却要追求表面的和谐时,其对公众发出的呼吁中便会充斥着蒙昧。公共争论中的关键议题呈现出模糊色彩,便往往意味着存在彼此相左的目标。

● 3

不过,为何模糊的观念常常能使强烈的不同意见统一起来呢?我们心中被唤起的意见,无论感觉上多么强烈,其实都与其宣称自己所关注的事实之间缺少连贯、深刻的联系。对于自己未曾亲睹的环境,如墨西哥、欧洲的战争,我们的了解都是非常有限的,尽管我们的情绪可能非常强烈。引发这些情绪的图景和话语远不及这些情绪本身的力量强大。对于那些我们无法亲历的事件,对于那些我们无法亲临的现场,再多的叙述也不过如梦境和幻觉一般单薄,远不能涵盖真相的所有维度。然而,这样的叙述能唤起等同于,甚至高于现实的情感,因为能够触发人的情感的外部刺激是多种多样的。

最初触发我们情感的可能是印刷或口头的话语在头脑中唤起的一系列图景。而后,这些图景渐渐被销蚀,其轮廓和力量均飘无定所,难以保持稳定。渐渐地,你开始明白自己的感受是什么,却不再知道为何会产生这种感受。被销蚀的图景被替换为其他图景,然后又被进一步替换成名称和符号。然而,情感会持续存在,现在能唤起它的东西就变成了取代最初图景的那些名称、符号和新图景。即便是在严肃的思考中,这种替换机制也会发生,因为人若试图比较两种复杂的情形,便会发现要同时在脑海中事无巨细地思考两种情形,只会令自己精疲力竭。于是,他就会采用名称、符号、样本来对其进行简化。想取得任何进展都非这么做不可,因为任何人都不可能在每一个过程、每一个步骤中负载如此沉重的包袱。但是,他若忘记了自己进行过替换和简化,那么就一定会陷于字面意义,开始只用名称来指代事物。实际上,这也就是"言之无物"了。在这种情况下,人们很难意识到名称已经脱离其所指代的事物本身,而与其他东西不合时宜地纠缠在了一起。社会大众在认识政治的过程中更加难以避免这种漏洞百出的替换机制。

由于一种被心理学家称为条件反射的现象,情绪可以与不止一种想法相关。无数种想法可以唤起某种情绪,又有无数种想法可以满足某种情绪。尤其当起到唤起作用的事物是被模糊而间接地构想出来的,唤起的对象亦同样间接的时候,这种规律就变得更加确凿无疑。例如恐惧感:你总能将这种情感与某种迫在眉睫的危险联系起来,而后这种情感又会与你对这种危险所持有的想法联系起来,随后它又会同与上述想法类似的其他想法联系起来,如此一直延伸下去。人类文化的整个结构从一个方面而言,就是在刺激与反应的过程中精细地生成的,而最初的情感感受能力始终于其中居于核心地位。毫无疑问,情感的品质随着历史变迁而存在差异,但诸如速度、精细程度等能够表明情感状态的维度,却没有变化。

有些人很容易受到头脑中的想法的影响,有些人则不那么敏感。比如,对于某个远在俄国忍饥挨饿的儿童,有的人只要脑子里想到了,就会产生眼前真的有一个俄国饥童那样真实的冲击感,但也有人会因为此事远在千里之外而无法产生任何感触。在上述两种极端之间,存在着由弱到强的不同程度的感受。此外,还有人对于事实缺乏敏感性,而只会受到想法的触动。但有时,即使情感已经被想法调动起来,我们也无法通过立即付诸行动的方式来满足上述情感。例如,一个饥饿的俄国儿童会激发我们施与食物的欲望,但产生了这种念头的人无法真的把食物放到该儿童面前,而只能将钱捐给冷冰冰的筹款机构,或干脆交给此类机构的人格化身——那位胡佛先生。他的钱不会交给儿童本人,而是会与其他人的捐款汇总起来,再被用于向大量处于类似情况的儿童提供食物。因此,正如捐助的想法是间接地被唤起的一样,想法所导致的行为的效果也是间接实现的。人于其中的认知是间接的,只有认知对于人所起的作用是直接的。在上述三段过程中,刺激来源于人们无法直接接触的地方,人的反应导致的结果也出现于其无法直接接触的地方,只有情感完全生发于人自身。一个儿童忍饥挨饿这件事,以及该儿童得到救助这件事,都只能作为思想信息为某人获悉;唯有此人内心产生的帮助该儿童的念头,才是一种切身的体验。产生于人内心深处的情感是整件事的事实核心,这种情感并非二手继受而来,而是直接产生的。

由于各种限制条件都是可变的,故无论从刺激的角度看还是从反应的角度看,情感都是可以发生转移的。因此,只要你找到了某种能使一群人产生统一情感的刺激因素,哪怕群体中的个体原本持有的立场各不相同,你也可以用这种刺激因素去替换掉原本只对具体的人有效的个别刺激因素。例如,甲讨厌国际联盟,乙痛恨威尔逊先生,丙对劳工阶层怀有恐惧感,若你能找到一种象征符号,可以同时攻击甲乙丙三人所憎恶的对象,那么你也许就能将这三个人团结起来。我们假设这个象征符号就是美国主义(Americanism)。在这个象征符号中,甲可能解读出美国继续保持孤立(或其本人可能更愿意称之为美国的"独立")状态的主张;乙可能会对其加以利用去批驳他所反对的一位政客,因为这位政客的品质与他心目中美国总统应有的品质不符;丙则可能解读出反对革命的含义。这个象征符号在语义上本未指向任何含义,但它几乎可以和任何事联系起来。于是,象征符号就成了联结普遍情感的统一纽带,尽管最初与这些情感对应的观念之间彼此毫无关联。

每当政党和报纸宣扬美国主义、进步主义、法律与秩序、正义、人性时,其实背后都隐藏着一个共同的企图,那就是将有分歧的各方的情感联结起来。若不使用这些象征符号,而是让大家来讨论具体的方案,那么最后一定会陷入势不两立的僵局。因为当象征符号成功地创造出了团结的局面,情感就会在其牵引之下汇流、趋同,而不会再去批判性地审视某些方式是否站得住脚。我认为,用"象征"来描述上面这些被用于汇聚情感力量的表述,不但易于我们理解,而且从技术角度看也是准确的。这些表述并没有确切的含义,却能使相互冲突的观点实现协调或融合。它们就像战略铁路枢纽一般,众多铁轨在此汇合,尽管这些轨道来自四面八方,且最终会分道扬镳。谁找到了能够统摄当下不同公众情感的象征符号,谁就会掌握制定公共政策的主动权。只要某一象征符号具备了这种号召力,野心勃勃的斗争各方就会争相对其加以抢占。如林肯或罗斯福的名号,就属于这类象征符号。任何领导人或利益集团,只要手中掌握了上述象征符号,就能最终控制时局。当然,也存在一定的限制。处于不同立场的人出于各取所需的目的,往往认为象征符号具备某种现实意义,若对其滥用,或过多地以象征符号为手段去排挤各种新的意志,象征符号体系就会崩溃。1917年的"神圣俄罗斯"(Holy Russia)和"小圣父"(Little Father)这两个非常有力的象征符号,就是这样在苦难与战败的冲击下支离破碎的。

> "神圣俄罗斯",旨在维护俄罗斯皇权体系的一套宗教和哲学观念,诞生于8世纪,至21世纪仍在东欧和中亚地区有广泛的群众基础。

● 4

俄国的崩溃导致的严重后果不但使整条战线及战线上的所有国家瞠目结舌,还直接导向了一场令人瞩目的实验,实验的内容则是从被世界大战搅乱的各种观念中,凝结出某种具有一致性的共同观念。"十四点和平原则"(Fourteen Points)被传达给了所有盟国、敌对国、中立国的政府,以及各国人民。十四点和平原则是一次尝试,它

试图将有关世界大战的各种关键的不确定因素汇集起来。这必然是一个新的起点,因为这是一场规模如此浩大的战争,在这场

> "十四点和平原则"是美国总统伍德罗·威尔逊于1918年1月提出的一系列国际关系原则,后成为巴黎和会的指导性纲领。

战争中,有关人类的一切决定性因素都被调动了起来,各国人民亦被迫就一些观念展开了共同的思考——哪怕只是字面意义上的共同的思考。如果没有电缆、无线广播、电报和日报,十四点和平原则的实验毫无进展的可能。这项实验在本质上乃是一种尝试对现代传播机制加以利用并努力在全世界范围内重建"共同意识"的努力。

但首先,我们必须考察的是1917年末突现的一些情况。文献最终呈现的版本将我们所关切的信息都囊括其中。这一年夏秋之际发生的一系列事件深刻地改变了人们的情绪和战局的走向。7月,俄国人发起了最后一次攻势,遭遇惨败,士气就此一蹶不振,这导致了11月的布尔什维克革命。此前不久,法国人在香槟省经历了一场几乎是灾难性的惨败,引发了军中的兵变和民众中的失败主义骚乱。英国正深受潜艇游击战之苦,在弗兰德斯(Flanders)战役中也损失惨重,11月英军在康布雷(Cambrai)的败退使前线的部队和国内的领导人极为惊骇。极度的厌战情绪在整个西欧蔓延。

事实上,苦难和失望带来的震撼,已大大动摇了人们业已形成的关于这场战争的观念。普通的官方声明已无法引起他们的兴趣,他们的注意力开始移转。如今他们更关注自己遭遇的苦难,关注自己所属党派和阶层的目标,关注对于政府的普遍的怨恨情绪。官方的政治宣传对观念进行的几近完美的操纵,包括种种用希望、恐惧和仇恨煽动起来的大众注意力和兴趣(所谓的"士气"),都在加速分崩离析。所有人都在寻找有望救赎自己的新的精神寄托。

他们突然目睹了一个巨大的戏剧性转折。东部战线发生了圣诞节休战,杀戮停止了,喧嚣停止了,和平似乎触手可及。在布列斯特-立托夫斯克(Brest-Litovsk),所有心地单纯的人的梦想均已变成现实:媾和是可能的,除了与敌人拼命之外,的确还有其他方法来结束这场

磨难。人们战战兢兢而又全神贯注地将目光向东转移。他们问道：还在等什么呢？这一切都是为了什么？政治家们知道自己在做什么吗？我们真的是在为了他们口中的那套冠冕堂皇的说辞而战吗？也许不打仗也能达到目的？在审查制度的约束下，这些问题极少出现在印刷媒体上。但是，当兰斯多恩（Lansdowne）勋爵发表演说时，人们从内心做出了回应。早期那些关于战争的象征符号早已陈腐不堪，丧失了团结人民的力量。隐藏于表面之下的巨大分裂渐次在每一个协约国内公开浮现。

中欧也出现了类似的情况。最初的战争热情已经衰竭；神圣同盟瓦解了。战争原本作为一道垂直的分界线，划分出了对垒的两大阵营，现在却有了更多横向的划分标准。这些标准林林总总、难以预料，将交战的双方切割成了立场纷杂的众多派别。战争导致的道德危机先于战争的成败结果来临了。这一切，威尔逊总统及其顾问已经有所了解。当然，他们对于形势并非了如指掌，但是以上我所概述的这些情况，他们是心知肚明的。

他们也很清楚，维系各国政府关系的一系列协定无论在字面上还是精神上都与大众对这场战争的理解相悖。巴黎经济会议（Paris Economic Conference）达成的决议当然是关于公众财产的，布尔什维克于1917年11月公布了这些秘密条约的框架。① 对于这些条约的条款内容，各国人民只有极为模糊的认知。但是，人们毫不怀疑地认为，这些条款是与民族自决、不兼并、不赔款等理想化口号相悖的。人们纷纷提出疑问，出现最多的是诸如"阿尔萨斯-洛林或达尔马提亚值不值得用成千上万英国人的性命去换""波兰或美索不达米亚值多少法国人的性命"这样的诘问。这些质疑在美国也并非完全不为人知。由于拒绝参加在布列斯特-立托夫斯克举行的谈判，协约国的

---

① 威尔逊总统在与参议员的会谈中称，他在到达巴黎之前从未听说过秘密条约。这一说法令人困惑。就文本来看，"十四点和平原则"是不可能在威尔逊完全不了解秘密条约的情况下制定出来的。当总统和豪斯（House）上校为最后供发表的"十四点和平原则"的文本做准备时，秘密条约的主要内容一定就呈现在他们眼前。

立场完全陷入了被动。

一种十分敏感的群体心态在交战各国出现,任何称职的领导人对此都不会失而不察。最理想的回应本该是协约国的联合行动,而10月的内部会议在讨论此事时发现要做到这一点已是绝无可能的了。至12月,压力已经变得很大,以至于劳合·乔治先生和威尔逊先生各自行动,给出了回应。总统采取的方式是发表"十四点和平原则",对原则内容做出"十四点"的编号乃是一种确保精确性的技巧,并意在制造一种第一印象:这是一份讲求实效的文件。至于使用"和平条款"而非"战争目标"的概念,则是出于有必要使其成为布列斯特-立托夫斯克谈判的真正的替代物的考虑。威尔逊总统的意图就是用世界范围的公开辩论这样一种更为壮观的场面去取代苏俄和德国谈判的场面,并以此吸引公众的注意力。

成功吸引了世界范围的注意力后,就有必要将这些注意力统一起来,并使之具备足够的灵活性,以应对目前局势中包含的不同的可能性。这些条款必须使大多数协约国都心甘情愿地支持,要满足各国人民的民族抱负,同时又要限制这种抱负,以使任何一个民族都不会觉得自己成了别人的工具。此外,条款还必须满足各国的官方利益,以免造成政府方面的离心离德,同时必须合乎公众的想法,以防士气继续跌落。简言之,和平条款务必保持和巩固协约国集团内的团结,并杜绝战争继续打下去的可能。

此外,这些条款也是为了争取可能的和平而设定的。德国的左派和中间派若认为时机已足够成熟,便能够以这些条款为依据对其国内的统治阶级发起重击。因此,这些条款使协约国的统治者更贴近协约国人民,使德国统治者更背离德国人民,并为协约国、非官方立场的德国人以及奥匈帝国的主体民族开辟了达成共识的路线。"十四点和平原则"是一次大胆的尝试,它提出了一个标准,让所有人朝着这个标准前进。如果能在敌对国家内部争取到足够数量的人的支持,那么和平就会来临;就算无法实现这一点,协约国也能做好更充分的准备以承受战争的冲击。

"十四点和平原则"的制定考虑了以上所有因素。这不是说某一个人可以完成面面俱到的考虑，而是说但凡牵涉其中的人或多或少都考虑到了上述因素中的某一些。让我们在这个背景下来对"十四点和平原则"文件的某些内容进行考察。前五点和第十四点是关于"公开外交""航海自由""贸易机会平等"和"裁减军备"的，要求停止帝国主义殖民地兼并，并创立国际联盟。这些内容可谓体现了当时的流行观点，当时的人都会对这些内容表示认可。但第三点内容就要更具体一些，它有意识地直接针对巴黎经济会议的决议，意在免除德国人民对经济停滞的恐惧。

　　"十四点和平原则"中的第六点首次涉及某一具体国家，意在回应俄国对协约国的猜疑，并用精妙的言辞做出承诺，以应对布列斯特-立托夫斯克的戏剧性转折。第七点是关于比利时的，其在形式和目的上都得到了几乎全世界（包括中欧的大部分国家）的无条件肯定。我们必须在第八点上稍作停留。这一点首先毫不含糊地要求德国撤出法国、归还法国领土，继而谈到阿尔萨斯-洛林问题，其措辞充分展现了公开声明类文件的特点，即务必把极为复杂的各方利益压缩到有限的词语之中。"普鲁士1871年在阿尔萨斯-洛林问题上对法国犯下了错误，并因此干扰世界和平长达近五十年之久，这一错误行为必须得到纠正……"这段文字中的每个词都是字斟句酌的结果。"错误行为必须得到纠正"，为何不直说德国应当把阿尔萨斯-洛林归还给法国呢？这是因为在**当时**的情况下，无法预料若将此事提交公投表决，全体法国人是否还愿意为了收复领土而坚定地战斗下去，而英国人和意大利人是否愿意坚持打下去就更难说了。所以，这个说法同时考虑到了两种可能性。使用"纠正"这个词是为确保法国人得到满意的结果，但同时避免使文字读起来像是简简单单地承诺一定会让法国收复失地。那么，提及**普鲁士**在**1871年**的错误行为又是为何呢？普鲁士一词显然是为了提醒南部德国人，阿尔萨斯-洛林并不属于他们，而是属于普鲁士。为什么提到世界和平受到干扰"近五十年之久"，还提到"1871年"呢？首先，法国和世界上其他国家对1871

年耿耿于怀。那是他们怨恨的心结。其次,原则的制定者又知道,法国当局企图得到比1871年失去的阿尔萨斯-洛林更多的领土;在1916年沙皇大臣和法国官员交换的秘密备忘录中,法国甚至试图吞并萨尔山谷(Saar Valley),并表现出了在某种程度上肢解莱茵兰地区的意图。萨尔山谷被有意包括在"阿尔萨斯-洛林"的范围内,因为1814年时它就是阿尔萨斯-洛林的一部分,尽管在1815年被分割出去,并且在普法战争结束时并不在法国领土范围内。法国当局吞并萨尔的措辞方式是将其归入"阿尔萨斯-洛林",这里的"阿尔萨斯-洛林"指的是1814—1815年的阿尔萨斯-洛林。威尔逊总统在此坚持提到"1871年",实际上是在划定德国和法国之间的最终边界;他注意到了秘密条约,并选择对其视而不见。

第九点没有那么多精微之处,不过也针对意大利做了类似的处理。其中"划定清晰可辨的国界"这一点恰恰是《伦敦条约》(Treaty of London)未曾做到的。《伦敦条约》划定的边界部分是战略意义上的,部分是经济意义上的,部分是帝国主义意义上的,部分又是种族意义上的。这些边界中只有一部分可能获得协约国的一致认同,因为那部分把原本属于意大利但被别国占领的土地归还给了意大利。至于其他部分,都只不过是为了延缓迫在眉睫的南斯拉夫人起义而已。

● 5

表面上看,"十四点和平原则"受到了一致的热烈欢迎;但若就此认为人们达成了共识,就大错特错了。每个人似乎都在原则内容中找到了自己喜欢的部分,并对那一部分及相关细节加以强调。但是,没有人敢冒险展开详细讨论。"十四点和平原则"的措辞富含文明世界的种种冲突性特征,却因此得到了广泛的接纳。这套措辞表达了对立的观念,却唤起了共同的感情。从这个意义上说,它在西方各民族不得不继续忍耐战争煎熬的最后十个月里,提振了人们的精神。

只要"十四点和平原则"只讨论模糊的美好未来,只讨论苦难行将结束的那个时间点,那么真正的冲突就不会在对其加以阐释的过程中凸显。这些原则计划建构的那个环境,没人能看个分明。这项计划又因将不同阵营的人各自的憧憬激发了出来而使得所有零碎的憧憬最终汇聚成了一个共同的憧憬。原因在于,正如我们在休斯先生的演讲中所看到的,和谐统一的状态其实就是一个由各种象征符号组成的等级体系。在该体系中,你所处的层级越高,就越能笼络到更多的派别。你也许能因此暂时维持一种情感上的联通,却注定会在智识层面遭受损失,并且情感也将日趋单薄。当你逐渐远离实际经验的层面,一味向高处攀爬,你的观念就会变得日趋概括和微妙。一如在乘热气球飞升的过程中,你不断抛下具体对象;当升到最顶端时,你脑中只剩下"人类权利"(Rights of Humanity)、"追求民主的太平世界"(World Made Safe for Democracy)这样的宏大话语;你的视域宽阔、辽远,但是你能看清的事物极为有限。至于已经被调动起了情感的人们,则不会始终保持被动状态。当你向公众传达的呼吁试图容纳所有人的全部愿望,当大众的情感已被充分调动而话语的含义却始终呈现出离散的样貌,每个人对含义的个性化解读便都成了带有普遍性色彩的东西。每个人的强烈愿望都可以被纳入"人类权利"的含义范围,因为这个表述是如此空泛——它既然可用来表达任何含义,就真的被用来表达几乎所有的含义了。威尔逊先生的话语被世界各地的人以无数种不同的方式解读,没有任何经过协商或者留下公共记录的文件对这种理解的混乱状况做出过纠正。① 正因如此,当拍板定案之日来临时,每个人都翘首以待。参与条约制定的欧洲人最终做出了重大抉择——他们选择满足自己国内最有权势的那些人的期望。

他们沿着象征符号体系下行,将"人类权利"降格为法国权利、英国权利、意大利权利,等等。他们并非放弃了对象征符号的利用,而只是舍弃了那些战争结束后便在其选民的想象中失去了永久根基的象征符号。他们用象征符号体系确保法国的统一,但不会为了欧洲的统一冒任何风险。法国这一象征符号已经深入人心,欧洲的象征符号却历史短暂。何况欧洲这样的集合概念与法国这样的象征符号之间远非泾渭分明。国家与帝国的演变史揭示了"统一"的观念是时

---

① 直到停战前夕,美国才向协约国的政客们给出了其对"十四点和平原则"的解释。

而膨胀、时而收缩的,我们不能简单地认为人的忠诚的概念是持续膨胀的,即从认为自己归属于小国到认为自己归属于某一更大范围内的国家或政治实体,因为这与事实相悖。一些人拿19世纪民族统一体的观念来做类比,提出建立"世界国"(World State)的主张,而罗马帝国和神圣罗马帝国的扩张进程实际上比19世纪的各种民族统一运动有过之而无不及。不过,若不考虑各帝国"合久必分、分久必合"的特性,事实上人类社会的融合的确是增强了。

● 6

毫无疑问,上述实实在在的融合过程在美国历史上也发生过。似乎1789年之前的十年间,大多数人都认为自己所在的州和社区是真实的,而州与州的联盟关系是不真实的。他们对于自己所在的州(包括州的旗帜、州的著名领袖,或者无论什么能代表马萨诸塞州或弗吉尼亚州的事物)的观念,都是货真价实的象征符号。也就是说,他们童年的切身经历、工作、定居生活以及诸如此类的经验构筑了他们自身。他们的经验范围甚少超出其所在的州在其理解中的范围。弗吉尼亚州这个词和弗吉尼亚人所知晓和体验的几乎所有事物是联结在一起的,而这就是弗吉尼亚人通过其自身经验所能切实与之产生关联的最宏大的政治概念了。

注意,我们讨论的是经验,而不是需求,这是因为需求产生于人所处的现实环境,而这个环境在当时的年代里至少包括13块殖民地。这13块殖民地需要联合防御,需要建立起"邦联"这样一个联系广泛的财政和经济体制。但只要"州"的观念作为拟态环境包围着殖民地人民的思想意识,"州"这个象征符号就会使他们的政治积极性消失殆尽。州际关系的概念,就如同邦联一样,只能是一种苍白无力的抽象。它只是一个集合概念,而不是一个象征符号。这个集合概念在各行其是的群体之间营造出的和谐关系也是转瞬即逝的。

邦联的概念是一种苍白无力的抽象。然而,在美国宪法被正式通过前的10年间,对统一的需求便已普遍存在。这是因为,若不对统一的需求加以考量,各种事务都难以走上正轨。各殖民地的特定阶层的人渐渐突破了州的概念对其经验的限制,自身利益促使其跨越州界并获得了州际经验。他们的脑海中逐步构想出一幅美国图景,从规模上来看它已经是一幅国家图景。对于这些人来说,联邦不再只是一个集合概念,而成了一个真正的象征符号。他们中最有想象力的是亚历山大·汉密尔顿(Alexander Hamilton)。他恰巧与任何一个州都没有与生俱来的感情纽带,因为他生于西印度群岛,而且他活跃的一生自始至终都是与所有州的共同利益联系在一起的。因此,对于当时的大多数人来说,将首都定为费城还是弗吉尼亚州是一个至关重要的问题,这缘于人们还保留着地方性思维。而对于汉密尔顿来说,这个问题没有任何情感上的重要性,他最在意的是各州的负债能否得到承担,因为这些债务将在日后的联邦中国有化。所以,他很高兴用首都的选址作为条件从波托马克(Potomac)地区的代表手上换回两张必需的选票。对于汉密尔顿来说,建立各州联盟就是自己的全部关切和经验所系。但对于波托马克地区的怀特(White)和李(Lee)两位先生来说,自己所在的那个具体的州,才是需要效忠的最高政治实体的象征符号;他们力求服务于自己所在的州,尽管必须付出不情愿的代价。杰斐逊(Thomas Jefferson)曾表示,做出改变投票意向的决定后,"怀特满怀愤恨,胃部几乎痉挛"①。

> 汉密尔顿提出国债法案,主张发行国债,拯救濒临破产的各州,全面偿付债务,让国家信用得到保护。这一方案得到北方各州支持,南方各州却强烈反对。汉密尔顿无奈之下,与代表南方利益的国务卿托马斯·杰斐逊谈判。最终,南北双方达成了妥协,定都一事就成了交换的砝码:南方同意汉密尔顿偿还债务的方案;北方则同意将首都从纽约迁往南方某个靠近北方的地点,新建一座城市。新址确定在南北方的天然分界线——波托马克河畔,由河两岸的弗吉尼亚州和马里兰州各捐出一部分土地,作为首都的永久性用地,即后来的华盛顿。

每一个公意的形成,都离不开亚历山大·汉密尔顿的努力。

---

① *Works*, Vol. IX, p. 87. 引自 Charles Beard, *Economic Origins of Jeffersonian Democracy*, p. 172。

第十四章

是或否

● 1

通常情况下,象征符号的用途十分广泛,拥有莫名强大的力量,以至于字词本身便散发着独特的魔力。在思考关于象征符号的问题时,我们很容易认为符号本身拥有某种独立的能量。一切旨在令人心醉神迷的象征符号,最终都会以某种方式对人产生影响。博物馆与童谣书中总是充斥着关于死亡的隐喻和咒语,正因象征符号的力量并非源于其自身,故其只能通过与人类心灵的结合来发挥作用。那些失去了力量并昭示自身并不具备深厚根基的象征符号提醒我们:若有足够的耐心去研究象征符号的流通机制,就应对整个现世生活的历史予以总体考量。

在休斯的竞选演说中,在"十四点和平原则"中,在汉密尔顿的计划中,均存在着象征符号。但这些符号仅为特定的人在特定的历史时刻使用,字词本身并不会使随机产生的感觉具体化。字词只能出自身处某些特定位置的人之口,且这些人也只能在特定的时机对其加以言说。否则,字词就只是一些来无影去无踪的空话而已。象征符号需要被置于特定情境中解读,因其本身没有任何意义。而对象征符号的选择行为事关重大,以至于我们总是在不同的象征符号之间左顾右盼、难以取舍,就像一头站在两个距离自己同样近的干草堆之间的驴子一样。

以下是1920年大选之前,一些美国公民在报纸上发表的自己给某位候选人投票的理由,我们可以从中很清楚地看到其对象征符号的选用。

哈丁的支持者:

  那些将选票投给哈丁和柯立芝的爱国男女会受到子孙后代的交口称赞,其行为无异于签署了第二部《独立宣言》。

        ——威尔莫特(Wilmot)先生,发明家

  他会确保美国不卷入有害的结盟活动。将对美国政府的控制权从民主党手中移交至共和党手中,将令华盛顿受益。

        ——克莱伦斯(Clarence)先生,商人

考克斯的支持者:

  美国人民意识到,加入国际联盟是我们在法国战场上许下的诺言。我们必须挑起维护世界和平的重担。

        ——玛丽(Marie)小姐,速记员

  如果拒绝加入旨在维护世界和平的国际联盟,我们将会失去自尊和其他国家的尊重。

        ——斯宾塞(Spencer)先生,统计员

  来自两方面的表达方式同样典雅、同样真实,就算哈丁的支持者的那些话从考克斯的支持者口中说出,我们也不会觉得有什么不妥。克莱伦斯与威尔莫特会承认自己认为美国应当自食其言,或者干脆承认自己反对世界和平吗?当然不会。玛丽和斯宾塞会承认自己乐于看到美国被卷入"有害的结盟"活动从而丧失国家的独立性吗?如果你当面问他们,他们一定会告诉你:威尔逊总统曾经说过,国际联盟其实是一个解决问题的联盟,仿佛一

> 门罗主义,美国总统詹姆斯·门罗(James Monroe)于1823年颁布的一项外交政策,指出欧洲国家如果进一步对北美和南美的土地进行殖民,对其政权进行干预,则其将被视为侵略行为,将需要美国介入。

部面向全世界的《独立宣言》,只不过里面添了些门罗主义(Monroe Doctrine)的佐料而已。

● 2

我们已经晓得象征符号的来源丰富多样,意义亦复杂多变,那么特定的象征符号是如何被植入特定的人的观念的呢?答案是:是由另一个被视为"权威"的人植入的。如果植入得足够深,那么也许我们会后知后觉地将那位"植入者"称为权威人士;但在一般情况下,若我们觉得某些象征符号是贴切的或重要的,并对其加以接受,那通常是因为这些象征符号是由我们眼中那些合得来并且重要的人传递给我们的。

我们并非直到 18 岁才带着对真实世界的想象破壳而出。如同萧伯纳先生所言,我们仍然处于伯奇(Burge)和卢宾(Lubin)的时代,这意味着我们在孩提时仍须依赖年长者帮助自己与世界之间建立关联。

> 伯奇和卢宾,来自萧伯纳剧作《千岁人》(Back to Methuselah)。

于是,我们与外部世界的联系就通过某些我们所热爱的权威人士建立起来。这些人是我们与可见世界之间的最原始的桥梁。而且,就算我们逐步让自身具备了独立了解更为宏大的外部环境的能力,一个庞大的未知世界始终存在,我们仍须依赖权威来获得对那个未知世界的理解。在一无所知的情况下,我们很容易将关于事实的正确解释与貌似合理的错误说辞混为一谈,因为两者看上去、听上去,并且在感觉上均十分相像。除非身处自己异常熟悉的为数不多的领域,否则我们无法在真实的解释和虚假的解释之间做出选择,而只能在值得信任的解释和不值得信任的解释之间做出选择。①

理论上,无论对什么事物,我们都应该选择去相信那些最具权威性的专家的解释。然而,尽管选择专家比选择真理来得容易,但我们在实践中仍时常感觉无力。说实话,就连那些被当作某一领域的专

---

① 参见一本离奇有趣的旧书:George Cornewall Lewis, *An Essay on the Influence of Authority in Matters of Opinion*。

家的人,也往往搞不清究竟谁是该领域最权威的专家。而且,就算我们认准了一位专家,他也往往会因为过于繁忙而无法接受咨询,甚至干脆联系不上。但是有一些人,尽管不是专家,我们也能够不假思索地对其加以信任,这些人包括父母、老师以及身边那些有本事的朋友。在这里我无意去讨论为何孩童对一位家长的信任总是胜过另一位家长,或者比起主日学校教师来学生为何更信任历史教师这类难以回答的问题,也不想去探究信任这个东西是如何通过报纸或那些对公共事务感兴趣的熟人来完成其传播过程的。对此,精神分析学著作中有很多富有暗示性的假设。

无论如何,我们都会发现自己对于某些人是很信任的,而这些人就成了我们将自身与未知领域相联系的中介。吊诡的是,这一现象在有些情况下被指责为轻佻、随意,甚至被视为我们自身动物性的体现。然而,在宇宙中保持纯粹的独立性根本是不可能的事。我们若不能在实践中将万事万物视为理所应当,就理应甘于在平凡中度过自己的一生。隐士是最接近"纯粹独立"境界的一类人,然而他们的活动范围极为狭隘;由于隐士的一切活动都以自我为中心展开,故其活动的半径十分有限,目标亦十分简单。假若一个人可以花大把时间去琢磨艰涩的思想问题,那意味着他早在归隐之前便已将如何取暖、如何果腹,以及有哪些伟大的问题需要思索这些事考虑清楚了。

人生苦短。在绝大多数情况下,我们所能做的最具独立性的一件事,就是在耐心倾听权威人士的解释后,再通过自己的行为去强化其权威性。作为天生的"业余人士",我们往往通过挑动专家之间相互争辩,并迫使他们对一切貌似合理的异端邪说加以回应的方式来实现自己对真理的追求。在这类辩论中,我们仿佛手握生杀大权的法官;但事实上整个过程建立于一个我们无法改变的错误前提,乃至一个完全被忽略的事实之上,那就是没有哪一个辩论者对"争论"本身发起了挑战。在后文中,我们会看到民主理论是如何建立在一个完全不民主的假定之上的:该理论对于个体的自治性的无限度支持,其实最终目的在于维护政府的利益。

那些为我们所信赖并被我们视为连接自身与外部世界的桥梁的人,似乎恰恰就是"外部世界"的运作者①,哪怕其所运作的或许只是世界的一个不起眼的局部。保姆给孩童喂食、洗澡、哄睡,这些行为并不足以让其成为物理学、动物学或高级批评学领域的权威;史密斯先生自营或委托他人经营一座工厂,并不能因此成为美国宪法或福尔德尼(Fordney)关税法案领域的专家;斯穆特(Smoot)先生是犹他州共和党党魁,我们也无法仅凭这一事实就认定他一定对税收问题很在行。然而,保姆完全有可能心血来潮地认为孩童应该学习动物学,史密斯先生关于宪法对其妻子、秘书,甚至其所在教区的牧师的影响或许有一肚子的话要说,而谁又有资格去评判斯穆特参议员的权威的边界在哪儿呢?

> 福尔德尼关税法案是美国于1922年通过的一项法案,其大幅度提高了多种进口货品的关税以保护本国工农业产品。

不过,还是有一些人比其他人更具权威性:教士、庄园主、军事将领、国王、政党领袖、商人、老板……无论他们的权威性是与生俱来的、继承的、通过征服获得的还是源自选举的,这些人及其身后那些有组织的追随者均得以跻身人类事务管理者之列。他们就是世界的指挥官。尽管一个人可能在家里是陆军元帅、在办公室里是二等海军少校、在政治上是不起眼的士兵,尽管在很多体系下地位和阶层之间的界限并不分明或干脆被掩盖,尽管每个体系的运行都需要很多人的通力协作,但我们都要承认:等级制度是客观存在的。② 在美国政治中,我们将其称为"机制"或"体制"。

---

① 参见 Bryce, *Modern Democracies*, Vol. II, pp. 544-545。

② 参见 M. Ostrogorski, *Democracy and the Organization of Political Parties*, passim; R. Michels, *Political Parties*, passim; and Bryce, *Modern Democracies*, particularly Chap. XXV; also Ross, *Principles of Sociology*, Chaps. XXII-XXIV。

● 3

在体制内的成员与普通老百姓之间,存在一些显著的差别。身处领导集团小圈子内的人通常与其所处环境之间保持着直接的接触。确切地说,他们或许对自身所理解的"环境"究竟为何知之甚少,却也绝非只和抽象概念打交道。他们会希望某些人在竞选中获胜,乐于看到财务收支状况有所改善,并规定哪些具体目标必须达成。这不是说他们就不具备人类普遍具备的刻板印象。他们的刻板印象使他们变成了荒唐的教条主义者。不过,无论这些领导人物具有哪些局限性,他们都与外部大环境的某些至关重要的环节保持着实际的接触。他们有决策权。他们可以发号施令。他们有资格讨价还价。而他们也的确能够搞出一些动静来,尽管结果未必完全符合其想象。

领袖的追随者并非出于对领袖的"信任"才甘心称臣。也就是说,体制内那些没什么权势的人之所以选择忠于领袖,并非源于其对领袖的智慧做出了独立的判断。在等级制度下,每一个人都依附比自己高的阶层,同时掌控着依附自己的更低的阶层。体制的凝聚力来源于一套特权系统。至于究竟存在哪些特权,情况则因时、因事而异,盖因那些渴望获得特权的人往往有着不同的机遇和口味,从裙带关系和庇护关系,到派系利益、英雄情结,或哪怕仅仅是一种陈腐的观念,不一而足。军队中的军阶系统、封建社会的土地所有制,以及现代民主社会中的工作机遇和成名渴望,也昭示了特权具有多种多样的形式。正因如此,要想打破某一特定的体制,就必须首先废止该体制下的特权。不过,我相信,存在于任何具有内在凝聚力的群体中的体制,都很难被彻底消灭,因为特权这个东西完全是相对意义上的,绝对的异质多元则是无法企及的。

因此,我们没必要去探寻一种集体智慧来解释为何某一群体对于特定事务的看法总是比随便一个路人甲的看法更明确,也更容易预料。一个人或少数几个人可以追求一种思路;而任何一个试图保持观念一致的群体在思考的时候,都不会仅仅纠结于"同意"或"反对"这样的简单取舍。在等级制度下,人们往往会形成一种集体化的传统。做学徒的时候要向师父学习,而师父们当年也都是从学徒做起的。在任何持续发展的社会形态下,个体在等级系统内的地位变化都是极为缓慢的,这确保了某些根深蒂固的刻板印象和行为方式能够得以传承。从父亲到儿子,从高级教士到教会新人,从老兵到新兵,特定的知行模式薪火相传。这些模式变成了常规,即便在为数甚众的"局外人"眼中亦如是。

● 4

有人认为,人类完全可以脱离由少数人操纵的中央集权体系,并以通力合作的方式完成复杂的任务。这一观点因距离我们过于遥远而显得十分诱人。在布莱斯看来,"任何一个在立法机构或政府部门有过若干年工作经历的人,都会清晰地看到这个世界其实是由数量极少的一小撮人所控制的"①。他此句指的正是国家事务。诚然,若你考察的范围是人类社会的全部领域,那么居于统治地位的人的数量还是十分庞大的;但如果你选择某一个特定的系统,如某一立法院、某一政党、某一工会、某场民族主义运动、某个工厂或某个俱乐部作为自己的考察对象,那么你会发现拥有控制权的人数其实仅占系统内总人数的极小比例。

一场大规模的选举可以推翻现有体制并建立一个新的体制;革命在有些情况下亦可从根本上颠覆某种体制。美国的民主革命建立起了两党轮流执政的体制,在这一体制下,每隔几年一个党就会由于另一个党犯了错误而登上权力的宝座。但"体制"这个东西本身不会消亡,理想化的民主理论也绝不可能成为现实。体制如同一个同心圆,少数人居于中心,权力则随着圆周的不断扩大而渐趋弱化,处于最外端的便只有那些麻木不仁或事不关己的普罗大众。

民主主义者对于群体生活的上述特征深恶痛绝,他们坚持认为权力由少数人控制是一种堕落的现象。这是因为存在着两种民主观

---

① Bryce, *Modern Democracies*, Vol. II, p. 542.

念,一种观念假定个体是自足的,另一种观念则认为万事万物皆受控于某种"大我"(Oversoul)。在这两种观念中,后一种更具优势,原因便在于其至少承认了大众做出的种种决定并不是在每一个成员心中自然而然形成的。然而,当我们把注意力集中于体制本身,会发现作为集体行为中一种无远弗届的无私力量的"大我"根本就是一种奢侈的想象。体制本身只是一个乏味之至的事实,体制中的人无一例外皆为有名有姓的饮食男女。那些被认为该由"大我"履行的职责,其实都是由这些普通人履行的。

> Oversoul 一词系梵语词 Paramātmā 的英译,意指某种超验于自我本身的绝对身份或绝对人格,以无私为基本属性。

● 5

　　体制之所以存在,并非因为人性的扭曲,而是缘于任何群体都会有自己的观念,而普遍性共识的达成根本不会如想象般水到渠成。对于绝大多数人来说,想要针对自己难以企及的领域有所行动,无疑是千难万难的。他们可以通过各种方式迁徙,可以参与罢工或抵制运动,可以通过喝彩或嘘声表达自己的态度。通过这几种方式,他们偶尔也能够对自己不喜欢的东西加以拒斥,或迫使那些阻碍自己心想事成的人做出让步。不过,人们一旦采用了群体行动的方式,便也就扼杀了建构、设计、协商或治理的可能性。离开了组织严密的等级制度,公众便无法产生向心力,他们完全有可能因为物价高企而拒绝购买任何东西,或因为薪水微薄而不去上班。工会可以通过群体行动的方式打击自己的敌人,使工会领袖获得与资本家协商甚至达成协议的底气。这样一来,工会完全有可能赢得加入统治者阵营的**权利**,但这一权利只能通过体制得以行使。一个国家可以发动战争,可仗一旦真的打起来,也必然需要一位至高无上的指挥官。

　　直接行动的局限性体现为,其将说"是"或"否"的权力完全赋予了普罗大众。① 只有在那种最为简单的极端情况下,公众才会对某一事务同时、自发地持有大体相似的看法。例如,以前也曾经爆发过无组织的罢工和抵制运动,且不仅仅局限于工业领域。在这些群龙无首的活动中,人们是如此的怨气冲天,以至于即使没有领导者的组织,很多人也会采取相同的行动。不过,即使在这类"不完善"的案例中,也总还存在着一些比他人有更强烈的意愿迅速采取行动的人,这些人最终成了"即兴的"领袖。若这样的领袖迟迟不出现,则人群要么只会紧盯着自己的那点私人目标在原地漫无方向地打转,要么会摆出一副听天由命的样子站在原地一动不动,那情形就像 50 个人围观一个人自杀。

  这是因为,我们讶异地发现,世界其实是不可见的,因而我们能够从中得到的也仅仅是一出空想中的哑剧而已。我们很少能清醒地对自身不了解的事物做出任何决定;而对于任何人来说,想要预料自己竭尽全力以后究竟能获得什么,都是十分困难的。正是由于"有志者,事竟成"的情况绝少出现,所以人们自然无法形成"做决定"的伟大传统。若不是因为绝大多数我们所能获得的新闻中往往饱含着引导我们对事件本身做出特定判断的暗示,恐怕上述情况还会更加显著。实际上,我们需要那些暗示,如果我们无法在新闻报道中找到自己所需的暗示,便往往会转而求诸报纸社论或其他值得信赖的人士。如果我们感到自己被卷入了事件,那么在明确获知自己所处的位置之前,我们无疑会对那种"空想"的状况深感不安。也就是说,只有在对事件本身有了足够的了解并自以为可以做出"是"或"否"的判断以后,我们才能真正做到心安理得。

  通常情况下,当很多人异口同声地说"是"的时候,他们往往有各种各样的理由。正如我们在前文所谈到的,这是因为每个人心目中存在的图景,都与他人心目中的图景有着莫可名状的差别。不过,这

---

① 参见 William James, *Some Problems of Philosophy*, p. 227。"在我们所遇到的绝大多数紧急情况下,依靠微观层面的力量来解决问题都是难以实现的。我们很少能够在微观层面有所作为。"参见 Lowell, *Public Opinion and Popular Government*, pp. 91, 92。

种微妙性只存在于人们的心目中,其一旦被某些承载了个人情绪的象征符号所再现,便会转化为公开的表达,而这些象征符号的作用就在于宣泄个体的情绪。至于等级制度,或者说存在竞争关系的两种等级体系,则须通过确定无疑的行动,如对"是"和"否"的表决,或对"支持"和"反对"的表态等,去响应上述象征符号。所以说,无论反对结盟的史密斯、反对 X 条款的琼斯还是反对威尔逊先生及其观点的布朗,尽管有着不尽相同的反对原因,但这些原因以大体相同的象征符号形式加以外现,那就是通过投票给共和党来**反对**民主党。由是,一种具有普遍性的意愿得以被表达出来。

人们必须做出实际的选择,而且这一选择必须通过以象征符号传输利益的方式,与个人意见紧密关联。职业政治家早在民主哲学家之前,便已对此心知肚明。正因如此,他们才举行了核心成员会议,设置了提名程序和指导委员会,并以之为工具来确保人们能够做出明白无误的选择。无论谁,若想令为数甚众的人群以协作的方式来完成一项事务,都必须这么做。有些时候,这一过程会显得十分残忍。比如,决策者的范围有可能从"和平会议"变成了"十人议会",或从"十人议会"干脆变成了"三巨头"或"四巨头";又如,最终签订的条约(做出的选择)中充斥着霸王条款,使得力量弱小的缔约者和敌对方要么忍气吞声地接受,要么滚蛋。不过,在通常情况下,在做出最终决定之前,还会存在更多的协商和咨询的程序。但无论如何,有一个基本事实颠扑不破,那就是一小撮人往往代表大多数人做出了最终的选择。

● 6

人们想出各种各样的方法去解决少数人滥用权力的问题,比如倡议、公投以及直接初选等。但这些做法只是通过令选举(elections)过程——或干脆如 H. G. 威尔斯(H. G. Wells)所精确地指出的,选择(selections)过程——更复杂的方式,延迟或模糊了人们对体制的需求而已。这是因为,无论有多少张选票,都不可能令人们渴望参与的需求消弭于无形,哪怕只是了解竞选的各项指标,以及通过说"是"

或"否"去关注一位候选人。世界上并不存在所谓的"直接立法",该发生的事迟早会发生。公民前往投票站,拿到一张选票,上面印着一些形式简化的图标,而他的权力仅限于对此说"是"或"否"。也许他所面对的是全世界最杰出的一份宪法修正案,但他除了选择"是"或"否"之外,什么也做不了。如果你将这一过程称为"立法",那不啻对"立法"这个字眼的侮辱。当然,我不是说这一过程全无可取之处,无论你如何称呼这一过程。在我看来,对于某些事务来说,这一过程还是有突出的优势的。但是,必须认清一点:在这个错综复杂的世界里,我们要想做出任何决定,都会不可避免地将大众意见进行简单化处理。目前,人们提出的最复杂的一种选举方式是偏好投票制(preferential ballot),即令特定体制下的所有候选人在选民面前陈述自己的观点,然后选民在投票的时候按照自己的喜好对所有候选人进行排位,而不只是简单粗暴地勾选"是"或"否"。但即便真的建立起如此灵活的选举制度,大众的决定仍然受制于他们所能做出选择的有效范围,①而这一范围归根结底还是由那一小撮操纵着代议机构的精力充沛的有权者划定的。只有极少数人获得了提名,绝大多数人才拥有选举的权力。

---

① 参见 H. J. Laski, *Foundations of Sovereignty*, p. 224。"……比例代表制……似乎正在导向一种群体系统……这有可能剥夺选举人对领导者的选举权。"如拉斯基(Laski)先生所言,所谓的"群体系统"无疑倾向于令选举过程更为间接,同时却显然使得立法机构能够代表尽可能多的人的观点。这一制度究竟是好是坏,我们无法做出准确的判断。但人们有理由认为,一个更为团结、责任感更强、对各种社会群体的代表性更强的议会显然比现有的两党制议会对政治智慧与政治传统提出了更高的要求,是一种更为复杂的政治形态,因而在运作中或许不会显得那么顺畅。

第十五章

领袖与普罗大众

● 1

正是由于领袖具有不可替代的重要性,因此对他们而言,若想获得成功,就务必要通过使用象征符号来对其追随者加以组织。特权对于等级制度有多重要,象征符号对于普罗大众就有多重要。象征符号确保零散的个人能够组成一个集体。领袖们综合运用各种各样的象征符号:从图腾柱到国旗,从木塑神像到全知全能的上帝,从咒语到某些似是而非的亚当·斯密(Adam Smith)或边沁(Bentham)的名言……而使用这些象征符号的领袖,未必对其深信不疑,因为这些象征符号往往是导致分歧的焦点。冷峻的观察者或许会对围绕着星条旗形成的各种仪式嗤之以鼻,认为其是对象征符号的操纵;就如同法国国王亨利四世认为想要得到巴黎做几次弥撒也是值得的一样。然而,领袖深知,只有在象征符号有效发挥作用的基础上,他才能够找到动员群众的方法。在象征符号体系中,人们的情感有了一个共同的宣泄目标,而真正的观念被清除或掩盖。难怪领袖都很厌憎所谓的"破坏性的批评",这种批评有时被那些自由无拘的人视为对"粉饰太平"这一现象的对抗。沃尔特·白芝浩(Walter Bagehot)说:"我们首先应当对王权存有敬畏之心;若你试图对王权追根究底,

> 亨利四世本信奉新教,厌憎天主教的烦琐仪式,后改信天主教。

你就不能再去敬畏它了。"①所谓"追根究底",其实就是用清晰的概念和坦率的陈述去追求人类的崇高目标,但其中并不包括对共同意志的简单维护。在任何一位有责任感的领袖看来,"追根究底"都有可能中断个人的情感转化为机制化的象征符号的过程;他精准地意识到,这一状况造成的首要后果,便是个人主义泛滥和斗争派系形成所导致的混乱。象征符号系统的崩溃往往会带来长期的动荡局面,如"神圣俄罗斯"和铁汉迪亚兹(Diaz)的例子,就是佐证。

沃尔特·白芝浩(1826—1877),英国19世纪著名商人、社会学家、经济学家。

在古老而刻板化的社会中,这些宏大的象征符号通过移情的方式攫取了所有细微的忠诚,并唤起了每一个人对于自身在静

迪亚兹是19世纪后期墨西哥的军事将领,曾在1876年发动叛乱并成为墨西哥总统。他六次连任,直至1911年因群众反对而辞职。

态社会中所能接触到的第一手的,甚至是绝无仅有的"现实"的回忆:周遭的风景、室内的陈设、他人的面孔……居于人们心中种种图景及情感的核心位置的,是对国家的归属感;若没有这种情感,人们便无法想象自己的存在。宏大的象征符号占据了这些情感,甚至可以在唤出原始图景的情况下对其进行升华。而那些关涉政治辩论的次要符号,即围绕政治出现的各种随意的言谈,也往往指涉上述典型象征符号,甚至在条件允许的情况下归附后者。例如,关于"一张地铁票应售多少钱"的争论就有可能被象征符号塑造成为一个"人民"和"利益集团"之间的关系的问题;而后,"美国符号"又被灌输入人民的头脑,并最终使得整场辩论的重点变成了"票价涨到8分钱一张到底是不是不爱国的体现"。人们会说:革命先烈浴血牺牲,正是为了

---

① *The English Constitution*, D. Appleton & Company, 1914, p. 127.

今天的地铁票不涨价;林肯若还活着,肯定也会反对涨价;如果真的把票价涨到 8 分钱一张,那些在法国战场捐躯的美国士兵的英魂也会不得安息。

由于象征符号具有从观念中汲取情感的威力,故其既是一种能够维护团结的机制,也是一种对大众进行压迫的机制。象征符号能够令人们为了一个共同目标而努力。不过,由于只有极少数身居特殊位置的人有资格为群体设定具体的目标,故象征符号也就成了一套迫使大多数人去供养极少数人的工具。在象征符号的作用下,批评的声音被消弭,人们并不理解自己所朝向的目标究竟为何,却仍须面对因之而生的种种苦闷。

如果我们坚持认为自己是自在、自足、自律的个体,那么我们受制于各色象征符号的种种现实便显得格外刺眼。不过,也不能就此得出结论,说象征符号完全是为恶魔所操纵的工具。在科学和思想领域,象征符号无疑就是恶魔本身;但在现实世界中,象征符号则可能是善意的,在有些情况下甚至是完全有必要存在的。必要性通常是人们想象出来的,而危害性是人们制造出来的。然而,在事态紧急、需要尽快做出决定的关头,通过象征符号去操纵大众或许是唯一能解燃眉之急的立竿见影的方法。在很多情况下,行动比理解更重要。有时,若一味谋求每个人都对决策予以理解,我们最终可能一事无成。社会中有很多事务是根本等不及投票表决或公开征集意见的。在一些特殊时期,比如战争期间,国家、军队乃至军事将领在做出决定之前往往只会咨询极少数人的意见。有些时候,并存两种相互冲突的观点(哪怕其中有一种碰巧是正确的)甚至比只存在一种错误的观点更危险,因为单一的错误观点只会导致一个糟糕的结果,而两方冲突则会导致分裂的惨剧。①

---

① 第一次世界大战期间最高军事委员会大臣彼得·S. 莱特(Peter S. Wright)上校的《在最高军事委员会》(At the Supreme War Council)一书介绍了军事指挥的秘密性和统一性,值得我们认真研读。虽然内容涉及协约国军事将领,但他还是在书中就该群体的某些问题展开了言辞激烈的论述。

正因如此,福煦和亨利·威尔逊爵士即使预见了高夫(Gough)的部队会因预备军内部的分裂和涣散而面临灭顶之灾,也只是将自己的想法告知了极少数几个人而已,因为他们深知,就算是在一场战事中一溃千里,其破坏性也不及在报纸上掀起一场激烈的争论来得严重。在1918年3月,压倒一切的最重要的使命是人们对军事命令的高度敬畏与服从,而不是在一两次行动中取胜。福煦如果真的选择"诉诸人民",他完全有可能获得人民的支持,但与此同时他所领导的军队也必将分崩离析。奥林匹斯山诸神之间若发生争执,其场面或许很有趣,但导致的结果则是破坏性的。

此外,还存在着一种很少被人察觉的"不谋而合"。莱特上校曾说:"最善于伪装的人不是在前线,而是在最高指挥官的群体中。无论哪儿的高级将领都在通过不断提高曝光率来为自己增光添彩,让自己成为别人眼中的拿破仑——至少从远处看是这样……无论这些'拿破仑'多么无能,他们都不可能被撤职,因为他们通过在公众面前大量曝光,掩盖或粉饰了自己的失误,夸大乃至编造了自己的功绩……不过,这种高度组织化的虚假宣传的最大受害者,其实是那些将领本人:尽管他们如同绝大多数从事高贵的军人职业的人一样,为人谦逊、热爱国家,却终究还是不免被无所不在的假象所蒙蔽;他们每天清晨在报纸上读到那些文过饰非的言论,竟日益坚信自己就是无懈可击的战争之神,无论自己曾经做出过多少错误的决定。他们同样深信不疑的,是自己作为军事将领的神圣身份。为了维护这一身份,他们不惜采用任何手段……上述种种情况,尤以那种公开化的欺骗行径为代表,最终赋予了军事领袖们一种不受任何约束的自由。不再是他们为国家而生,而是国家为他们而生,甚至是国家为他们而死。胜败也不再是战争的首要利益。对于这些带有独立王国色彩的统治集团来说,更为紧要的是亲爱的老威利或可怜的老哈里会否当上老大,以及'尚蒂伊派'能否战胜'荣军大街派'。"①

---

① Wright, pp. 98, 101-105.

不过,即使如莱特上校这样对"无声的阴谋"的危害性密切关注并勇于发表看法的军界人士,也不得不对福煦的所作所为予以支持,以免围绕其公众形象形成的幻觉被直接破坏。这是一个复杂的悖论,因为传统的民主生活观并不是为危急情况而生的,而是为宁静、和谐的局面所准备的。所以,当普罗大众必须要在一个充满不确定性和冲突的环境中协作的时候,对于团结和变通行为的维护通常就很重要,哪怕采用的手段不能得到所有人的认同。而象征符号就是干这个的:它模糊个人意图、掩饰歧视现象、遮蔽个人目标;在压抑个体能动性的同时,它亦强化了群体的意志,且在危急关头比任何其他方法都能更有效地增强群体内的凝聚力,并以实际行动完成目标;它通过对个性加以压制来实现大规模的群体动员。从短期来看,象征符号是令大众克服其自身惰性的工具,既包括优柔寡断的惰性,也包括心急草率的惰性。唯如此,大众方得以亦步亦趋地跟着领袖在错综复杂的时局中前行。

2

从长远来看,领袖和普罗大众之间的互动是日趋密切的。我们常用"士气"(morale)一词来形容人们心中对于领袖的感觉。通常认为,如果个人能够全身心地投入领袖交予的任务,那就是一种良性的局面,因为在这种情况下每个人的全部力量都被自上而下的指令充分唤醒。这也就意味着,每一位领袖在制定政策时必须将"士气"一词纳入自己的考虑范畴。他必须充分意识到,在做决定的时候不能仅着眼于"业绩",还要妥善考虑这些决定究竟会对追随自己的人产生何种影响,因为他的领袖地位有赖于这些人的支持。军事将领在策划一场袭击时,心中往往很清楚,若伤亡人数过多,那么自己精心组织的战斗力量将瞬间瓦解为散兵游勇。

在第一次世界大战中,先前的伤亡情况在很大程度上令后来的参战者沮丧,大概情况是"每9个奔赴法国战场的士兵中就有5人伤亡"[①]。

---

① Wright, p. 27. 数据是莱特上校从陆军部(War Office)档案中的统计数据中摘录的。该数据显然仅针对英军伤亡情况,也有可能是针对英军和法军的伤亡情况。

人们的忍耐力往往不及想象中那样强大。但无论如何,总还是有一个限度存在的。所以,也许在一定程度上是出于不愿长敌方志气、灭自己威风的原因,战争期间从来没有哪位军事领袖敢于公布己方人员伤亡情况的准确信息。在法国,伤亡人员名单从未被公布过。在英国、美国和德国,伤亡人员名单往往是在一个较长的时间段内被陆续公布的,以此来避免让人们猛然受到伤亡总人数的刺激。只有少数局内人才在战争结束很久以后获知索姆河(Somme)战役或弗兰德斯战役中究竟死了多少人①,而鲁登道夫(Ludendorff)无疑比伦敦、巴黎或芝加哥的任何人都更清楚确切的数字。散落在各个军营的所有将领都曾竭尽全力压缩战争中实际的伤亡数字,以免给士兵和平民留下过于清晰的印象。当然,1917年的战场上法国军队的那些老兵,肯定比普通民众对战争有着更深刻的了解;正因如此,这些老兵开始将自身遭受的苦难归咎于上层将领。而且,若将领们高调许诺的胜利最终竟演变为一场伤亡巨大的惨败,士兵们往往会因将领做出的一些不太严重的错误决策而发动叛乱,如1917年的尼韦勒攻势(Nivelle's Offensive)②;这是由于人们难以容忍类似的错误以前已有人犯过,而如今悲剧竟重演。在已有大型灾难做前车之鉴的情况下,哪怕只是一场类似的小型事故的发生,也往往会导致革命和兵变。③

> 鲁登道夫(1865—1937),第一次世界大战期间德国著名军事将领。

政策的影响范围决定着领袖与其追随者之间的关系。如果领袖在其计划中所需要的人离该计划执行的地点较远,如果计划的执行

---

① Wright, p. 34.索姆河战役的伤亡人数大约为50万,而1917年的阿拉斯(Arras)和弗兰德斯入侵则导致65万英军伤亡。

② 协约国在战争中遭遇的多场惨败,比同盟国在贵妇小径(Chemin des Dames)遭遇的惨败更为血腥。

③ 参见比埃尔弗关于苏瓦松(Soissons)叛乱以及贝当(Pétain)对其处理方法的论述,Jean de Pierrefeu, *G. Q. G. Trois ans au Grand Quartier Général*, Vol. I, Part III,及后文。

结果被掩盖或延迟公布,如果个人的义务是间接的或尚未明确的,尤其是,如果"赞同"代表着某种愉悦的情感,那么领袖就有可能获得独断专行的自由。政策只要不会立刻对民众的私人习惯构成威胁,便通常会很快受到大家的欢迎,就如同滴酒不沾的人绝不可能反对禁酒令一样。这也就是政府在外交事务上拥有如此多自主权的重要原因。国与国之间的摩擦往往涉及一系列含混、烦琐的对抗性因素,这些对抗性因素有时体现为边境上的冲突,但更多情况下则出现在那些人们即使在学校的地理课本上也接触不到的地区。在捷克斯洛伐克,美国被视为解放者;而在美国的报章杂志、音乐喜剧以及日常言谈中,美国人根本搞不清楚被解救的究竟是捷克斯洛伐克还是南斯拉夫。

在外交事务中,政策的影响范围长期以来被限定于一个不可见的情境中,那里发生的任何事都无法令人产生完全真实的感受。由于在南北战争之前,美国没有战争,人们也不必为战争付出代价,故政府和国民完全可以各安其事,井水不犯河水。在地方事务领域,推行一项政策所需付出的成本更容易被察觉。因此,除了极少数特例外,绝大多数领袖都更青睐那些难以被人们直接获知其成本的政策。他们不喜欢直接税制和随用随付制。他们喜欢长期债务,并竭力让选民相信最终买单的是外国人。在对经济发展的繁荣程度进行判断的时候,他们总是强烈地侧重于生产而非消费领域,这是因为消费政策往往涉及太多细碎的项目。比起物价下调来,工会领袖总是更乐于看到工资上涨。对于大众来说,富翁们挣了多少钱永远是一个可见度虽高,但不那么重要的有趣议题。相比之下,人们对工业废物的议题就没那么感兴趣,尽管该议题更重要,但对于民众而言过于宏大、晦涩。在本书写作的时候,立法机构正在想办法解决住房短缺问题,其过程彰显了前文所讨论的规则:起初,该机构在房屋扩建上毫无作为;紧接着,开始狠狠打击贪婪的不动产拥有者;再后来,又对建筑商及工人的获利状况展开调查。之所以出现这种状况,正是因为一项具有建设性的政策往往会涉及各种与人们关系不大且枯燥无味的因素;而对于民众来说,政府将矛头对准贪得无厌的土地所有者或牟取暴利的水管工,是一个既直接又可感可触的过程。

不过,尽管人们很愿意相信在未来的某时、某地的某项政策会给自身带来益处,但政策的实际执行过程遵循着与大众观念截然不同的逻辑。国民也许会被诱导着相信提高运费率将带来铁路运输业的繁荣,但如果新的运费率对农民和运输业者产生了影响并导致某些商品的价格超出了人们的购买力,那么上述做法就不会带来真正的繁荣。消费者是否会为物价上涨买单并不取决于9个月前他们是否对关于提升运费率以拯救行业的动议表示赞同,而是取决于他们眼下究竟有多想要一顶新帽子或一辆新车并乐意为其掏钱。

● **3**

领袖们总是做出一副想百姓之所想、忧百姓之所忧的姿态。若他们内心深处真的对此深信不疑,那肯定是在自欺欺人。要说那么多老百姓会在心中同时想着一件事,无疑是天方夜谭。这并非因为大众不及领袖高瞻远瞩,而是缘于思想这个东西是由有机体生发的,而大众本身并不是一个有机体。

由于大众总是会接受来自各方面的暗示,因此上述事实显得不那么清晰。大众所读的,不是纯粹的新闻,而是夹杂着对事件的性质做出的种种暗示的新闻,这些暗示总是鼓励人们采取一系列行动。大众所听到的,也不是纯粹的、百分之百忠于客观事实的广播报道,而是一种导向某种特定行为模式的刻板印象。于是,那些徒有领袖之名的人往往发现真正的领袖通常都是报界巨头。不过,在我看来,假如可以通过科学实验的方法把加诸大众的所有暗示性和导向性的信息剔除,我们会发现如下情况:大众在面对同样外部刺激的时候做出的反应,可以在理论上构成一个"谬误多面体"(polygon of error)。一些人会由于观念和想法特别相似而被归入某一特定的群体,人们对一件事的看法也可能因差异过大而出现两极分化。随着不同群体中的人将自己的观点宣之于口,这种类聚效应则会渐趋固化。也就是说,当人们将自己原本含糊不清的感受转化成字词并讲出来,那么他们将会对自己的感受有更为确定的认识,并使感受的过程变得更加明确。

　　那些时刻关注流行情绪的领袖往往会有意识地对这些情绪做出迅速反应。对于民众的生活成本增加、某些阶层或某些人口碑欠佳,以及本国人对某一国家的善意或恶意,他们心知肚明。不过,若始终将新闻报道中的各种暗示(这些暗示其实只是新闻记者对领袖意图的假想)的效果置于考虑之外,那么大众的观念中就没有什么东西能够从根本上促使其做出对某一项政策的选择了。大众在观念上只有一个要求,那就是令自己所见、所感的政策与自身最初的情感保持关联;这种关联最好是逻辑上的,实在不行,模拟式的或联想式的也可以。

　　因此,一项政策在付诸实施之初,往往需要获得人们在情感上的支持,正如马克·安东尼(Mark Antony)在其对布鲁图(Brutus)的追随者的讲话中所说的那样。① 一开始,领袖便将最为流行的大众观念直接道出。他公开表示,自己与大众是心意相通、同仇敌忾的;而为了让大众相信这一点,他有时会讲一个精彩的故事,甚至直接通过煽情的方式来彰显自己的爱国情怀。一位领袖一旦被认为是值得信赖的,那么原本一盘散沙般的人群就会将目光投向他。紧接着,人们开始期待这位领袖能够提出一套行动方案来。不过,切实可行的方案是不可能从那些用来与群众拉拢感情的口号中提炼出来的,口号和行动根本就是互不相干的两件事。若政策的影响范围与老百姓的生活较为疏离,那么最关键的一点就是要让这项政策能够从一开始就在言谈中和情感上与大众的那些外在的观念保持紧密联系。扮演领袖或类似领袖的角色并受到大众信赖的人,只要能够顺应并利用为人们所普遍认同的象征符号,便往往能够令自己的意图得到更好的实现,而无须耗费唇舌向人们解释自己的想法。

　　不过,聪明的领袖并不会就此满足。假如他们认为公开讨论不

---

① Martin, *The Behavior of Crowds*, pp. 130-132.该书中有精彩的分析。

会让自己的对手变得过于强大或导致行动的过分拖延,他们也会通过某种方式去谋求人们的共识。就算没有把握同时取信于所有人,他们也会行之有效地令既存等级制度下的那些被统治者对自己即将推行的政策充满信心,并使人们坚信这完全是群体自由意志的结果。可是,无论领袖多么真诚,若事实本身较为复杂,则上述协商过程中总是会存在相当程度的虚幻成分。这是因为,不同的人对于事务进展的可能性必然有着不同的认识,而在普罗大众之中总是存在着一些生活经验和想象力均比他人更丰富的人。对于领袖提供给自己的选择,绝大多数人都会感激涕零、不假思索地接受,甚至不愿多花时间去思考或更清楚地了解一下来龙去脉。不过,除了理论家以外,也没有什么人有能力去争取更多的选择。假如我们打赢了一场官司,假如我们那一套言不由衷的说辞居然有人买账,假如我们做的事结果还不错,那么我们中的绝大多数人根本不会去思索自己的观点究竟对正在进行中的事务产生了何种影响。

　　自然,若坐在权力宝座上的人能够更为博学和感性,若他们为了迎合流行情绪付出了显而易见的努力,并切实解决了一些有可能招致大众不满的问题,只要他们在做实事,哪怕节奏有些慢,他们也不必担心自己会地位不保。除非领导集团接二连三地酿成大错,并且表现出彻头彻尾的无能,否则老百姓根本不会发动自下而上的革命。当然,宫廷政变和部门间的利益纠葛是另一回事。煽动群众也是如此,因为一旦群众在这种煽动行为中宣泄了自己的情绪,那么紧张感就会得到缓解,煽动行为也便不再继续。不过,政治家们都知道,这种缓解治标不治本,若过分沉溺于此,则有可能导致饮鸩止渴的后果。所以,政治家会特别注意,只去激发那些他们有能力将其纳入自己决策进程的情绪,即那些可以与政策的影响范围产生直接关联的情绪。

　　不过,我们不能在领袖和政治家之间画等号。所有的领袖都厌恶辞职,而且他们中的绝大多数都会认为如果事情在自己手里已经很糟糕,那么换了其他人只会变得更糟糕。他们不会消极地等待公众去感受政策所产生的影响,因为无论出现了什么后果,账都会被记在自己头上。所以,他们会去连续不断地"亡羊补牢"并竭力巩固自己的地位。

亡羊补牢的手段很多,如找人顶罪、满足某位权势人物或某个权力集团的无关大局的要求以平抑其不满、对某些职位进行重新安排、对某个要求在其家乡开办兵工厂的群体予以安抚,以及通过一项法律去阻止某些人的犯罪行径,等等。随便找一位赢得了选举并坐上某个位置的官员并对其日常活动加以考察,你还能继续丰富上述清单。年复一年选出来的国会议员中,总有那么一些人根本不愿意把自己的精力浪费在公共事务上。比起那些前景不明朗的大项目来,他们更喜欢做一些能够同时让很多人尝到甜头的小项目。不过,能够真正享受到各类机构提供的服务的人永远是少数,狡猾的政客只会把心智用在两种人身上:一是那些有影响力的人;二是那些显然毫无任何影响力的人,因为对这些人予以格外关照能够彰显自己的慈悲之心。至于那些处在中间地带、不被待见的沉默的大多数,所能获得的只有灌输式的宣传而已。

坐在任何一个机构的领袖宝座上的人都有其与生俱来的优势:他们有更多的渠道获得信息,他们的办公室里堆满了书籍和报纸,他们有资格参加重要的会议,他们有机会接触到重要的人物,他们有特定的职权。因此,对他们而言,吸引公众的注意力并令公众对自己的话深信不疑绝非难事。不过,与此同时,他们也拥有巨大的权力去控制人们对事实真相的了解。每一位官员都是不同程度的审查者。而且,领袖若要对信息流通加以钳制,无论通过掩盖还是缄默的方式,都必须建立在一个前提之上,那就是对自己想要让公众知道些什么有清晰的考虑,故每一位领袖在某种程度上又都是宣传家。政府官员身处要职,不但常常要出于维护体制利益的考虑而被迫在貌似同样合理,实则针锋相对的两条道路中做出选择,同时还需对公众做出坦率的姿态,因此,他们会日益清醒地意识到自己应该在什么情况下、以什么样的形式让公众了解哪一部分事实真相。

4

在我看来,没有人能否认制造共识的过程完全可以是温情脉脉的。舆论升温的过程肯定比本书所写的复杂。而且,显而易见,任何理解了这一过程的人都有机会成为舆论的操盘手。

对共识的制造并不是什么新鲜事物;作为一门古老的技艺,它本应随着民主制度的出现而消亡。不过,情况并非如此。事实上,制造共识的手段反而在技艺上得到了巨大的改进——以往这一过程往往借助经验法则完成,而今却建立在科学分析的基础上。因此,在心理学研究和现代传播媒介的综合作用下,民主的实践正在经历一个发展的拐点。一场革命正在如火如荼地进行着,其重要性远远超过经济权力领域的任何变动。

在当前控制时局的这一代人中,劝服(persuasion)已经成为一门自觉的艺术、一项大众政府的常规职能。没有人能预测未来,但显而易见,那些教人如何制造共识的知识将会撼动每一个政治考量、每一项政治前提。在宣传(此处的"宣传"并不必然带有我们惯常所理解的那层负面含义)的影响下,我们思想中的那些恒久的东西如今也成了变量。例如,我们如今就再也不能对民主的旧教条深信不疑,也不能再一口咬定管理人类事务的种种知识是从人类心底自然生发出来的。如果我们仍然对民主理论执迷不悟,那不但无异于自欺欺人,而且表明我们自身已在浑然不觉间成为"劝服"的受害者。事实证明,在与自己能力所及范围之外的世界打交道时,我们根本不能对体制、良知或自己那偶然出现、灵光一闪的观点有半分依赖之念。

第六部分 | 民主的图景

> 我承认,我在美国所见的并不仅仅是美国;我所找寻的是民主本身的图景。
>
> ——阿历克西·德·托克维尔(Alexis de Tocqueville)

第十六章
以自我为中心的人

1

既然舆论理应成为民主的首要推动力,那么我们便会自然而然地以为,一定有很多著述会探讨和舆论有关的问题。然而,事与愿违。关于政府和政党的好书倒是颇有一些,也就是说,对舆论在理论上赖以形成的机制进行考察的著作更为多见。至于挖掘舆论生发的根源及过程的书,则凤毛麟角。作为一种既存的社会力量,"舆论"这个概念往往被人们不假思索地拿来就用。美国的政论家们将自己对舆论问题的探讨集中在两个方面:一是探究如何能令政府对大众的普遍意愿进行表达,二是如何杜绝大众的普遍意愿对他们心目中政府运转的目标进行颠覆。传统上看,政论家们要么期望政府对舆论加以驯服,要么认为政府应当顺应舆论。因此,一套有影响力的教科书的编辑如是写道:"对于政府来说,头等重要的任务是将个人观点转化为公共行动。"①

当然,还有一个更紧要的问题,那就是如何去验证我们自身对政治局势的认识。在后文我会更深入地阐释那些业已应用于实践的原

---

① 参见艾伯特·布什奈尔·哈特(Albert Bushnell Hart)为 A. 劳伦斯·洛威尔(A. Lawrence Lowell)的《舆论与大众政府》(*Public Opinion and Popular Government*)一书所写的序言。

则是如何在发展的过程中对时局的发展产生根本性的推动的。不过,这些原则的发展情况取决于我们究竟在多大程度上对舆论的聚合与监视机制了然于胸。这是因为,带有偶发性色彩的舆论乃是人与人、人与世界的局部接触的产物,其来源于传统和个人利益,并且天然地就与建立在精准记录、指标体系、科学分析和比较方法基础上的政治思想格格不入。人的心灵的某些特征,即决定了人们眼中哪些东西有趣、重要、亲切、私密或激动人心的那些特征,从一开始就会因直白而冷酷的舆论的存在而遭遇挫败。因此,除非在群体中存在一种普遍的确信感(conviction),使得偏见和直觉均无法充分发挥作用,否则那些耗费了大量时间、金钱、劳力、心智和耐性,并以强势姿态运行的舆论,就一定能够在群体中产生显著的影响。所谓确信感的出现,有一个前提,那就是自省意识的强化。确信感的存在使我们对夸夸其谈的行为时刻保持警惕,且一旦自己也成了一个夸夸其谈的人,就会从心底由衷生发出对自己的鄙视之情。若非养成了在阅读、言谈和做决定的时候对舆论进行分析的习惯,我们中的绝大多数人不会去追求更有价值的观点;就算更有价值的观点出现在我们面前,我们也会无动于衷。这样一来,我们也就丧失了对于政治观念试图操纵我们的各种新手段加以辨析和防御的能力。

不过,若我们去观察那些历史最悠久,力量也最强大的民主制度,会发现舆论问题在其中简直可以说处于重重迷雾中。总有一些深谙舆论之道并善于以娴熟技巧对其加以操纵的人能够凭自己的这个本事在选举时占尽风头。不过,在政治学中,这些舆论操控者往往被视为不入流的政客,甚至是"问题人物";他们在操控舆论时所采用的种种手段,也往往被视为"舆论的创造及运作"这套学问中较为低级的部分。在包括学生、演说家、媒体编辑在内的很多人中,往往流行着一种将民主宣之于口的习惯,即使这些人根本不能左右民主制度的运行过程。在其他社会形态下,人们通常习惯于将事务的发展方向和结果归因于某种神秘的力量;而在民主社会中,舆论就成了那个"神秘的力量"。

在任何一套政治理论中,都存在一些难以考量和验证的元素,这些元素在该理论体系发展的全盛时期常常被人们不假思索地全盘接受。类似"命运""守护神""君权神授""上帝对特选子民的授权""天堂的代理人""天生高贵的阶级"等概念,就属于这一范畴。尽管在民主思想中,天使、恶魔、国王等显而易见的宗教或封建概念已不复存在,但人们在精神上对于"领导权"仍然有着持续的需求。那些设计了民主制度框架的18世纪思想家,就有这样的需求。他们宗教观念淡薄,却又古道热肠;他们期望为新的社会秩序找到一个牢固、可靠的根源,并最终在人民主权论(popular sovereignty)中找到了答案。这里面显然有神秘成分,但只有那些既不敬神又好奇的"人民公敌",才会对其追根究底。

2

那些卷入了既惨烈又前途未卜的斗争的政治实干家始终未曾摘下面纱。他们深受民主思想的鼓舞,因为这种思想比有史以来任何一种政治理念都更深刻,适用范围更广,与人民的生活也更息息相关。他们反抗各种时代偏见,并坚信人的尊严是最神圣的事物。他们所执迷的问题,并非约翰·史密斯是否对于一切公共议题都有系统的观点,而是对于一个出身于社会底层的人,民主制度是否能确保其无须对任何人卑躬屈膝。正是这样的图景,使得"活在破晓时分如此幸福"成为事实。不过,似乎所有分析家都对民主思想能赋予人尊严这件事持怀疑态度,他们拒绝承认所有人在任何时候都是

> "活在破晓时分如此幸福。"(Bliss was it in that dawn to be alive.)这是英国诗人华兹华斯(William Wordsworth)的著名诗句。

同样理性、同样有教养、同样见多识广的;他们同时指出,人民时常是被愚弄的对象,总是搞不清楚自己的切身利益究竟为何,所以民主制度并不是为所有人准备的。

人们厌恶这样的批评家,正如同没人喜欢吵闹的熊孩子一样。因此,那些动辄批评人类"不可靠"的分析家始终饱受非议和攻击。

如果民主主义者承认在关于维护贵族政治的争论中还存在一丝真理的话,那么他们也会在为民主制度辩护的时候留些余地。正如亚里士多德坚持认为奴隶生来就是奴隶一样,民主主义者也不得不承认只有那些有幸成为立法者或管理者的人才是真正意义上的自由人;他们不可能公开声称人的灵魂或许并不具备,甚至永远不会具备这种专业资质,但他们也不可能坚定地表示所有人都拥有不在自己浑然不觉的情况下被他人利用的天然权利。那些高高在上的人目前风头正劲,正处于肆无忌惮的状态,所以不能指望他们自我约束并对大众坦诚相见。

于是,早期民主主义者坚称,理性的正义是从人民大众中自然生发出来的。所有民主主义者都认为情况理应如此,而他们中的很多人认为事实就是如此,尽管其中一些最聪明的人,如托马斯·杰斐逊对此持有很多保留意见。不过,有一点是确凿无疑的:在民主思想发展的初期,人们普遍坚信,如果舆论并不是自发涌现出来的,那么也就根本不存在舆论这个东西。这是因为,民主思想在政治学中的理念根基,与亚里士多德所崇尚的那种政治学根本就是殊途同归的。无论民主主义者还是贵族制度的维护者,无论保皇派还是共和派,其所遵从的政治理念是完全一致的,那就是要让统治的艺术看上去是一种天然的禀赋。人们可能会对究竟哪些人拥有统治他人的禀赋持有截然不同的观点,但所有人都同意的确存在少数人,他们与生俱来地拥有他人所不具备的政治智慧,而这些人应当成为统治者。保皇派坚信国王就是天生的统治者。亚历山大·汉密尔顿认为,尽管"每一个阶层都有坚强的意志……但代议机构只能由土地所有者、商人和专业人士构成,且这样的构成方式几乎对政府的正当性没有任何影响"[①]。杰斐逊则坚称,政治能力是上帝专门赐予农场主和种植园主的天赋,但这种能力在一些人口中仿佛属于所有人。[②] 这些

---

① James Madison, *The Federalist*, Nos. 35, 36. 参见 Henry Jones Ford, *Rise and Growth of American Politics*, Ch. V。

② 见后文论述。

言论的基本前提是一致的:治理权并不必然属于所有人,而是某些人与生俱来的特权,它可能属于某一个人或一小撮人,可能属于所有男性或仅属于年满21岁的白人男性,当然也有可能属于所有男人和女人——这取决于你的社会偏好(social preferences)。

在判断究竟谁最适合做统治者的时候,对外部世界的了解程度成为一项不言自明的标准。贵族制度的维护者坚信只有那些有能力做大事的人具有成为统治者的天赋,而民主主义者声称所有人都具有成为统治者的天赋因而也就都能成就大事。至于统治者究竟应该对外部世界有何种了解,却并不存在于这两套说辞所包孕的政治理念中。若你真的为人民着想,那你根本无须费神思考如何让选民随时拥有知情权的问题。只要年满21岁,人们自然就获得了作为选民的基本政治素养。最重要的是,要拥有一颗善良的心、一套理性的思维方式,以及对事物做出公正判断的能力。这些素养都会随着年龄的增长而不断成熟,但没有必要去对究竟如何启迪心灵、培育理性的问题刨根问底。人类对事实的接受就像呼吸一样自然。

3

不过,人通过这种徒劳的方式所能获得的事实,实在少得可怜。他们有可能对自己生活和居住的地方的风俗习惯和某些鲜见的特征有所了解,但对于未知的外部世界,他们只能去想象;而这种想象并不是他们的本能,他们也不可能仅从生活中就汲取到关于外部世界的可信赖的知识。故而,唯一有可能哺育出自发政治(spontaneous politics)的环境,就是由统治者直接而确定的知识体系所限定的那个环境。只要你认为政府是建立在人类能力的自然范畴内的,那么上述结论就一定会成立。一如亚里士多德所言:"如果一个国家的公民以臧否他人的方式来决定谁能成为当权者,那么他们就必须了解彼此的性格特征;若他们不具备了解他人所需的知识,那么无论是官员选举还是法庭断案,都会出问题。"①

显然,亚里士多德的话适用于一切政治理念;但对于民主主义者来说,这番话却带来了一些棘手的麻烦。不难理解,那些推崇阶级统治的人会声称,无论是在王庭之上还是贵族的乡村宅邸内,人们对彼此的脾气、秉性都是十分了解的;而既然不属于上流阶层的大多数人都是消极、麻木的,那么真正需要被了解的就只是统治阶级中的少数人的脾气、秉性。至于那些意在高扬全人类普遍尊严的民主主义者,则必须要同他们眼中的那个既庞大又鱼龙混杂的统治阶级——男性选民——打交道。科学告诉他们,政治其实是一种天赋,而天赋只能在有限的范围内发挥作用;但民主主义者心中的愿景促使其坚信大环境中的所有人都具备做统治者的能力。在理想与科学的尖锐冲突中,民主主义者备受煎熬,摆脱这一困扰的唯一方法就是不假思索地认定人民的声音就是上帝的声音。

这是一个严重的悖论,也是一场代价高昂的赌局。民主主义者的理想实在弥足珍贵,令人不忍对其大泼冷水。但一位在波士顿生活的波士顿居民如何能够在头脑中构想出弗吉尼亚人的观点?一个在弗吉尼亚州生活的弗吉尼亚人如何对位于华盛顿的联邦政府产生真正意义上的观点?身在华盛顿的国会议员如何形成关于中国或墨西哥的观点?对于这些问题,民主主义者都无力回答。这是因为对于很多人而言,要想对自己无法亲眼得见的事务做出判断,是极为困难的。当然,自亚里士多德时代以来,情况有了一些改进。现在我们不但可以读报看书,而且由于交通运输工具的发展,我们的活动范围也扩大了。不过,政治思想总体而言从未有过什么显著的发展。诞生于18世纪的政治假设在本质上与此前盛行了两千年的政治理论没有什么本质的不同。民主主义先驱始终不能化解人类认知的局限性与自己对于人类尊严的无限信仰之间的矛盾。

早在现代报业、国际新闻机构、摄影术与电影诞生之前,民主主

---

① Aristotle, *Politics*, Bk.Ⅶ, Ch.4.

义的理念便已经形成;但这也就意味着,民主主义的理念比科学测量与记录体系、量化与比较分析技术、证据原则以及旨在对证人的主观偏见进行矫正的精神分析理论诞生得更早。当然,这并不是说我们的记录系统是完美无缺的,我们的分析技术是公正无私的,我们的统计手段是健全合理的。我想说的是,这几项关键的发明的宗旨,正是在于将不可见的世界呈现在人们的面前,以使其能够形成更为科学的判断。亚里士多德时代根本不存在这些东西;而在卢梭、孟德斯鸠或托马斯·杰斐逊的时代,这些东西的重要性也并未显著到可以被纳入政治理论的程度。在后文中我们会看到,即使是最为前沿的、由英国的基尔特社会主义者所开创的人类重构理论,其最深层次的观念前提也是从古老的政治思想脉络中继承下来的。

  这一古老的政治思想脉络,无论自洽与否、可靠与否,完全建立在一个观念基础上,那就是人的公共事务经验总是十分有限的。既然时至今日,人们能花费在公共事务上的时间仍然很少,那么我们完全可以认为上述观念基础目前仍然正确,而且发挥着巨大的作用。不过,古老的政治理论认定,人类不但甚少留意公共议题,而且即使在少得可怜的几次留意中,其注意力也往往被限制在与眼下状况密切相关的事务上;所以,在古代,如果有人认为总有一天那些既复杂又与日常生活关系不大的事务都能够得到充分的报告、分析和呈现,并最终使那些"政治外行"也能做出真正有价值的选择,那他一定是痴人说梦。不过,今非昔比,这一切已经不那么遥远了。如今已无人怀疑,对于人们不可见的环境进行持续报告(report)是一件完全可行的事。尽管这种报告时常被搞得很糟糕,但"可被报告"本身表明这一任务是完全能够完成的;而我们对"搞得很糟糕"这件事开始形成清醒的意识,也意味着这项工作完全可以做得更好。每一天,技能殊异、人品参差不齐的专业人士都在对特定领域内的那些既复杂又疏离于日常生活的事务进行着报告:工程师和会计师向商人报告、秘书和公务员向上级官员报告、情报官员向总参谋部报告、新闻记者向报纸的读者报告。尽管这只是一个马马虎虎的开端,但其产生的效应是颠覆性的。也就是说,"报告"一词的字面意思,远比反复出现的"战争""革命""退位""复辟"等字眼更具颠覆性。其所产生的效应,与人类生活范围的变迁同样激进,影响同样深远;而正因这样的变迁过程的发生,劳合·乔治先生得以在伦敦用过早餐后与人探讨威尔士煤矿问题,又能赶在吃晚饭之前于巴黎评论阿拉伯国家的前途命运。

这是因为,将人类事务纳入判断力范畴的可能性打破了长期以来束缚政治思想的魔咒。当然,总是有很多人始终无法意识到注意力的范围才是政治学得以确立的主要前提。他们的观念是建立在海市蜃楼上的。在他们身上,我们可以看到一种极为有限并以自我为中心的认识世界的能力是如何对一个人产生影响的。从柏拉图和亚里士多德,到马基雅维利(Machiavelli)和霍布斯(Hobbes),再到今天的民主理论家,这些重要的政治思想家围绕着"以自我为中心的人"——他们仅仅通过自己头脑中有限的图景去观察整个世界——展开了自己的理论思考。

马基雅维利(1469—1527),意大利政治思想家和历史学家。他曾任佛罗伦萨共和国的重要官员,但在曾经统治佛罗伦萨的美第奇家族复辟后,转投其怀抱。后美第奇家族倒台,佛罗伦萨恢复共和制,马基雅维利想继续为共和国效力,但遭到拒绝,郁郁而终。

第十七章

自足的社群

1

显而易见,前文提到过的由那些以自我为中心的人构成的群体中若不断发生摩擦,那么他们的生存就会受到威胁。这一判断的准确性至少得到了霍布斯的确认,他在《利维坦》(Leviathan)一书的一个著名段落中指出:"尽管历史上从未存在过一个人与人之间彼此为敌的特殊时期,但自始至终,王权和其他形式的主权下的人都在为了各自的独立地位而彼此仇视、争论不休,甚至不惜以武力相威胁、怒目相向……"①

2

为了驳斥上述结论,一套学派众多、脉络复杂的人类思想体系就此展开;该思想体系旨在建立一种理想的人际关系范型,以令人们各得其所、各司其职。若大家都能明确无误地扮演好社会分配给自己的角色,那么无论其观点是正确的还是错误的,都无伤大雅。每个人都安于本分、尽忠职守,那么这些人就一定能够构成一个和谐的世界。任何一个阶级社会都奉行这一准则:在柏拉图的《理想国》和亚

---

① Leviathan, Ch. XIII. "Of the Natural Condition of Mankind as concerning their Felicity and Misery."

里士多德的著作中,在封建主义的理念中,在但丁所构想的天国中,在流行的不干涉主义政策中,我们都能看到该准则的影子。尤其值得注意的是,甚至在工团主义(syndicalism)、基尔特社会主义、无政府主义以及罗伯特·兰辛(Robert Lansing)先生理想中的国际法体系中,该准则的受欢迎程度也高得令人咋舌。这些社会形态和政治理念均预设了一种和谐局面,无论这种和谐局面是先天存在的、后天生成的还是被强加于人的;而在这一和谐局面中,那些固执己见的个人、阶层或社群完全能够与其他人和平共处。有威权主义思想倾向的人会把这种局面想象为一支交响乐队的成员正在指挥的引领下各司其职地演奏乐章,而更倾向于无政府主义的人会认为如果每个演奏者都被赋予即兴演奏的权利,那么这种和谐的局面会显得更加神圣。

罗伯特·兰辛(1864—1928),19世纪美国政治家、法学家、参议员。

不过,也有一些哲学家对关于权利和义务的讨论不胜其烦,他们更愿意相信冲突是人类社会的常态,并努力让自己的这套观点成为主流观点。这些哲学家尽管有时显得有点神经过敏,但他们是始终如一的现实主义者;他们所做的事,不过是对那些无人可以免俗的共同经验进行了概括而已。马基雅维利就是这一流派的杰出代表。他是一个自然主义者,在历史上首先使用直白的语言去谈论早已被超自然主义者所占领的政治领域内的问题,并因此背负千古骂名。① 他声名狼藉,却拥有比其他政治理论家更多的追随者。他准确无误

---

① F. S. 奥利弗(F. S. Oliver)在其《亚历山大·汉密尔顿》(*Alexander Hamilton*)一书的第174页指出:马基雅维利"假定那些业已存在的条件——包括人与事物的天性——是无法改变的。他在论述这一观点的时候,使用了一种冷峻的、毫无道德感的方式,仿佛自己所讲的只不过是关于青蛙的生物知识。通过这种方式,他向人们表明,即使那些最英勇、最睿智的统治者,也会竭尽全力让事情朝着对自己的利益和自己的统治有利的方向发展"。

地对一个自足的国家赖以生存的技巧进行了描绘。正因如此,他才为自己赢得了那么多门徒。他之所以背负恶名,主要是由于他和美第奇(Medici)家族暗通款曲,每天晚上都穿着"贵族宫廷服"写着他的《君主论》(The Prince),梦想着自己有朝一日也能成为君主。人们厌憎他那种见风使舵、唯利是图的天性。

在《君主论》中有一段为人熟知的文字如是写道:"君主应当小心,绝不能让任何无法体现上文提到的五种品质的言论脱口而出;君主应该无时无刻不令那些听其言、观其行的人感受到仁慈、忠诚、高尚、正直和虔诚。其中,虔诚又是最不可或缺的一种品质。由于一个人往往是通过双眼而非双手来对另一个人的品质做出判断的,且每一个来看你的人其实也都怀着虔诚之心,故让他们看到你的虔诚便尤为重要。至于那些与你产生肢体接触的人,则往往不那么虔诚。每个人都能看见你的样子,但没几个人真正了解你的底细;即便是少数几个了解你底细的人也不敢去反对多数人的意见,因为多数人的意见背后往往有国家和王权的支持。对于人的行为,包括那些很少会受到挑战的君主的行为,人们往往通过其导致的结果来对其加以判断……如今就有一位大家都知道的君主,喋喋不休地向民众宣扬和平与诚信,然而他本人却反其道而行之;若他一意孤行的话,那么他的名望和他的统治地位可能会随时丧失。"①

这段话体现了一种犬儒主义的态度,但其玩世不恭的论调折射出说这番话的人其实并不能真正理解为什么事物呈现为他所看到的那样。马基雅维利认为,无论普通人还是君主"往往都是通过双眼而非双手去做出判断的",这也就等于承认人对事物的判断总是主观的。他的观点实在太"接地气"了,这使得他完全无法做出姿态,去承认与自己同时代的意大利人有着完整而牢固的世界观。他拒绝沉溺在梦幻之中,也不愿去凭空想象人类已经学会了如何修正自己的想法。

---

① *The Prince*, Ch. XVIII. "Concerning the Way in which Princes should Keep Faith." Translation by W. K. Marriott.

在马基雅维利看来,人的想法是很难被修正的,而世界正由这样的人构成。由于每个人都以自己独有的方式去看待社会关系,因此人与人之间永远存在着冲突。尽管在现实生活中,很多事务的范围远远超出了人们的想象力,但人们仍然惯于从个人的、阶级的、国家的或地方的有限视角对其做出判断。他们所能看到的只是与自己有关的一些方面,并认为这就是真理。不过,他们在生活中还会遇到其他和自己一样以自我为中心的人,于是他们的存在感,或至少是他们出于毫无根据的理由所臆想出来的存在感,就受到了威胁。事情的结果(the end),由于牢不可破地建立在既真实又个人化的生活经验的基础上,因此最终决定了手段(the means)的合理性。为了拯救全部理想,他们不惜牺牲其中的任何一个理想……"结果决定一切……"

3

马基雅维利口中这番直白的道理对民主哲学家构成了挑战。不管有意识还是无意识,民主哲学家都深知政治知识的范围和人的自制力均有其局限性,而彼此独立的国家之间若发生了摩擦,完全有可能陷入剑拔弩张的局势。但他们也坚信,人类有着决定自己命运、追求不受强权摆布的安宁生活的坚强意志。那么,民主哲学家应当怎样去调和愿景和现实之间的矛盾呢?

他们就此展开了全面的思考。他们在古希腊与意大利的城邦发现了大量关于腐败、阴谋和战争的史料①,在自己生活的城市里则见证了内讧、造作与狂热的现实。在这样的土壤中,民主主义的理想不可能繁荣生长,也不可能哺育出既独立又具有同等高素质的人以自发的方式去管理各项社会事务。或许是在让-雅克·卢梭的指引下,他们将目光放远,开始去关注遥远而纯净的乡村,并最终坚信真正的民主只能存在于这样的地方。杰斐逊尤其认同这一点,他是美国民

---

① "民主制度中始终充满了动荡与冲突的景观……通常情况下,这些制度死得越惨烈,其生命力也就越脆弱。"James Madison, *Federalist*, No. 10.

主制度图景最主要的勾画者。小城镇是美国独立战争取得胜利的力量源泉,也是令杰斐逊领导的政党赢得选举的关键所在。在马萨诸塞州和弗吉尼亚州的农业社区,如果对农场里劳作的奴隶视而不见的话,你无疑会由衷地认为自己眼前所见的就是民主应有的样子。

  托克维尔指出:"美国革命爆发了,人民自治的法则开始在全国范围内流行,而这一法则正是在小城镇的土壤中生发的。"①至少对于那些塑造并推广了关于民主制度的种种刻板印象的人来说,这是毋庸置疑的真理。"我们的原则就是热爱人民。"杰斐逊写道。② 不过,杰斐逊所热爱的人民,几乎仅包括小农场主:"如果上帝确实有特选子民的话,那他们无疑就是那些在土地上劳作的人。这些人的胸膛,承载着上帝独赐予他们的货真价实的美德。正是因为这些人的存在,上帝的圣火得以长明,而不会在地球上消失。古往今来、四海之内,我们还从未见过耕种者出现道德滑坡的现象。"

  尽管"回归自然"的民主理念或多或少带有不食人间烟火的色彩,但这一理念亦确实有着牢固的观念基础。杰斐逊认为独立的农场主群体比任何其他形态的人类社会都更接近自发民主的理想状态,这个想法是正确的;但如果你想保护这一理想的社会形态免受外部世界的恶意玷污,就必须要令其与世隔绝才行。若农场主真要对社区事务进行自主管理,那他们就务必要将这些事务限定在自己的习惯所及的范围内。杰斐逊在逻辑上将这些问题想得很明白。他不喜欢制造业、外贸业、海军和无形资产,而且在理论上他厌弃一切不是建立在小型自治群体基础上的政府形态。他在世的时候便饱受批评,其中一位批评者指出:"一方面,我们沉浸于自给自足,别无所求;另一方面,我们又在现实中孔武有力,并足以抵御外侮。就这样,我们沉浸于一成不变的乡村生活,外表自私、自满、内心粗野、冷漠,并希望这样的日子一直持续下去。"③

---

① *Democracy in America*(Third Edition), Vol. I, p. 51.
② 引自 Charles Beard, *Economic Origins of Jeffersonian Democracy*, Ch. XIV。
③ *Op. cit.*, p. 426.

● 4

杰斐逊心目中的理想的民主制度是由两个关键元素构成的:一个理想的环境和一个特定的阶级。他的这一想法尽管符合当时的政治学观点,但是在现实世界里面临着挑战。当杰斐逊带着某种洋溢的热情或出于动员群众的需要而以绝对化的表述来介绍自己的观点时,人们常常忘记了这套理论其实是在极为特殊的条件下诞生的,并将其视为放之四海而皆准的真理。于是,杰斐逊的民主观如同政治福音书,成为美国所有政党在看待政治问题时均无法绕开的刻板印象。

民主理想之所以变成了一种真理,是因为在杰斐逊的时代所有人都认为舆论既是自发的,也是客观的。由是,民主的传统总是试图以如下方式看待世界:人类只关心那些缘起于自己的居住地,并对自己的居住地有直接影响的事务。民主理论从未考虑过更为宏大,也更难把握的情境下的问题。民主就如同一个凹面镜。而且,尽管民主主义者很清楚自己也会接触到社群之外的事务,但他们在内心深处始终认为,任何与自治群体之外的世界的接触都会对民主构成威胁。这种忧虑是明智的。如果民主真的是自发的,那么民主制度所追求的利益也必须始终是简明易懂、便于管理的。在人们所获的信息仅限于偶发性生活经验范围的情况下,如果一个群体要施行民主制度,则其基本条件应当与那些与世隔绝的小城镇差不多,其环境也应当被限制在每个人直接且确定的知识范围内。

民主主义者很清楚对于舆论的分析究竟能够说明些什么问题:在不可见的环境中,"任何决定都是在极为偶然的情况下做出的,而这一现象很不正常"①。所以,民主主义者总是尝试用各种方式去削弱所谓"不可见环境"的重要性。他们害怕国际贸易,因为国际贸易不可避免地会导致与外国的接触;他们反感制造业,因为制造业会催生大城市和密集的人口;就算制造业的发展不可避免,他们也会致力于保护自给自足的小农经济的利益。当民主主义者发现自己的想法

---

① Aristotle, *Politics*, Bk. Ⅶ, Ch. Ⅳ.

无法在现实世界中实现，便会激动地跑到某个荒凉、偏僻的地方，建立起与世隔绝的乌托邦社会。他们的诉求同时折射出他们的狭隘。他们支持自治、自决和独立，但当他们谈论这些概念时，其实头脑中已经对其做出了严格的限定，那就是这些民主的字眼只属于那些自给自足的小群体。民主行动的范畴受到严格的限制。在受到保护的领域内，民主的目标在于实现自给自足并避免混乱。这一法则对外交政策并无约束力，但在外交活动中也有明确的体现，这是因为与国界之内的生活相比，国界之外的生活始终跟"我们"没太大关系。而且，历史也表明，将民主运用于外交政策通常只会导致两个结果，要么是"光荣的孤立"，要么就是对民主主义理想本身的破坏。事实上，那些公认的最为成功的民主政体，如瑞士、丹麦、澳大利亚、新西兰以及如今的美国，始终未曾奉行过欧洲大国所奉行的那种外交政策。即使是门罗主义，其意图也不过是在大西洋和太平洋之间确立一个缓冲区域，而这一区域内的国家都是实实在在的共和体制，且均不奉行任何外交政策。

　　危险的局面极有可能是独裁统治得以出现的重要乃至必要条件①，民主制度的运作则需要基本的安定局面作为保障。自给自足的社群若要生根发芽，社会动乱就必须越少越好。局面不安定，则人心不安定。这既意味着有些人将对你的生活造成影响，而这些人你既不能控制，亦无法与之协商，又表明某些力量已经失去控制，开始破坏人们所熟悉的惯例，并带来赶不及通过正常程序解决的、迫在眉睫的新问题。每一位民主主义者都从骨子里认为危险的局面与民主制度是无法兼容的，因为他们对大众的劣根性心知肚明：一旦情况危急到必须由少数人迅速做出决定的程度，绝大多数人都会心甘情愿地盲从。当然，这并不意味着民主主义者都是不抵抗主义者，但一切

---

① 费希尔·埃姆斯（Fisher Ames）由于惊恐于1800年的民主革命而于1802年给鲁弗斯·金（Rufus King）写信说："美国和所有国家一样，需要缩小自身与邻国的交际圈，因为外国势力的存在自始至终都在激发人们的恐惧，其危险性比煽动性言论鼓吹人民推翻政府，有过之而无不及。"引自 Henry Jones Ford, *Rise and Growth of American Politics*, p. 69。

打着民主旗号的战争又的确都是以和平主义为宗旨的。一场战争,哪怕实际上根本就是一群人对另一群人的征服,发动战争的人心里也始终虔诚地认为自己打别人是为了捍卫人类文明。

民主主义者试图在一个封闭的范围内施行民主制度,这并非由于他们怯懦、冷漠,或如杰斐逊的一位批评者所言,他们想要过苦行僧的生活。他们眼中所见的,乃是一种极为光明的希望,那就是每一个人的天性都应当自由生长,每一个人都应摆脱他人的束缚。他们从自身对治理术的理解出发,构想出了一个由完全自治的个体构成的社会,尽管这一构想并未超越亚里士多德当年的设计,仍然具有封闭和简单的特征。如果他们坚持认为每一个人都有能力自发管理好自己的各项事务,那么他们就别无选择。

● 5

民主主义者将小国寡民视为民主制度的前提,源于其对该制度的美好而热切的期冀。不过,尽管如此,他们还是提出了一些其他的观点。既然简单而自足的社群是自治得以实现的必要条件,那么民主主义者便不假思索地相信,社群中的人在管理各类"简单而自足"的事务时,拥有一模一样的能力。若一个人的思想是从其意志中生发出来的,那么他就会打心眼里认为这套思想是合情合理的。甚或,为追求实实在在的效果,"全能公民"(omnicompetent citizen)这一信条在乡镇地区也的确得到了切实的体现。生活在村落里的每一个人或早或晚都会插手本村的各项事务,村子的管理权则通常是由一些"万事通"轮流掌握。在关于民主制度的刻板印象尚未广泛流行之时,"全能公民"信条未曾遇到过什么麻烦;但在那之后,人们习惯了在面对错综复杂的人类文明时,将其简单地视为一个与世隔绝的村庄。

民主制度不但假定每一位公民都有能力应付一切公共事务,而且对社群的公序良俗充满信心,认为每个人都必定醉心于公益。在民主主义者眼中,每一位公民都具有公共精神,热爱自己的村镇,不但熟识身边的每一个人,而且对其他人的事饶有兴致。对村镇事务的全情投入,会很容易转化为对任何事的全情投入。正如我们曾经讨论过的,量化思维模式(quantitative thinking)并不适用于刻板印象。不过,我们还可以从另一个角度去思考。民主制度假定每一个人都对重要的事务有足够的兴趣,因此只有那些表面看上去重要的事务才能够吸引每个人的兴趣。

这意味着,人们往往是通过自己头脑中那些不容挑战的图景去对外部世界进行构想的。那些图景通常作为刻板印象由父母或教师灌输至其脑中,而其本人的经验甚少对这些刻板印象加以校正。活动范围超越州界的人已不多见,有机会出国的人更是凤毛麟角。绝大多数选民终其一生只待在一个地方,他们获取信息的途径通常仅限于隔靴搔痒的报纸新闻、一些小册子、政治演说以及宗教事务培训,此外就是各种飞短流长。至于那些更为宏大的概念,如商业和金融、战争与和平,他们便只能去凭空想象。舆论的形成,要么建立在客观报告的基础上,要么建立在随意空想(casual fancy)的基础上,而前者的数量和规模远远逊于后者。

因此,出于各种各样的理由,所谓的"自足"只能是一种尚处在襁褓之中的精神理想。乡镇的地理隔绝、拓荒者的孤独、关于民主的理论、新教的传统,以及政治学的局限,凡此种种,莫不使人相信只有充分释放自己的政治智慧,方对得起天地良心。当然,从绝对法则(absolute principles)中演绎出来的法律必定在很大程度上限制了人的自由。美国的政治观念必然生发于首都华盛顿。在法律范畴内,存在着一套经过验证的规则,这套规则确保了在未从生活经验中汲取新的真理的情况下,新的规则也能生成。上述程式不知何故变得异常神圣,使得每一位目光敏锐的外国观察家都必然对美国人源源不竭的实践动力和美国公共生活之僵化教条间的鲜明反差惊讶不已。对于定规的热爱其实就是目前所知的实现"自足"的唯一方式。不过,这也就意味着在任何一个社群关于外部世界的舆论中其实都有一些刻板印象式的图景;这些图景通常来自该社群的法律和道德准则,并在由日常生活经验所激发的感受中获得了生命力。

由是,尽管民主理论旨在勾勒一幅赋予所有人以终极尊严的美好图景,但由于缺乏对环境进行科学报告的知识机制,该理论最终还是要依赖选民所具备的难以预测的智慧和经验。用杰斐逊的话来说,人类的胸膛"承载着上帝独赐予他们的货真价实的美德",仿佛这些上帝特选的子民在他们所熟悉的自足的环境中可以获知全部事实。他们对这一自足的环境是如此熟悉,以至于可以不假思索地认为所有人其实都在谈论同一件事。这样一来,除非大家对某一事务持有彼此不同的看法,否则分歧就不会产生。在这样的环境下,根本无须关注信息源的问题,因为很显然所有人对信息的接触和掌握都是机会均等的。同样,也不必去建立什么"终极标准",因为在自足的社群里,大家普遍认同存在着一套放之四海而皆准的道德规范。因此,观念的差异只可能在一种情况下出现,那就是合理地将人们普遍接受的标准应用于人们普遍接受的事实。而且,既然理性也已经被标准化,那么任何推理过程中的谬误也都会在自由讨论中被揭露,这是因为人们坚信只有将自由置于理性的框架内,自己才能掌握真理。社群可以将提供信息视为自己天然的职责;其通过学校、教会和家庭所传递的信条,及其拥有的从前提得出结论的权力而非确立前提的能力,则被视为智识教育的主要目的。

第十八章
强力、委任制以及特权的作用

1

汉密尔顿写道:"我们所担心的事终于还是变成了现实。联邦政府的政令无法得到执行,慵懒、怠惰则一步一步将各州的状况引向某种极端,其最终的结果就是政府裹足不前。"①……这是因为"联邦政府在做决定的时候必须征得所有13个主权州的同意,唯如此,联邦政府的每一项重要决策方可得到有效的实施"。若非如此,又能怎样呢?汉密尔顿继续阐述:"那样,代表不同利益的决策集团成员……就会仅从自己的立场出发,对事务做出评判。他们会对那些提议中的事务或亟待解决的事务做出周密的考量,以考察其是否符合自己眼下的利益或目标;一项政令被采纳与否也取决于其能否给眼下的情势带来便宜。联邦政府的很多决定都是在各州代表对自身利益的考量及疑虑重重的审视中做出的,这一过程既缺乏对于全国大局的充分理解,也罔顾各州的实际情况,往往仅是基于各地的短期目标。通过此种方式做出的决策,尽管不能算是英明,但也错不到哪儿去。在决策群体的每一个成员身上,这一过程都在反复进行;至于整个议会对自己推行的政策的实施状况,则严重受制于每一位代表的自由裁定权,而这些代表往往既消息闭塞,又满怀偏见。对集体决策机制十

---

① James Madison, *Federalist*, No. 15.

分熟悉的人深知,在缺乏外部环境压力的情况下,让大家在和谐的氛围中就重要事务做出意见一致的集体决策是十分困难的。如果同时存在很多彼此小心翼翼地保持着距离,并在特定时间和特定情况下想要就某一些观点和目标达成共识的决策集体,意图对决策进程加以引导简直就是不可能完成的任务。"

正如约翰·亚当斯(John Adams)所言,和混乱中的国会打了十余年交道后,"独立战争的领袖们最终只在外交事务上让大多数州达成了共识,这对他们来说只能算是一个喜忧参半的结果"①。在很多以自我为中心的社群于同样的环境中纠缠不清的情况下,这一结果的出现是必然的。正因如此,当独立战争的领袖们以修改《十三州联邦宪法》(Articles of Confederation)为名于1787年5月共聚费城时,他们在内心深处均对18世纪的民主思想充满了抵触情绪。一如麦迪逊所说,他们不但明确反对作为时代精神的民主理论,认定"民主从头至尾只不过是动乱和冲突的景观",而且决定,要在美国的领土上竭尽所能地压制自足环境下的自治社群理念的发展。他们亲眼看见那种强调让人们拥有自治权的凹面镜式的民主(concave democracy)是如何走向分裂和失败的。他们认为,最紧迫的问题是如何强化政府的权力以对抗民主。他们坚信,政府才应当是对国家事务做出决策并对其加以执行的主导性力量,而民主的过程不过是一些顽固的地方势力和阶级势力通过自决的方式来满足自己眼下的利益与实现自己眼下的目标而已。

在他们的考虑中,让分立的社群在同一时间对同一类事实做出反应是根本不可能实现的。我们也不过是在发现世界上还存在着一

约翰·亚当斯(1735—1826),美国独立运动领袖、开国元勋,接替华盛顿担任美国第二任总统。

---

① Henry Jones Ford, *Rise and Growth of American Politics*, p. 36.

些新闻自由、语言相通的地方后,才开始构想上述可能性,而且这种构想仅仅局限于生活的某些方面。工业与世界政治领域内那一套自由意志联邦主义(voluntary federalism)理念仍然处于摇篮期,我们从自己的经验出发便不难发现,这套理念在政治实践中的运用既十分有限,也十分隐晦。既然连生活在一个多世纪以后的我们在看待民主的时候,也不过是将其视为知识分子群体代代相传的一种精神力量而已,那么联邦宪法的缔造者们当然没有任何理由对民主欣然接受。为了建立起全国性的政府,汉密尔顿及其同僚不得不制订周密的计划,但他们在这一过程中所笃信的信条并非人可以出于共同利益而协作,而是只要令各方面的利益得以因权力的均势而处于平衡状态,政府就能够实现对人的有效治理。一如麦迪逊所言:"我们必须以野心去对抗野心。"①

革命领袖们并非如某些评论者所揣测的那样一味寻求各方面利益的均衡,因为那将使政府陷入僵局。相反,他们竭尽全力让地方利益与阶级利益陷入僵局,这样政府才能自由地开展工作。麦迪逊写道:"在设计一套以层级制为特色的政府架构时,最主要的困难是**你必须首先确保政府能够有效地控制那些被统治者**,然后才能去要求政府自我约束。"②这样一来,权力制衡就成为联邦领袖们对舆论问题加以解决的不二法门,了解这一点十分重要。在他们看来,设计一套能够消弭地方诉求的精密机制是以"温和的文官体制"取代"血腥的战争体制"的唯一方式。③他们对于如何操纵海量选民一无所知,也无法预见人们究竟能在

阿龙·伯尔(1756—1836),美国政治家、独立战争英雄,曾任美国参议员、副总统。

---

① James Madison, *Federalist*, No. 51, 引自 Henry Jones Ford, *Rise and Growth of American Politics*, p. 60。
② *Ibid.*
③ *Ibid.*, No. 15.

多大程度上通过共享的信息来获得普遍共识。阿龙·伯尔(Aaron Burr)于1800年在坦慕尼协会(Tammany Hall)的帮助下赢得了对纽约的控制权这件事的确给了汉密尔顿一个令其记忆深刻的教训。不过,汉密尔顿还未来得及对这一教训进行反思,就在与伯尔的决斗中负伤身亡了。正如福特所说,伯尔的子弹所击穿的,其实是联邦党的精神支柱。①

● 2

在联邦宪法的起草阶段,"政治事务尚可由绅士们通过会议和协定的方式来管理"②;而汉密尔顿在组建政府的时候,所倚赖的正是所谓的上流社会。在他的设想中,只有当各种地方利益在宪法所规定的权力制衡的原则下保持平衡,"绅士们"才能从容不迫地处理国家大事。毫无疑问,作为上流社会一分子的汉密尔顿难免有其自身的观念局限,但我们不能仅凭其社会身份就去议论其治国方略。汉密尔顿对联邦制的热情是毋庸置疑的,但如果说他创造联邦只是为了保护阶级特权,则无疑是污蔑;事实上,恰好相反,他一直在利用阶级特权去创造联邦。汉密尔顿说:"我们必须用人不疑,若我们期望某人服务于公众,那我们就必须使其相信这样做是符合自身利益的。"③他需要人手来统治这个国家,而这些人应当能够以最快的速度将自己的热情倾注于国家利益。这样的人,只能来自上流社会,来自债权人、制造商、托运商和贸易商。④ 汉密尔顿为达成这一明确的目标而采用了十分精明的手段,这在他主导的一系列财政政策中得到了最佳体现;通过这些政策,汉密尔顿使地方显贵纷纷归附新的联邦政府。

尽管制宪会议是闭门召开的,而且仅有"大约六分之一的成年男

---

① Henry Jones Ford, *Rise and Growth of American Politics*, p. 119.
② *Ibid.*, p. 144.
③ *Ibid.*, p. 47.
④ Charles Beard, *Economic Interpretation of the Constitution*,多处提到。

性投票"支持宪法的通过①,但至少没有人对这一事实加以粉饰。联邦党人所支持的是联邦制,而不是民主制,而且就连"共和"这个词在乔治·华盛顿听来都有些刺耳,尽管他做了两年多的"共和国总统"。这部宪法毫不掩饰地对大众的权力做出限制,按其规定,众议院是政府之下唯一的民主机构,而只有个人财产达到一定标准的人才能拥有投票权。即使如此,联邦党人还是担心众议院会出现权力失控的状况,故小心翼翼地用参议院、总统选举团(electoral college)、总统否决权以及司法解释等方式,对其进行制衡。

就这样,在法国大革命于全世界范围内广受推崇的同时,1776年美国独立战争胜利后推行的宪法却开了历史的倒车,其在内容和主旨上甚至是以英国的君主立宪制为楷模的。这一保守的做法显然无法持久。宪法出于少数人之手,他们的动机很难不令人起疑。而随着华盛顿退出政坛,上流社会的地位旋即发生动摇,无力承受不可避免的继位斗争所带来的冲击。国父们对国家制度的原初设计与彼时的时代精神之间存在着巨大的罅隙,任何一位卓越的政治家都不可能对此视而不见。

● 3

杰斐逊将自己当选美国总统一事称为"1800年的伟大革命",但这场革命其实主要发生于观念层面。国父们确立的各项大政方针均未有变动,而一项新的传统就此确立起来。正是从杰斐逊上台起,美国人开始将宪法视为民主制度的公器;如今美国人在彼此谈论政治时所使用的各种形象、观点乃至字眼,都是杰斐逊"锻造"出来的。民主制在观念上取得了彻底的胜利,这使得25年后造访联邦主义发源地美国的托克维尔惊讶地发现,"即使是那些在共和制中吃了亏的人,也时常会在各种场合公开赞美共和政府,以及民主制度的优越性"②。

---

① Charles Beard, *Economic Interpretation of the Constitution*, p. 325.
② *Democracy in America* (Third Edition), Vol. I, Ch. X, p. 216.

尽管宪法的缔造者们高瞻远瞩,但他们还是没能预测到一部明显反对民主精神的宪法将很快失去人们的支持。如果有人胆敢公然否定人民大众拥有治理国家的权力,那么他一定会立刻成为众矢之的。就拿杰斐逊来说,迄今为止,我们始终未能发现他的宪政观究竟与汉密尔顿有什么本质的不同:两人均反对把政府的权力赋予那些"缺乏教养的"普罗大众。① 联邦党的领袖们有一个共同特点:一旦他们认定了一件事,就会十分坦率地将自己的想法表达出来,从不会藏着掖着。他们的公开言论与私下观点几乎总是保持一致。但杰斐逊的想法显得格外含混不清。这么说不仅仅是因为,如他的传记作者乃至汉密尔顿所评论的那样,他的观点有缺陷,而且因为他既推崇联邦制又推崇自发的民主制,而在他所处的时代任何政治学理论都无法有效地调和这两种观念之间的矛盾。杰斐逊的思考和行动均陷入了困惑,因为他在自己的头脑中勾画了一幅从未有人设想过的全新的宏大图景。不过,尽管尚无任何人对人民主权的理念有清晰的理解,但这套理念似乎可以很显著地提升人类的生活层次,而一切公开站在其对立面的宪法都无法存在下去。于是,杰斐逊开始在观念上清除反民主思想。至于宪法文本,尽管在表面上仍然对制宪民主做了较多的限制,但至少在人们的观念和言谈中,已经成为直接民主的公器。经过深思熟虑和思想斗争,杰斐逊最终确信,联邦党人歪曲了宪法的应有之义,因此他们也不应再被视为宪法的缔造者。于是,宪法在精神层面被改写了。改写工作一部分是通过修正案来完成的,还有一部分则是通过具体的实践,例如对于总统选举团的重新设计来实现的。不过,最重要的是,人们开始通过另一套刻板印象去看待宪法,在流行观念中,宪法已经不再具有维护寡头政治的面貌。

---

① 参见他对弗吉尼亚州宪法的设计、他关于由私产所有者组成参议院的观念,以及他对司法否决权的看法。Charles Beard, *Economic Origins of Jeffersonian Democracy*, p. 450 及后页。

美国人民开始将自己的宪法视为民主公器,并且以对待民主公器的方式来对待宪法。这种观念的变化是由托马斯·杰斐逊的当选所导致的,而且有着鲜明的保守色彩。我们可以做出一个合理的猜测:如果每一个人对待宪法的态度都和宪法的缔造者一样,那么宪法所面临的命运恐怕就不是"被改写",而是"被颠覆",这是因为对于宪法的忠诚和对于民主的忠诚似乎是难以兼容的。杰斐逊化解这一悖论的方法是,教会美国人将联邦党人制定的宪法理解为一部民主的宪法。至此,他见好就收。不过,在此后大约25年的时间里,美国的社会环境发生了天翻地覆的变化,另一位总统安德鲁·杰克逊(Andrew Jackson)最终借助杰斐逊所开创的传统,掀起了一场轰轰烈烈的政治革命。①

● 4

这场革命的核心政治议题是委任制(patronage)的问题。对于政府的创建者来说,各类公职普遍被视为一种特殊的、不容侵犯的私有财产,而且他们也必然会期望这些公职始终掌握在自己所在的社会阶层手中。不过,民主理论的一个主要原则就是所谓的全能公民理念。于是,当人们开始将宪法视为民主的公器,各种官职的终身制就显然违反民主的精神了。人类与生俱来的野心与当时的道德思潮不谋而合。杰斐逊使民主观念深入人心,但他并未采用任何强有力的手段将民主付诸实践。在一任又一任来自弗吉尼亚州的总统治下,党派内部的人事变动十分少见。直到杰克逊时代,美国才真正确立起政府公务员的授权委任机制。

尽管如今听起来有些诡异,但政府官员的短期轮换制在当时的确被视为一场声势浩大的改革。这不仅仅是由于普通人因拥有担任政府官员的机会而获得了新的尊严,也不仅仅是因为此举摧毁了少数社会阶层对权力的垄断而使民间有才能的人得到重用,而且因为

---

① 如果哪位读者对于汉密尔顿的观点和杰克逊的实践之间的差异是否大到可被称为革命的程度有所疑虑,可参考 Henry Jones Ford, *Rise and Growth of American Politics*。

"几个世纪以来,人们一直在呼吁从根本上消除政治腐败现象",而官员轮换制正是一个杜绝官僚主义的有效途径。① 公务员系统的迅速变革,显然是将在"自足的村落"的土壤中生成的民主的图景向更为广袤的空间加以推广的一种实践。

当然,即使是同样的民主理论,其在自己土生土长的理想社群内的应用和在全国范围内的应用,也必然会产生不一样的结果。其中一个结果是人们始料未及的,那就是一度为联邦党人所把持的那些职位如今落入了一个完全由民主制度创造出来的新的统治阶层之手。也就是说,民主制度为其选民所做的事,不过是汉密尔顿当初通过其财政政策为上流社会所做的事的翻版,只不过前者的服务对象的范围扩大了一些而已。我们总是意识不到,政府架构的高度稳定性,其实恰恰是由民主委任制带来的。原因在于,正是这一制度切断了政治领袖与自足社群之间的联系,削弱了地方势力并营造出和平协作的氛围,致使那些并不具备共同利益的地方名流聚在一起商议国家大事,并最终导致联邦的四分五裂。

当然,创造出一个新的统治阶级并非民主理论的本意,而且民主理论也从未承认自己真的创造出了一个新的统治阶级。当民主主义者主张打破权力垄断、建立官员的短期轮换制时,他们心中所想的仍然是那个人人各安其事、各得其所的小镇图景。对于特权阶层,民主主义者有一种天然的抗拒。不过,现实总是令他们大失所望,因为民主理论是生发于高度理想化的环境中的,而现实世界往往要残酷得多。民主主义者对民主制度的道德优越感越强烈,他们便越沮丧于汉密尔顿早年的预测成为现实:彼此隔绝且有着不同价值观的社群不可能有同样的视角和同样的目标,因而也就难以实现长久的协作。赤裸裸的真相大大拉长了人们在公共事务中充分认清民主本质的进程,这一"任务"直到获取共识的技艺迅猛发展之后方得以完成。就这样,杰斐逊和杰克逊所引领的革命创造了官员委任制,并最终发展

---

① Henry Jones Ford, *Rise and Growth of American Politics*, p. 169.

成为两党制,全面取代了早先的贵族统治,权力制衡成为美国政治体系的一条铁律。而这一切,都是在不知不觉中完成的。

尽管官员轮换制在表面上符合民主精神,但在实际操作中,我们会看到对重要的政府职位的委任总是无法脱离裙带关系的影响。或许任何官员的任期都不是终身的,但能够获得委任的永远只是职业政客。如哈丁总统所言,政府也许只是一个简单的玩意儿,但赢得选举需要高超的演技。公务员的薪水或许真的像杰斐逊的俭朴生活所示的那样微薄,但无论党务开销还是胜选后的回报都是巨大的。关于民主的种种刻板印象控制着那个人人都看得见的政府,但民主制度如何在现实中对美国人民进行规训和改造以使之适应新的宏大环境,却是一个不可见的过程,哪怕每个人都对此心知肚明。真正遵从民主思想本意的,只有法律的条款、政客的演说、政党的章程以及形式上的行政体系。

● 5

假设有人问民主主义理论家:既然在自足的社群中往往会形成以自我为中心的舆论,那么这些社群该怎样协作呢?这位理论家一定会将国会所奉行的代议制作为典范来加以解释。不过,若他发现代议制的声誉正日趋衰微,而总统的权力在稳步增加,一定会大跌眼镜吧。

有些批评家认为,导致国会式微、总统强势的关键原因,是美国有着根深蒂固的"名流从政"的传统。在他们看来,如果国会能够将举国之内的杰出人士纳入麾下,则美国的政治决策集体也必然会更加卓越。这样想当然没什么不妥。而且,如果卸任总统和内阁成员能够以约翰·昆西·亚当斯(John Quincy Adams)为榜样,就更好了。不过,即使这样的人没几个,也并不意味着国会必将陷入困境。事实上,国会从成为国家机器中最杰出的部门那一天起,其权力便开始了衰落的过程。反过来说可能更符合实情:由于国会失去了塑造国家政策的直接影响力,故其对杰出人士的吸引力不断下降。

国会公信力的丧失是一个世界性的现象,我认为主要原因在于,

约翰·昆西·亚当斯（1767—1848），美国第六任总统，美国开国元勋、第二任总统约翰·亚当斯之子。卸任后重新当选为众议院议员。有人指其作为前总统担任众议员有失身份，但亚当斯回答，无论是谁，作为国会议员为人民服务都是一件光荣的事。

构成国会的代表在本质上其实无异于一群"摸象"的"盲人"。在绝大多数情况下，对于国会来说，唯一得到宪法及代议制理论认可的信息获取途径，就是不同选区之间的意见交换机制。除此之外，国会不掌握任何系统化、适当、权威的途径去真正了解世界上正在发生什么事。代议制理论认为，既然每一个选区都会将自己的选民中最睿智的那个人送进作为中枢的国会，那么国会显然也就会因汇聚了举国上下最睿智的人而成为最睿智的机构。这样一来，我们就无须对议员们如何表达其所在选区的观点并与其他人交换这些观点指手画脚了。在大陆国家（continental nation），国会作为意见交流的自由市场具有不容忽视的价值。国会山（Capitol Hill）的衣帽间、酒店大堂和公寓里，资深议员的夫人们举办的茶会上，华盛顿大都会区各种会客室内的偶遇，都是议员们彼此畅谈未来远景、不断拓宽自己视野的场合。不过，即使这套理论有其合理性，即各选区的确总是将最优秀的人送进国会，我们也很难说将这些持有地方立场的人汇合在一起就一定能够为国家政策的制定奠定基础，遑论对于外交政策的掌控。由于绝大多数法律的实际效果往往是只可意会不可言传的，因此其不可能为浸润在地方观念中的地方经验所理解。能够令法律得到准确理解的，只有在严格程序下出台的报告和客观的分析。正如一个大工厂的厂长根本搞不清楚自己与领班谈话的做法能够发挥什么作用，却深知若想检查成本报表或生产数据就必须依赖会计一样，国会中的立法者也不可能仅仅通过将各自头脑中的本地图景如马赛克一样拼贴在一起，就绘制出一幅关于联邦国家的真实图景。国会议员当然要对本地图景有所了解，但除非他掌握对这些图景进行标准化处理的能力，否则所有的图景都会显得极为相似,而且每一个都比上一个好。

总统的确会通过向国会提供与联邦政府相关的信息的方式来帮助后者更好地了解这个国家。他之所以有能力做这件事,盖因其直接管理大量政府部门。这些部门不但向其汇报各领域的情况,而且负责执行其命令。不过,总统向国会所传达的信息也是经过精挑细选的,他要确保自己不会受到国会的诘问,而且要将对信息予以审查以使之符合公共利益的权力牢牢握在自己手中。总统与国会之间的关系具有一种微妙的一厢情愿的色彩,这种关系有时甚至发展到极为荒诞的程度。比如,国会或许会为了获得一份重要的文件而需要求助于芝加哥某张报纸的出版人,乃至寄希望于某个下层官员故意失言放出的口风。立法者所掌握的立法工作所需之必要事实少得可怜,遂不得不依赖私人关系获取信息,无奈之下干脆只能祭起一件凶残的法律武器——国会调查(Congressional investigation)。国会调查的程序一旦启动,感觉自己受到了蒙蔽的议员会充分显示出其凶残和狂热的一面,不查出罪魁祸首决不罢休,即使被指野蛮也不在乎。

除了通过国会调查所能获取的极为有限的信息,与政府职能部门之间断断续续的通信,私人搜集的有价值或无价值的数据,议员们读的报纸、期刊和书籍,以及刚刚形成的一个可以让国会州际商业委员会(Interstate Commerce Commission)、联邦贸易委员会(Federal Trade Commission)以及关税委员会(Tariff Commission)等专业机构寻求帮助的不错的新机制外,国会内部的观点时常是具有排外性质的。于是,就出现了如下局面:要么一个国家的立法机构完全由少数消息灵通的内部人士控制并服务于党派利益,要么整个立法活动干脆被肢解为一系列受制于地方利益的琐碎事务,这些琐碎事务构成了一个松散的集合。海关税则、海军船坞、陆军驿所、河岸港口、邮政系统、联邦建筑、养老薪金、官员委任……这些事务都被一股脑塞给国会中的那些"凹面社群",且社群成员认为解决这些琐碎的问题有益于国家。作为凹面镜式民主的一个组成部分,议员们亲眼看到一座座白色大理石建筑在联邦财政的支持下拔地而起,不但抬升了本地的房价,而且为本地创造了大量就业机会。他们认为这就是履行了自己的职责、维护了地方利益,却算不清自己究竟要为这种联邦政府明显为讨好地方势力而给的甜头付出怎样的代价。公正地说,在一个由来自全国各地的人组成的国会中,每一个人所掌握的知识其实仅限于其本地经验的范畴;而对于那些涉及多个地区利益的事务,议员们往往连脑子都不动就草率地做出赞成或反对的决定;只有那些能够对地方问题产生效力的立法工作,才能吸引他们参与。一个缺乏有效的信息搜集与分析机制的立法机构,总是不免要在盲目和确定两端左右摇摆,大家在绝大多数时候是相互投赞成票的,但偶尔也会出现龃龉。而正是"相互投赞成票"的过程,使得国会的规矩为议员们欣然接受,因为正是在这一过程中,他们才得以向所在选区的选民昭示自己正在确保其所关切的本地利益得到了充分的关照。

错不在具体的国会议员,除非他对此不以为耻反以为荣。即使是最聪明、最勤勉的议员,也不可能对即将表决的议案的每一个细节都了然于胸。他所能做的最大的努力,就是让自己在某一些领域有专长,而在其他领域听从他人的意见。我就认识一些议员,尽管他们自从毕业之后就再也没有学习过,但进入国会之后,为了让自己对某个领域的问题有更深刻的理解,竟然通宵达旦地读书,一杯接一杯地喝黑咖啡提神,一块接一块地用湿毛巾擦汗。他们必须挖掘信息,努力对事实进行整合与辨析;而这些事实在任何一个架构清晰的政府体制中,均应该是唾手可得的,其形式也应当是最有利于决策的。就算议员们对一个议案有了全面的了解,他们还是无法克服自己的焦虑情绪。这是因为,在他们的选区,报刊编辑部、贸易委员会、中央联合工会以及妇女俱乐部的成员虽然只是些甩手掌柜,但他们时刻盯着自己的一举一动,以确保自己在国会能够维护本地利益。

● **6**

委任制在令政治领袖依附国家政府的问题上所发挥的作用,和花样繁多的地方津贴及特权在以自我为中心的社群中所发挥的作用是完全一致的。委任制与假公济私的行为相结合,实现了对成千上万种特殊观点、地方不满情绪和个人野心的汇聚和安抚。不过,还是存在着两种形态殊异的政府:一种是完全以恐吓手段迫使民众服从的政府,另一种则是建立在高度发达的信息搜集与分析机制之上的政府。后面这种形态的政府有一种强烈的自觉意识,那就是"要令关于国情和国家利益的知识"为所有国民所了解。如今,独裁制度已是日薄西山,建立在自由意志基础上的体制则仍处于萌芽阶段。因此,在预测大规模人群联合体——如国际联盟、工业国家政府、联邦制国家等——的发展前景的问题上,的确存在着一个衡量标准供我们去判断人们究竟在多大程度上具备所谓的民主意识;而且,这一衡量标准也决定了人与人之间能否协作究竟在多大程度上取决于强力(force),或强力的温和替代品——委任制和特权。如汉密尔顿这样伟大的开国元勋之所以能够成功地创建一个国家,正是因其掌握了对上述原则加以运用的方法。

第十九章
新瓶旧酒：基尔特社会主义

● 1

以往，一旦那些以自我为中心的群体之间的纷争发展到令人难以容忍的程度，改革者便不得不在另外两条道路之间做出选择：要么选择罗马帝国的老路，以武力让争斗不休的部族老实下来；要么选择孤立主义，追求自治和自足。在绝大多数情况下，他们都会选择自己从未亲历并了解最少的那个方案。例如，如果他们经历过那种一成不变的帝国体制，就一定会把为自己所在社群争取最基本的自由视为改革的头等要义；同理，如果他们亲眼见到所谓的"简单自由"竟导致了地方派系之间的相互猜忌，则往往会谋求建立一个拥有广泛控制力的强权国家。

无论选择哪一条路，改革者们都要面临同样的困境。若决策权是分散的，那么最终的结果一定是局面在各派系七嘴八舌的争论中陷入混乱；可若决策权是集中的，则整个国家的政策便不免要为首都那一小撮政治精英所控制。无论在哪种情况下，武力的存在都是必要的，因为只有武力才能确保某一地的利益不会为另一地的利益所倾轧，确保法律和政令能够在全国各地得到实施，确保中央政府不会为某个阶级所独霸，确保整个社会（无论是集权制的还是分权制的）能够有效抵御外侮。

现代民主与工业体系诞生的时代，正是王权政府和经济管制体制江河日下的时代。在工业领域,新制度对旧制度的反抗采取了一种极端的形式,即众所周知的自由放任个人主义。每一项关乎经济的决定,都是由那些对该决定所涉及的财产有支配权的人做出的。既然几乎每一样东西都有自己的主人,那么自然万事万物也都能找到明确的负责人。这是一种极端状态的大众主权(plural sovereignty)。

新的政府是一种建立在所有人的经济哲学之上的经济政府,在理论上这种政府也应当服从恒定不变的政治经济学法则并以营造和谐局面为终极目标;其取得了很多辉煌的成就,却也制造了大量龌龊之物,令历史出现倒退。托拉斯就是龌龊之物的代表,其实质就是在工业领域内以罗马帝国式的武力令不同势力臣服,对外也如罗马帝国一样攻城略地、大肆掠夺。惊慌中的人民只好求助于立法机构。在他们的努力下,代议制政府在小城镇农场主世界观的基础上建立起来,其目标在于约束那些权势熏天的大企业的行为。工人阶级则转向各类劳工组织。随之而来的,则是进一步的集权化和一系列军备竞赛。各大托拉斯形成攻守同盟,各大同业公会相互勾连并最终掀起了大规模的工人运动(labor movement),华盛顿的政治体系日趋强势,各州的势力则普遍受到削弱——这就是改革者试图对抗大财团所导致的后果。

正是在这一时期,各大社会主义思潮,包括左翼的马克思主义和以西奥多·罗斯福为代表的新民族主义,均将中央集权视为社会形态进化的第一个阶段;而这一阶段的完成,则以将工商业领域所有的权力纳入政治国家的控制范围为标志。不过,这一"进化"过程除了曾在战争时期短暂出现过以外,始终未曾有过真正意义上的发展。不过,这已经足够了。其后,很快出现了一波反对全能国家(omnivorous state)、主张各种新形态的多元主义(pluralism)的思潮。不过这一次,人们没有取法亚当·斯密的"经济人"(economic man)理论所推崇的原子个人主义(atomic individualism)理念或托马斯·杰斐逊基于农场主利益的民主观,而是将目光投向了一种建立在志愿群体基础上的分子个人主义(molecular individualism)理念。

耐人寻味的是,这些风起云涌的理论均声称在自己所要创建的那个新世界中,人们无须遵循马基雅维利的法则便可实现生存。这些理论均诞生于各种形式的高压统治之下,其自身亦通过种种高压手段来确保自我生存;而人们最终对这些理论的厌弃,也是高压统治的结果。不过,在理想状态下,这些理论是拒斥高压统治的,包括各种形式的武力、委任权、特权,等等。个人主义者声称,推崇自知的利己主义(self-enlightened self-interest)可以同时在国家内外营造和平的环境。社会主义者则确信,人的侵略性动机最终将会消亡,新的多元主义者亦抱有同样的期望。① 除马基雅维利主义以外,几乎所有的社会理论均反对高压统治。任何一个试图将人类生活理性化的人,都会对高压统治嗤之以鼻,因其荒谬绝伦、难以言表、无法操控。

● 2

有些时候,一个人为了逃避与强力(force)之间的正面冲突,往往可以走得很远。G. D. H.科尔(G. D. H. Cole)先生关于基尔特社会主义的著作昭示了这一点。他声称,当下的国家"主要是高压统治的工具"②。在基尔特社会主义社会中,主权将不复存在,取而代之的则是一个调和性的政治实体,他将其称为"公社"(Commune)。

紧接着,科尔详细阐述了公社究竟拥有哪些权力。在他看来,公社最主要的特征,就在于其绝不是高压统治的工具。③ 公社的职能大致如下:化解商品价格领域的争端,有时还会直接为商品定价,调控贸易的顺差和逆差;对自然资源进行分配,同时控制资金信贷;"对其内部的劳动力进行分配";审核、批准各同业公会(guilds)以及各项公共服务的预算;征税;对"一切与收入相关的事项"进行管理;将一

---

① 参见 G. D. H. Cole, *Social Theory*, p. 142。
② G. D. H. Cole, *Guild Socialism*, p. 107.
③ G. D. H. Cole, *Social Theory*, Ch.Ⅷ.

部分收入"分配"给那些不从事生产劳动的社员；为同业公会之间发生的所有政策与法律纠纷提供最终的仲裁；制定宪法以明确各职能部门的职能；任命法官；授予各同业公会强制权（coercive powers），并对其内部规章中带有强制色彩的条款进行审核、批准；做出宣战或媾和的决定；对军队进行控制；代表国家行使对外交往职能；明确民族国家内部的边界问题；设立新的职能部门或为旧部门赋予新的职能；管理警察系统的运作；制定旨在对个人行为和个人财产予以必要管理的一切法律。

上述权力并非专属于某一个公社，而是为由一系列地方性及区域性公社结合而成的联邦政体所共享；而在这一政体的顶端，则存在着一个全国性的公社。科尔先生坚称，公社并不是一个主权国家，这一说法受到了很多人的推崇。不过，如果科尔先生有意或无意地忽视了目前仍然存在着一些对人民施行高压统治的政府这一事实的话，那么我对他的这一说法是难以想象的。

不过，科尔先生还指出，基尔特社会主义将是一种消灭了一切高压统治的制度："我们要建立起一个在灵魂深处反对高压统治、推崇免费福利的新社会。"①尽管基尔特社会主义者至今仍在其创建的公社中保留了政治强权，但科尔先生提出的那个美好愿景的确令绝大多数人憧憬不已。这些人随后会亲睹他们心目中的那个承诺将高压统治压缩至最低限度的基尔特社会主义方案的庐山真面目。历史很快证明，由于人们的普遍反对，这种新的社会形态只能是海市蜃楼。科尔先生过于坦诚，他始终未曾否认要想完成向新社会的转型，暴力手段将是不可避免的这一事实。② 尽管他无法预测在转型中究竟会爆发多少次内战，但他很清楚，在相当长的一段时间内，工会都将处在不断采取直接行动的状态中。

---

① G. D. H. Cole, *Social Theory*, p. 141.
② *Ibid.*, Ch. X.

3

不过,我们暂且不谈社会转型的问题,也先不考虑社会转型究竟会对未来的趋势造成怎样的影响。若人们真的历尽艰辛杀出一条血路,并最终建立起了所谓的基尔特社会主义社会,那么这个社会将会是怎样的呢?作为一个消灭了高压统治的社会,其发展的动力何在?

针对这个问题,科尔先生给出了两个解释。其中一个解释源自正统马克思主义,声称一旦废除了资本主义私有财产,人类的侵略性动机也便不复存在。如果科尔的判断是正确的,那么马克思主义就是确凿无疑的真理了:假若资产阶级是最主要乃至唯一的症结所在,那么只要消灭了资产阶级,人类就自然能够得到解放了。不过,有一个问题科尔先生始终没想清楚,那就是革命成功之后创立的新社会究竟应该由什么力量来领导——是国家集体主义、同业公会还是合作社?是一个经民主选举产生的议会还是一套功能性的代议制度?事实上,基尔特社会主义之所以引起了人们的注意,正是因其普遍被视为一套关于代议制的新理论。

基尔特社会主义者并不奢望资本主义私人财产权的消亡能够带来什么奇迹。他们所期冀的是,一旦制度能够保障收入的平均化,那么各种社会关系就会发生质的变化——这当然是毫无疑问的。不过,在我看来,基尔特社会主义者与那些正统的俄国共产主义者之间还是存在着一个显著的差异:共产主义者谋求通过无产阶级专政的方式建立平等的社会秩序,并坚信一旦实现了人与人之间的收入平等和责任平等,人的侵略性也将随之消失;而基尔特社会主义者尽管也主张通过暴力手段来追求平等,但他们更为精准地指出,若要维持社会中各种力量的平衡,就要相应地建立起一系列制度。正是通过这样的方式,基尔特社会主义者对于他们所笃信的新民主理论充满了信心。

科尔先生指出,基尔特社会主义的宗旨在于"建立起一套正常运转的机制,并在最大程度上将其运用于保障人的社会意志得以顺畅表达"①,这些意志应当能够"通过各种形式的社会活动"在自治政府中得到彰显。这番言论体现了基尔特社会主义者真诚的民主情怀,他们不但将提升人的尊严视为自己的使命,而且坚定不移地认为,只有每个人的意志都能在对其产生影响的各项治理政策中得以体现,人的尊严才能够得到真正的维护。于是,和早期的民主主义者一样,基尔特社会主义者也孜孜不倦地寻觅着可以令其理想中的自治政府变为现实的土壤。卢梭和杰斐逊的时代已过去一个多世纪,民主主义者也已将自己的注意力从乡村转移到城市。新一代民主主义者已不可能再在理想化的村镇社会中勾画自己心目中的民主图景。他们开始将目光投向城市里的手工工场。"合作的精神务必在其最能发挥效力的领域争取充分的自由,而工厂就是这样的一个领域,因为在工厂中,工人们早已形成了合作劳动的习惯和传统。工厂就是工业民主最为天然也最为基本的单元。这也就意味着,工厂不但应当在管理自身事务的过程中拥有尽可能充分的自由,而且必须成为追求更为高级的民主的同业公会的基础单元。此外,同业公会的各大治理机构的运行也须尽可能以工厂代议制为基本原则。"②

当然,"工厂"这个词的意义十分宽泛;科尔先生所指的,其实是包括矿场、船坞、码头、客货运站在内的所有"普通的社会生产机构"③。不过,"工厂"和"工业"可完全不是一回事。在科尔先生看来,工厂应当是一个规模很小的工作场所,小到所有工人都能彼此进行实质上的个人接触,并且总体环境也可以为全体工人直接感知。"这种民主制度只有为同业公会中的每一个人充分理解和直接践行,才能从想象变为现实。"④这一点至关重要,因为科尔先生如杰斐逊一般,正在找寻一种最为适宜的政体形态,这种形态必须建立在一个

---

① G. D. H. Cole, *Social Theory*, p. 16.
② *Ibid.*, p. 40.
③ *Ibid.*, p. 41.
④ *Ibid.*, p. 40.

完全为每个人所熟悉的环境的基础上。这样一来,大型工厂、铁路运输系统以及巨型煤矿区便都不符合条件了。除了那种规模非常小的工厂外,科尔先生所能想到的最适宜的民主单元,其实是手工作坊(shop)。在他看来,只有在手工作坊里,人与人之间才能形成"合作劳动的习惯和传统"。其余的工厂和工业企业,都无法向工人提供可为其直接理解的环境。

● 4

众所周知,手工作坊能够"自治"的所谓纯粹的内部事务,其实只不过是些"一眼就能望到底"的小事罢了。① 尽管如此,作坊内的人还是动辄因究竟哪些事务算得上是"内部事务"而起争执。很显然,那些利益牵涉面最为广泛的事务,例如工资、生产规范、物资采购、产品销售、宏观工作计划的制订等,都不能算是纯粹的内部事务。手工作坊式的民主的确是自由的,但这种自由受到来自外部环境的种种严峻条件的限制。这种民主可以在一定程度上对作坊的各类日常事务和成员的脾气、秉性进行管理,也能够对无关痛痒的工作纠纷进行调节,甚至能在发生较大规模的人员冲突时扮演初审法庭的角色;尤其是,它还能够处理本作坊与其他作坊,乃至与整个行业之间的关系。然而,世界上并不存在绝对的遗世独立。工业民主的机制在处理外交事务的时候,往往乱作一团。而正是在应付对外关系的问题上,基尔特社会主义理论面临着最为严峻的挑战。

若要处理好对外关系,则必须按照联邦制的法则建立起一个涉及作坊、工厂、工业乃至整个国家的自下而上的代议制政府,而来自各个地区的代表会全面参与到决策进程当中。不过,这一整套机制都是源于手工作坊的,其全部优越性也悉数归因于手工作坊这一基本单元。科尔先生称,那些经过层层推选并最终得以"同心协力"地"治理"作坊的代表,是经过货真价实的民主程序选举产生的。由于他们全部出身于最基本的自治单元,故整个联邦体制都将受到自治

---

① Aristotle, *Politics*, Bk.Ⅶ, Ch.Ⅳ.

精神与自治原则的熏陶。代表们将会以贯彻工人们"自己所理解的真实意志"为宗旨①;而这里所谓的"理解",指的当然是手工作坊环境下的"理解"。

从历史的规律来看,如果哪个政府真的按照上述原则来运行,那么最终的局面要么就是大家相互吹捧、粉饰太平,要么就是各作坊纷争不断导致社会的分崩离析。这是因为,尽管作坊内的工人可以对于整个作坊的事务形成一种有实际意义的观点,但其关于作坊与大工厂、行业乃至国家之间的关系的"意志",严重受制于其活动范围、头脑中的刻板印象,以及围绕自我中心主义形成的私人利益。他们在作坊中的生活经验充其量只能令其了解到总体情况的某些断面。在作坊内部,工人得以对事务的是非曲直做出判断,这主要是缘于其能够掌握关于核心事实的直接知识;可若他们坚持从自己在作坊内的生活经验出发去对自己无法窥见的更为复杂的外部环境做出概括或判断的话,那么犯错的概率就会大大提高。经验告诉我们,基尔特社会主义社会中的代表会发现自己正在面临与工会高级领袖一样的窘境,那就是在他们需要做出决策的很多问题上,根本不存在"可为所有作坊所理解的真实意志"这回事。

● 5

不过,基尔特社会主义者坚称,上述批评是没有道理的,因为批评者忽视了一项重大政治发明的存在。他们辩解道,也许来自各个作坊的代表在对很多问题做出决策时,的确是从自己的观点而非各自作坊的立场出发的,但持这种观点的人无疑陷入了一个古老的谬论,那就是你在指望一个人去精确地代表一群人。这样的人根本不存在。即便是最为接近这一标准的那个代表,也只能"在某些特定的职能上"②行使自己的代表权。于是,大家只好竭尽所能地选出数量尽可能多的代表,以确保"各种各样的核心职能都能够得以体现"。

---

① G. D. H. Cole, *Social Theory*, p. 42.
② G. D. H. Cole, *op. cit.*, pp. 23-24.

不妨想象一下,假如代表们并不为作坊中的工人发声,而是为人们所关切的那些特定的"职能"发声,情况将会如何。请注意,如果代表们不能令整个群体关于"职能"的意志得到贯彻,那便意味着他们对民主不忠。① 这些身负不同职能的代表凑在一起开会,他们的任务就是相互协作并治理好社会。问题随之而来:假若不同的作坊之间没有观念冲突,那么也便无须组织代表开什么协作治理的大会了。既然如此,代表们又是根据什么理由推定出在不同的作坊之间存在着观念冲突呢?

民主机制最为独特的优越性就体现在其赋予每个人从自身利益出发坦然行使投票权的权利;而所谓的"自身利益",则来源于每一个人的日常生活经验。这一机制在自足的群体中是完全适用的。然而,在处理对外关系时,作为一个整体的群体或其代理人所要解决的问题,往往超越了直接经验的范畴。一个小小的手工作坊不可能自发地就总体情况形成一致的看法。因此,在一个手工作坊中产生的关于其自身在整个行业乃至整个社会中的权利和义务的舆论,实际上是教育或宣传的产物,并不是从群体意识中自然生发出来的。无论基尔特社会主义者选出了一个代理人还是整个代表团,他们都不可能超越正统民主理论所设定的框架。无论是群体自身,还是由群体推选出来的代言人,在思考和决策的时候都必须超越自身直接经验的限制。需要他们投票表决的事务,既有来自其他手工作坊的,也有来自整个行业之外的。一个手工作坊的基本利益远远无法涵盖整个行业的职能。职业、行业、地区乃至国家,其实都不是直接经验,而是概念(concept),是被想象、创造出来的。这些概念代代相传,最终为人们笃信。而且,即使你已经尽可能小心翼翼地对"职能"的含义进行了界定,可一旦你承认每一个手工作坊对于这一概念的理解都有可能不尽相同,你就会强调拥有不同利益考量的代表应当对不尽符合自身利益的提案予以关切,即每一个代表都应当将所谓的"共同利益"放

---

① 参见本书第五部分"公意的形成"。

在心中。在决定把票投给某位代表的时候,你所选的并不是一个仅仅代表了你本人的"职能观"的人,而是一个同时能代表你关于他人的"职能观"的人,这一观念是你能从直接经验中汲取的唯一的东西。所以说,投票行为的含混性,简直和正统民主观念的含混性如出一辙。

6

基尔特社会主义者在"职能"一词上大做文章,自以为解决了如何让代表们考虑共同利益的问题。他们构想出一个社会,在这个社会中,世界上的所有事务都可以被分解成不同的"职能"加以分析,而这些职能彼此之间亦可和谐相容。① 在他们的头脑中,人们完全可以就社会的总体目标以及每一个有组织的群体实现上述目标的方式达成基本的共识。正是在这种情怀的指引下,他们选择天主教封建社会中存在的一种社会机构来作为自己所提出的理论的名称。不过,他们应当看清,封建社会的智者们所设想出

> 此处的"社会机构"意指同业公会(guild),即基尔特社会主义中的"基尔特"。

来的"职能机制"(scheme of function)在今天这些庸碌的凡人手中是无法发挥作用的。没有人知道在基尔特社会主义者眼中这套机制究竟应当被如何运用于现代世界并为现代世界所接纳。有时他们会争辩说,这套机制会以工会组织为起点实现新的发展;有时他们又强调,公社会最终对群体的宪政职能做出界定。不过,最为重要的一个问题是:他们自己是否相信各类群体能搞清楚自身的职能究竟有哪些。

无论怎样,科尔先生都认为,人们可以在"各种各样的核心职能"的观念基础上结成社会契约关系,并借此契约展开对社会的治理工作。那么,所谓的"各种各样的核心职能"又包括哪些呢? 就我目前的观察来看,科尔先生所指的"职能",其实就是一个群体的人共同感兴趣的事务。"民主机制的精华就在于,人应该不厌其烦地算计他所感

---

① 参见 G. D. H. Cole, *Social Theory*, Ch. 19。

兴趣的职能。"①此处,"感兴趣"(interested)这个词有两层含义:你既可以将其理解为一个人卷入(involved)了一件事(利益攸关),也可以将其理解为一个人的心智被一件事所占据(occupied)。例如,约翰·史密斯或许曾经对詹姆斯·A. 斯蒂尔曼(James A. Stillman)的离婚案很感兴趣,他可能读过报纸上登过的关于该案件的每一条花边新闻;至于小盖伊·斯蒂尔曼(Guy Stillman),尽管其出身问题是整个案件的焦点,但他本人或许对于案子怎么判毫不关心。于是,我们可以说,约翰·史密斯对这桩离婚官司"感兴趣"(interested),但该案丝毫不会影响到他的利益,即其心智被此事占据但整个人并未卷入此事;而尽管法院的裁决会对盖伊的生活产生深远的影响,但他对此毫无兴趣,即其整个

> 斯蒂尔曼离婚案,意指花旗银行总裁詹姆斯·A. 斯蒂尔曼于1921—1926年间年所打的一场轰动全国的离婚官司。起初,他声称自己最小的儿子盖伊系其妻子与一位来自魁北克的印第安混血导游通奸所生,其妻否认通奸指控并反过来指控斯蒂尔曼与一个歌舞团女演员有两个私生子。经过五年的漫长诉讼,法院最终驳回了斯蒂尔曼的离婚申请,但其妻子旋即起诉他,要求离婚,并在收到他送的价值50万美元的项链后撤诉。两人甚至曾远赴欧洲请著名心理学家卡尔·荣格(Carl Jung)对其进行心理辅导。这场官司总共耗费了斯蒂尔曼100多万美元,但最终他和妻子也没能离婚。

人卷入此事但心智并未被此事占据。科尔先生对"感兴趣"一词的使用,更接近约翰·史密斯的这种情况。对于那些针对基尔特社会主义理念的"愚蠢的批评",科尔回应道:所谓的依"职能"进行选举,其实就意味着高频率的选举。他说:"如果一个人因对一系列议案提不起兴趣而不愿投票,且无论采取什么手段都无法激起其投票的兴趣,那么在这种情况下,此人自愿放弃投票权比他在不感兴趣的情况下

---

① G. D. H. Cole, *Social Theory*, p. 102 及后页。

乱投一气更符合民主精神。"

在科尔先生看来,那些无知的(uninstructed)选民是"自愿放弃投票权"的。这也就意味着,那些"有知的"(instructed)人之所以投票,是因为他们对议案感兴趣,而且他们的兴趣最终决定了"职能"何在。① "所以说,布朗、琼斯和罗宾逊不应该每个人只能投一票,而是应该有多少不同的能令他们感兴趣的联合行动议案,就给他们多少张选票。"② 对于科尔先生所声称的布朗、琼斯和罗宾逊应当在他们感兴趣的所有事务上拥有投票资格这件事,我持怀疑态度;同样值得怀疑的是,究竟哪些人有权决定人们究竟有资格对哪些事务感兴趣。如果有人问我,科尔先生的理论中究竟有什么是我所相信的,那么我会说,我相信他通过"无知的选民自动放弃投票权"这个诡异的假设,掩盖了民主制度的难解之题。此外,我还相信,他打心眼里认为无论所谓的职能性选举(functional voting)是由高级权力机构安排的,还是基于"人只会在自己感兴趣的情况下投票"的原理"从底层生发"出来的,最终投票的只有那些"有知"的人,而整个机制就是如此运行的。

不过,所谓无知的选民,其实也包含两类人。第一类人尽管无知,但其心里对自己无知这件事很清楚。这种人通常是较为开明的。那些主动放弃投票权的人,指的就是这类人。而第二类人对自己的无知毫无察觉,甚至麻木不仁。只要政党机器正常运转,这些人便总是会被引诱到票箱跟前去为自己一无所知的事投票。而正是这些人的选票,成为整个体制赖以生存的基础。既然基尔特社会主义制度下的公社拥有掌控税收、工资、物价、信贷和自然资源的巨大权力,那么如果非要说这种社会制度下的选举会比资本主义制度下的选举更温和,更理性,就实在是无稽之谈了。

因此,人们对于自身兴趣的展示,根本不会对职能社会的各项职能做出限定。还有两种对"职能"一词做出界定的方式。第一种方式

---

① 参见本书第十七章。"民主制度假定每一个人都对重要的事务有足够的兴趣,因此只有那些表面看上去重要的事务才能够吸引每个人的兴趣。"

② G. D. H. Cole, *Guild Socialism*, p. 24.

源于工会,而正是工会所开展的那些抗争活动使得基尔特社会主义理念得以形成。工会斗争通常能够造就一大批紧密团结的群体,群体中的人则是按照某种职能性关系相互结合的。正是这些群体,成了基尔特社会主义社会的既得利益者。其中有一些人,如矿工和铁路工人,有着极为坚强的意志,其心中则有可能蕴藏着来源于反资本主义斗争的根深蒂固的职能观。不难相信,在社会主义国家,这般身处重要位置的工会必将成为政府凝聚力的核心。不过,在基尔特社会主义社会内部,工会不可避免地面临着一个棘手的难题,那就是:由于发动过大量直接的武装运动,工会所拥有的战略力量是显而易见的;但至少对于某些工会领袖来说,要想让他们将自己的权力奉献给自由的祭坛,是很难做到的。为了实现"团结协作",基尔特社会主义国家不得不将各工会的权力聚拢起来,而在我看来,人们很快就会发现信仰基尔特社会主义的激进分子将会竭力赋予公社更多的强权,以使各同业公会都能更高效地行使自己的职能。

  不过,如果真的用政府(公社)的强权去确保职能的行使,那么基尔特社会主义理论成立的前提也就不复存在了。该理论需要建立在一个基础之上,那就是整个职能机制必须处于秩序井然、良好运转的状态,只有这样那些封闭的手工作坊才能自愿与社会之间保持联系。如果选民的头脑中不存在这样一幅关于稳定的职能机制的图景的话,那么他们在基尔特社会主义制度下的投票行为也就与其在正统民主制度下将个人观点转化为社会判断的行为没有什么本质的不同了。而且,所谓"稳定的职能机制"也是根本不存在的,这是因为,即使科尔先生及其同人对该机制进行了精心、周到的设计,构成基尔特社会主义制度的基础的"作坊民主"最终还是会在具体的运作中,基于已掌握的情况和对未来的设想对其不断地加以评判。不同的同业公会在面对同一套职能机制的时候,也往往会产生不同的看法。所以,与其将职能机制视为基尔特社会的骨架,不如尝试去探讨真正的职能机制究竟应当是什么样子的。这种探讨在基尔特社会主义制度下是有意义的,在其他社会制度下也是有意义的,它应当成为一个主要的政治议题。如果我们赞同科尔先生对其所谓的职能机制的设想,那么我们也就相当于对他所说的一切全盘接受了。遗憾的是,他将本应由基尔特社会制度所催生的东西,本末倒置地塞进了基尔特社会主义理论的前提。①

---

① 为什么我要选择科尔先生的书,而非西德尼·韦布(Sidney Webb)和比阿特丽斯·韦布(Beatrice Webb)夫妇所撰写的那部逻辑更严谨的《英国联邦宪法》(Constitution for the Socialist Commonwealth of Great Britain)作为评述的对象呢?我对这部著作十分钦慕,且坚信它是一部充满智慧的杰作。不过,在我看来,科尔先生的书显然更为贴近社会主义运动的真正精神,因此对我而言,它也就是一个更合适的论据。

第二十章

新的图景

我想,结论是再明白不过的了。在环境报告机制和相关理念均处于缺位状态的情况下,人们无法在公共生活的真实情况与头脑中那些以自我为中心的想法之间做出清晰的区分,整个舆论根本搞不清楚全社会的共同利益究竟是什么,因此最终真正能够做出决策的其实只有一小撮个人利益超越地方势力范围的特权阶层成员。这个特权阶层在本质上是不负责任的,因其做出决策所依据的信息并非全社会成员的共同财产,他们所拥有的地位也是公众无法想象的。而且,就算要追究他们的责任,往往也只能等到既成事实以后才可以。

以自我为中心的观点并不足以支撑起一个运转良好的政府。正因没有看清这一点,民主的理论与实践才自始至终处于矛盾、冲突中。从理论上看,一如科尔先生所说,只有自身的意志能够"以社会行动的全部形式"得以彰显,人类才能获得其应有的全部尊严。对于个人意志的表达被视为人的一种强烈的欲望,因为在民主理论中,人应当天生就掌握治理的技艺。不过,作为一种朴素的经验,自决(self-determination)不过是人格中所包含的诸多利益中的一种而已。人类决定自身命运的欲望当然是十分强烈的,但这种欲望也需要和其他同等强烈的欲望,如提升生活品质、追求和平、卸下负担等,保持协调一致才行。在民主理论的原初设想中,每个人对于自身意志的昭示将不仅会自然而然地满足其自我表达欲,而且能迎合其提升生活品质的欲望,这是因为一旦人的生活品质得到了提升,其必然产生自我表达的需要。

因此,最重要的始终是那个人类意志的表达机制。民主的黄金国度(El Dorado)是一个过度理想化的环境;在这个环境中,存在着完美无缺的选举机制和代议制度,每一个人与生俱来的美好愿望和政治热情都能够转化为行动。在某些特定的时空语境下,这种理想化的环境也曾经被成功地付诸实践——当然,前提是这一环境既能做到与世隔绝,也还有着不错的运气——以至于大家都打心眼里相信即使脱离了这一特定的时空语境,民主理论也一定能够顺畅地运作。直到有一天,与世隔绝的局面被打破,社会变得日趋复杂,人与人之间的关系也随之愈发紧密,民主主义者遂开始苦苦思索如何将选举机制设计得尽善尽美,以实现如科尔先生所说的"建立起一套正常运转的机制,并在最大程度上将其运用于保障人的社会意志得以顺畅表达"的愿望。不过,民主理论家在为此手忙脚乱的同时,却不可避免地忽略了对人性的真实旨趣的观照;此刻他们的全部注意力都集中在一个焦点上,那就是"自治"(self-government)。然而,"自治"并非人类的唯一兴趣所在,他们感兴趣的东西还有很多:秩序、权利、社会发展、感官体验以及娱乐生活。既然民主制度根本不能满足人的这些需求,故其在绝大多数情况下、在绝大多数人眼中,根本就是一个空洞无物的东西。由于人不可能一生下来就知道如何自治,故其不可能对自治本身产生持续性的欲求。他们就算呼吁自治,其实心中想要的也不过是自治所带来的结果而已。正因如此,人们往往只有在遇到糟糕的情况时,才会产生推动自治的最强烈的冲动。

民主理论错就错在过于纠结于政府权力的来源问题,而忽略了治理的过程与结果。民主主义者总是天真地以为,只要政治权力的来源具有合法性,那么它就一定能够惠及全民。民主主义者亦深信,既然"表达"是人类的最高利益,而且人类的表达欲具有与生俱来的正义性,那么对于民主制度来说最重要的一点就是令人民的意志得以顺畅地表达,他们的全部注意力也就自然而然地集中到权力的来源问题上。然而,无论在源头设定多少规则,我们都不可能对事物的整个发展走向实现完全的控制。民主主义者在全神贯注于建立一种对社会权力的源头加以约束的有效机制,即一套合理的选举及代议制度的同时,也几乎将民众的其他兴趣(利益)均抛诸脑后。其实,无论权力是如何起源的,与民众利益最相关的永远是权力的行使过程。我们判断一种文明发展程度的高低,主要是看其如何对权力加以使用,而对权力的使用是不可能从源头处加以控制的。

如果你试图从源头对整个治理过程加以控制,那么你将不可避免地令所有关键性的决策处于不可见的状态。既然没有什么理由相信政治决策必然会改善人们的生活,既然人们对于绝大多数事务都没有什么看法,那么行使权力的人便不仅根本无法表达人民的意志,而且其行使权力时所依据的各种意见,也往往是瞒着选民的。

民主哲学做出的那些预设最终所导致的结果就是,民主主义者深信"治理"是人的一种本能,因而政府完全可以在以自我为中心的观点的作用下顺畅运行。那么,假如我们将上述错误的预设从民主哲学思想中剔除出去,旨在维护人的尊严的民主主义信念又会变成什么模样呢?只有求诸完整人格而非残缺人格,生活才能焕然一新。既然民主主义者因做出了一个错误的预设而未能实现其维护人的尊严的使命,那么他们就必然要努力通过开明地立法和建立优质政府的方式来弥补这一遗憾。选民通常是多一事不如少一事,所以在他们眼中,民主主义者始终是一群神经兮兮的顽固之徒。不过,在维护人类尊严这件事上,如果我们不是寄希望于"自治"这一假设,而是多去强调人的尊严是建立于一套可令其能力得以充分施展的生活标准之上的,那么情况就会有显著的不同。这样一来,我们对政府的考察指标就变成了评判其是否为人民提供了最基本的医疗服务、体面的住所、物质保障、教育、自由、娱乐活动、优美的环境等维度;切不能对这些具体的维度嗤之以鼻,只盯着政府是否对人们头脑中偶然浮现出来的以自我为中心的观点做出了响应这一点不放。若上述指标能够在相当程度上得以客观化和细化,那么纵使政治决策过程不可避免地将为少数人所控制,其也能对民众的各种兴趣(利益)予以充分观照。

　　在任何时间、任何情况下,我们都须明白:使所有人均可对整个不可见的环境了然于胸,从而能够自发地就全部治理事务形成合理的观点,是不可能实现的。退一步说,就算存在这种可能性,难道真的就会有很多人不嫌麻烦,将时间花费在对那些影响自己生活的"全部社会行动"形成观点上吗?答案也是不言自明的。唯一现实一点的可能性是,每一个人都能在各自的活动范围内对自己头脑中的那幅关于不可见世界的现实图景做出**越来越多**的反应;而且随着社会的进步,也将会有越来越多的人获得以现实的眼光去看待自己头脑中的图景的能力。在我们狭隘的注意力范围之外,还需建立一套社会控制体系,这套体系通过设立生活标准和审计程序的方式,对政府官员和行业领袖的行为进行约束。当然,我们本人是不可能如神秘兮兮的民主主义者所希望的那样,构想或设计出社会制度的全部细节的。不过,我们可以逐步强化自身对治理机制的实际控制,并坚持所有的社会行动都须被清晰地记录下来,以及一切决策结果都能得到客观的评估。或许我应该说:不积跬步,无以至千里。这是因为,旨在约束有权者行为的各项标准和审计程序,还处于起步阶段。

第七部分 报　纸

第二十一章
作为购买者的公众

● 1

认为人类必须不断加深对外部世界的理解以便更好地进行治理的观念,在政治思想中的重要程度极低。这一观念的影响力微乎其微,原因即在于,自亚里士多德以降直至现代民主思想得以确立的时代,对外部世界的情况进行报告以使之有利于社会治理的机制几乎没有任何发展。

所以,如果你问民主主义先驱"作为人类意志根基的那些信息究竟是从哪儿来的",他肯定会觉得莫名其妙。对他们来说,这个问题与"人的生命或灵魂是从哪儿来的"有点相似,都是难以回答的。在民主主义者看来,人类的意志从始至终都是客观存在的,而政治学的使命只不过是把投票机制设计好、令代议制正常运行而已。若这套架构在适宜的条件下——如在自足的村镇或手工作坊里——得到充分应用并有效运转的话,那么,一如亚里士多德所言,民主机制将会以其特有的方式克服人类注意力涣散和目光短浅的问题。而人类的这两大缺陷,正是前文探讨过的"自足社群理论"所强调的。即便历史已经发展到了当下,我们还是会看到基尔特社会主义者对下述观点深信不疑:只有建立起有效运转的选举和代议机制,人类结成层次丰富的协作共同体这件事才有可能实现。

民主主义者坚信,智慧是客观存在的,你只需努力去发现它。于是,他们将舆论的产生视为一个公民自由(civil liberty)的问题。① 弥尔顿说:"有了自由与公开的交流,人类怎么可能距离真理越来越远呢?"②假如从未有人亲眼见到过"距离真理越来越远"的场面,那么我们是否应该相信,真理就如同摩擦生火一样,是交流或碰撞(encounter)的产物呢? 事实上,美国的民主主义者在起草《权利法案》时,所秉持的正是这一经典的自由主义理念。然而,在这一理念背后,其实存在着关于真理来源问题的若干种不同的理论。其中一种理论认为,在观点与观点的相互竞争中,最接近真理的那一种观点最终会脱颖而出,因为真理自身蕴含着一种极为强大的力量。如果你有能耐让观点的竞争持续足够长的时间,那么这一理论大约是站得住脚的。按照这种逻辑思考问题的人,通常都十分在意"历史评价",尤其会时常想到那些生前饱受迫害而死后被奉为圣人的异教徒的事迹。弥尔顿的这一论断还有另一个观念基础,那就是坚信掌握真理的能力是每个人与生俱来的,故只要让真理在人群中自由地流通,其最终一定能够为所有人接受。我们从经验出发,也能得出这个结论,因为我们在生活中总是会发现,除非是在头脑简单的警察的眼皮子底下,否则若人们无法就真理是什么这个问题进行自由的讨论,他们便不可能发现真理。

公民自由的现实价值以及保护公民自由的重要性,必须得到高度强调。若公民自由受到破坏,那就意味着整个人文精神都陷入了危机。无论在什么时候,社会中总是存在一些为了一己之私不惜剥夺他人的基本人权的疯子;这样的人一旦多起来,和平局面就必然要被打破。可若出于战争等特殊原因而不得不限制公民自由,则此种思想钳制行为必将对人类文明构成威胁;其产生的恶劣后果,即使在

---

① 关于这一议题,泽卡赖·查菲(Zechariah Chafee)教授在其《言论自由》(*Freedom of Speech*)一书中进行了细致的研究。

② Milton, *Areopagitica*,引自查菲著作的开篇语。若要了解学者们如何评价弥尔顿、约翰·斯图亚特·密尔(John Stuart Mill)和伯特兰·罗素(Bertrand Russell)对于自由主义的经典论述,可参见我的那本《自由与新闻》(*Liberty and the News*)的第二章。

战争结束之后,也很难完全消除。幸运的是,人民群众早已看穿了那些职业思想警察的真面目,他们逐渐发现这些专事言论钳制的大人老爷们不过是一些绝大多数时候根本不知道自己在说些什么的卑鄙之徒。① 他们日益坚信,人有不被恐吓的自由。

然而,尽管公民自由具有毋庸置疑的重要性,但就我们所关心的领域来看,其根本无法在现代世界中确保舆论的产生。这是因为,公民自由理念总是假设:要么真理是自己显现出来的;要么只要没有外力干涉,人们就能走上通往真理的大路。不过,当你所面对的是一个不可见的大环境时,上述假设就站不住脚了。对于那些既复杂又与人们的生活没什么直接关系的事务,真理是无法做到不言自明的。若想建立一套搜集信息的机制,不但成本高昂,而且有较高的技术要求。而政治学,尤其是民主主义政治学,始终未曾挣脱亚里士多德政治思想的诸多定论的影响,根本无力对自身的理论前提予以重新阐述,因此今日的政治思想在面对如何"使不可见的世界在现代国家的公民眼中变得可见"这个问题时,也往往束手无策。

上述传统根深蒂固。例如,直到相当晚近的年代,学院里教授的政治学课程仍未将报纸纳入自己的考察范畴。我所指的不是新闻学院,因为新闻学院是提供职业教育的学院,其宗旨在于令渴望进入新闻业的人获得相关培训。我所说的政治学教育的对象包括未来的商人、律师、政府官员,以及广泛意义上的公民。在这个学科中,对于新闻媒体和大众信息源的研究几乎为零,实在令人想不通。同样令人费解的是,除了政治学之外,在政府管理和社会学专业领域,也从未有人写过一本关于新闻采集的著作。在各类著作中,作者们只是偶尔提到新闻媒体,并就其发表一些诸如"新闻是否自由、真实""新闻应不应该自由、真实"的评论。但除此之外,就一片空白了。专家学者对新闻媒体的轻视,在社会舆论中也得到了体现。人们普遍承认,

---

① 例如,纽约那个专事对发表"煽动性言论"的人进行审查的拉斯克委员会(Lusk Committee)所出版的那些资料,以及在威尔逊总统抱病期间担任美国司法部部长的米切尔·帕尔默(Mitchell Palmer)先生所发表的那些公共声明及预测。

新闻媒体是令人与不可见的环境保持关联的主要工具。而且,几乎在世界上的任何一个地方,人们都理所当然地认为,当初简单民主理论所强调的每一个人都必须自发地为自己做的事,即每隔一两天便将我们所感兴趣的外部世界的真实景象呈现出来这件事,如今应当由新闻媒体自发地替我们来完成。

● 2

　　人们坚持认为,真理不是争取来的,而是被激发、被揭示、被免费提供给自己的。这一古老而根基深厚的信念在报纸读者的功利性偏见中得到了清晰的体现。我们期望报纸提供真相给我们,却毫不关心报纸的生存问题。我们将"提供真相"这项既艰巨又困难重重的服务视为报纸的根本使命,可从始至终又一直主张报纸卖得越便宜越好,恨不得花一枚面值最小的硬币就要买回一张报纸来。从星期一到星期五,我们每天只肯花2—3分钱买报纸;至于版面繁多、信息丰富、图文并茂的星期日版,我们也不过才花了5分钱或1毛钱。报纸如此"物美价廉",我们却感觉自己吃了什么天大的亏一般。没有人愿意想一想自己究竟为什么应当花钱买报纸。每个人都期望报纸如同真理的源泉一样在自己面前汩汩奔涌,却既不愿为此付出任何法律或道义上的代价,又生怕自己遭受一丁点损失。他们想付钱就付钱,想不付钱就不付钱,想换别的报纸看就换别的报纸看,完全以自我意志为中心。有人对此做出的评价是很中肯的:最好每天都能投票选出新的编辑来编报纸。

　　新闻媒体与其读者之间的这种既随意又不平衡的关系是人类文明中的一个反常现象。除此之外,我再也没有发现其他领域存在类似的情况。而且,我们也很难拿报纸和其他企业或机构去做简单的类比。报纸的发行并不是一门纯粹的生意,这在一定程度上是因为通常情况下一张报纸的售价要远远低于其生产成本,而更主要的原因在于社会对新闻媒体和其他商业机构提出了不同的道德要求。从这一道德要求出发,人们期望报纸扮演与教会或学校相似的角色;但你若真的煞有介事地去做这种比较,又会发现根本没有什么可比性,因为公立学校是由纳税人供养的,私立学校通常靠捐助或收取学费来获得资金,教会则拥有多种政府津贴和募捐收入,但报纸必须自己养活自己。新闻业与法律、医疗或工程等行业不可同日而语,盖因在后面这几个行业中,消费者都是直接付费购买服务的。由于"自由"(free)一词同时有"免费"的意思,故所谓的新闻自由(free press)在读者的心目中,就相当于报纸应当白送才对。

然而,批评者只强调社会加诸报纸的道德标准。他们一味地要求报社这种独特的社会机构能够像学校、教会等非营利组织那样生存,这一事实再一次折射出民主的"凹面镜"色彩。所有人都认为对于信息的获取应当不费吹灰之力,信息也必然会自然而然地呈现在我们面前。这也就是说,信息要么是从公民的心中"油然而生"的,要么就应当是由报纸无偿提供给人们的。公民愿意为电话、火车票、汽车和娱乐生活付费,却不愿公开地为他们的新闻消费买单。

不过,如果自己上了报纸,那么情况就截然不同了——上报的人往往十分乐意花大钱让别人从报上读到自己的光辉事迹。有些人会直接与广告商做交易,花钱购买报纸版面来宣传自己。而那些读报的人在报上看到别人做的广告时,其实也就相当于间接地为这则广告付了费。之所以说是"间接地",是因为读者为广告付费的过程隐藏在了商品价格之中,因而也就成为其无法真正理解的不可见环境的一部分。如果公开宣称只需花一瓶高级冰激凌苏打水的钱就能买到全世界所有的新闻,那么这种说法通常会被视为斯文扫地。然而,实际上,公众买报纸就是只花了这么一点儿钱;如果报纸上登了广告的话,那说不定花得还多一些。公众还是会向新闻媒体付钱的,只要这个付费的过程不是公开的就好。

● 3

因此,发行就成了达成目标的手段。对于报纸来说,只有卖出广告并令广告商能够间接地赚到读者的钱,报纸才能生存下去。① 对于广告商来说,究竟要在哪种发行类型的报纸上投放广告,取决于其想通过做广告售卖什么商品。从发行类型上看,报纸可分为两种:严肃报纸(质报)和大众报纸(量报)。总体而言,这两类报纸也不是泾渭分明的,这是因为绝大多数做广告促销的商品所期望的目标消费者,既不是人数极少的富裕阶层,也不是一般意义上的穷人,而是那些满足了基本的生活需求之后,手头仍有一些富余的钱可供自己自由支配的人。因此,那些以经济基础还不错的家庭为订户的报纸,往往最为广告主所青睐。当然,这些报纸的订户中可能也有不少穷人,但除非是为了促销某些专门针对穷人的商品,否则明智的广告主通常不会对这一部分发行量过于重视。不过,若报纸的发行量达到了天文数字,如赫斯特(William Randolph Hearst)先生所拥有的那些销量奇高的报纸,则另当别论。

威廉·兰多夫·赫斯特(1863—1951),19世纪末20世纪初美国最具影响力的报业大亨之一,在全美范围内控制多张发行量巨大的大众报纸,其倡导的煽情主义新闻报道方式在新闻史上被称为"黄色新闻"。

那些无法令自己竭力争取的最具广告潜力的读者满意的报纸通常会被视为糟糕的广告媒介。既然众所周知做广告就是为赚钱,而不是做慈善,那么广告主花钱购买报纸版面的目的当然就是要吸引潜在的消费者。如果报纸对于尼龙纺织品行业的丑闻未做报道,那么我们也无须为此过于担忧,因为这类事件实在无足轻重,而且其性

---

① "正规的报纸应有权自行设定其广告费率,只有如此才能避免在发行中因售价过低而陷入亏损。为实现赢利,我还需要把推广、建立发行渠道以及发行过程中产生的其他不可知的成本考虑在内。"这番话来自《纽约时报》的发行人阿道夫·S. 奥克斯(Adolph S. Ochs)于1916年6月26日在费城举办的世界联合广告俱乐部大会(Convention of the Associated Advertising Clubs of the World)上所做的发言。参见 Elmer Davis, *History of the New York Times*, *1851-1921*, pp. 397-398。

质也不像很多批评报纸的人所以为的那样恶劣。真正的问题在于，由于报纸的读者极不情愿为其阅读的新闻付费，故只有将他们纳入发行量数字并以此吸引来自制造业和商业的广告资金，报纸才能存活下去。而那些最具广告潜质的读者，当然就是那些消费力最强大的人。通过这种方式运转的新闻媒体，一定会竭尽所能取悦那些拥有购买力的公众。报纸的全部编辑和出版工作，都是围绕这些人的需求展开的，因为离开了他们的支持，报纸便只能倒闭。因此，对于一张报纸来说，嘲弄某位广告主、攻击金融业或运输业的某些利益都不算什么要紧事，可一旦其疏远了有购买力的公众，则一定会陷入万劫不复的境地。

曾供职于纽约《太阳报晚间版》(*Evening Sun*)的约翰·L.纪文(John L. Given)①先生在1914年表示：在全美国2300多张日报中，有175张是在拥有10万以上居民的大城市中出版的，而正是这些报纸构成了所谓的"一般性新闻"媒体，即对重大新闻进行采集和报道的重要报纸。即使是那些读不到这175张报纸的人，往往最终也要依靠这些报纸上刊登的新闻去了解外部世界，这是因为大报之间往往拥有新闻交换机制，并相互协作形成大型的报业联合体。所以说，这些大报并不仅仅为自己的读者提供新闻，其所报道的本地新闻也会被其他城市的大报所刊登，从而令其他城市的居民也成为自己的读者。至于那些在乡村地区出版的报纸和一些特殊的报纸，则要在很大程度上通过这175张大报来获取一般性新闻。而且，在这175张大报中，还有一些拥有极强的经济实力，因而也有能力对国际新闻进行报道；这样一来，全国范围内的报纸对报业联合体的依赖就更深了，尤其是那几张大都会区的日报。

笼统地讲，正是那些拥有10万以上人口、相对繁荣的大城市的居民的商品购买力，在经济上支撑着报纸的新闻采集工作。所谓有

---

① John L. Given, *Making a Newspaper*, p. 13.这是我读过的最为实用的一本书，任何一个想要探讨新闻媒体问题的人都应该读一读。G. B. 迪布里(G. B. Diblee)先生在"家庭大学丛书"(Home University Library)的"报纸卷"(*The Newspaper*)中写道(p. 253)："在所有写给媒体人看的媒体类著作中，我觉得只有一本写得很好，就是纪文先生的那本。"

购买力的公众,大多来自从事贸易、商业、制造业和金融业的家庭。对于报纸的广告主来说,这些人就是最有潜力的客户。他们的购买力是高度集中的,也许在体量上不如所有农民和工人的购买力的总和,但在一张日报所能覆盖的发行范围内,是报纸所能拥有的最为迅捷的生财之道。

4

此外,这些拥有强大购买力的人还有一点值得关注,那就是:他们不仅仅是广告商所青睐的最佳客户,他们当中就包括广告商。因此,报纸给其读者留下的印象,就显得至关重要了。幸运的是,这一群体并非总是意见一致的;他们虽然均可被视为"资本主义者",但或许每个人都对资本主义是什么,以及资本主义如何运行,有着不尽相同的理解。只要不是在危险时期,这种观念的分歧往往能够大到推动形成迥异的国家政策的程度。坦率地说,若非因为报纸发行人本身通常也是城市居民,也通过自己的各种朋友及社会关系观察世界的话,上述分歧还会显得更大一些。

所以,办报就是一门投机的生意①,其完全建立在一种一般性的贸易模式的基础上;作为报纸生存基础的发行机制,也非基于某种类似婚姻的牢固的契约,而更像是报纸与其读者之间的自由恋爱。因此,对于每一位报业老板来说,最主要的任务并不是吸引那些因心血来潮而时不时在报刊亭买报的"闲杂人等",而是牢牢抓住一批忠实而稳定的读者。在现代新闻业经济法则的观照下,那些能够依靠较为固定的忠实读者实现生存的报纸往往也是独立性较强的报纸。② 对于报纸来说,能够拥有一个无论报纸出得厚还是出得薄均

---

① 有的时候,出版人是如此的投机,以至于为了不损害报纸的信誉,他们在报道活动中往往要瞻前顾后、左顾右盼,以免得罪读者。对于报纸的这一行径,人们往往很难知悉;而正因如此,这一现象的严重性也通常为批评者所夸大。

② "报业有一句至理名言——'读者越多,报纸在广告商面前底气越足;读者越少,报纸在广告商面前底气越虚。'或许应该说:广告商的数量越多,每一个广告商对报纸施加的影响力就越小。这听上去似乎是矛盾的,但这是事实。" Adolph S. Ochs, 参见 Elmer Davis, *History of the New York Times, 1851-1921*。

对其不离不弃的稳定的读者群,就等于掌握了一种强大的力量;这种力量远非任何一个广告商可以抗衡,甚至能够击败广告商的联合体。因此,如果我们发现某张报纸为取悦某位广告商而不惜得罪其读者,那么基本可以肯定的是,这张报纸的老板要么的确与那位广告商理念一致,要么就是错误地认为就算自己公开拒绝广告商的要求,也根本不能指望获得读者的支持。所以问题的关键在于,不愿花钱购买新闻的读者,是否愿意用忠诚来表示自己对报纸的支持。

第二十二章
忠实的读者

● 1

我们无法确保一张报纸必然能够赢得有购买力的公众的忠诚。在几乎其他所有的行业里,一个人若想获得服务,往往需要通过特定的协议或契约来控制自己在接受服务的过程中可能有的突发奇想。至少他也要为自己所得到的东西付钱。在期刊出版业,最接近契约的一种机制就是订阅制,即读者以提前付费的方式购买一个固定时段内出版的所有期刊。不过,我相信,这一模式在大都会报业经济中并不盛行。对于报纸来说,只有读者本人有权力随时随地决定自己是否要对某一张报纸忠诚;而且就算他违背了自己的承诺或背弃了自己曾经喜爱的报纸,报纸也对其无可奈何。

尽管报纸的生死存亡取决于读者的忠诚度,但在读者心目中,从来就没存在过"必须忠于某张报纸"这么个规矩。读者对报纸忠诚与否,取决于其在特定情境下的偶发感受,以及某些个人习惯。而且,这一切也并非简单建立在新闻报道品质的基础上,而是在更多时候受到一系列含混因素的影响;由于我们和新闻媒体之间的关系过于随意,故我们根本懒得去搞清楚这些因素究竟是怎么回事。其中最重要的一个因素便是,如果我们的确对不同的报纸进行比较和鉴别的话,那么我们通常会较为青睐那些报道了与我们自身相关性更强的新闻的报纸。报纸所报道的新闻是极为庞杂的,远远超出了我们的经验所及的范围。但在这些庞杂的新闻中,总还有一些是处在我们的经验范围之内的——我们往往正是通过观察报纸对这些新闻的处理来决定自己是否喜欢或信任一张报纸,以及是否选择成为其读者。若某张报纸对于我们自认为熟悉的事务做出了令人满意的报道,如我们从事的行业、我们所在的教区、我们参加的政党,等等,那么我们对这张报纸通常便不可能有什么激烈的抵触情绪。还有什么比一张与自己观念投契的报纸更符合在早餐桌上读报的人的口味呢?因此,绝大多数人更倾向于选择那些凭自己的能力可以理解的报纸,他们所关注的事务也非广泛意义上的一般性事务,而是与其自身经验密切相关的事务。

除了利益攸关者之外,很少有人能够对一则新闻报道的准确性做出判断。在一则本地新闻报道中,若存在着利益冲突,编辑很有可能会听到有人批评他的报道失实或不公;不过,在非本地新闻领域,上述矫正机制的作用会随着被报道事件与读者距离的增加而减弱。只有那些雇得起公关顾问的机构里的人,才有能力对另一座城市的报纸上刊登的关于自己的失实报道做出纠正。

耐人寻味的是,对于一位普通读者来说,就算他认为报上刊登的新闻误导了自己,也无法将报纸告上法庭,只有那些因新闻报道受到实际伤害的人才能够以造谣或诽谤之名起诉报纸。在现行法律框架内,一般性的新闻通常惹不出什么大麻烦来①,除非其中包含了不道德或煽动性的内容。

不过,尽管读者通常对与己无关的新闻视而不见,但这些新闻其实往往包含着一些读者对其早有先入之见的元素,这些元素就是读者对新闻做出判断的依据。至于那些令人无法通过个人喜好对其准确性做出判断的新闻,读者则通常会采用一些其他形式的标准去判

---

① 读者请不要将此理解为对审查制度的呼吁。不过,如果真的存在一种非官方的裁决机制,能够对一般性新闻的真实性和公正性进行衡量,倒是一件很好的事。参见 Liberty and the News, pp. 73-76。

第二十二章 忠实的读者

断。读者是分不清新闻和小说之间的区别的;在他们那里,关于真实性的标准也往往不起作用。就算是遇上了有问题的新闻,只要其符合自己的刻板印象,那么读者就会坦然地读下去;如果新闻报道的内容令他们觉得有意思,他们就更欲罢不能了。①

● 2

即使在大城市,也有一些报纸在编辑工作中奉行着一个原则,那就是努力为读者提供他们所期望读到的与其自身相关的报道。这么做的道理是,如果有相当数量的人能够经常在报纸上看到自己的名字,读到关于其婚礼、社交活动、出国旅行、集会、学校获奖、五十生辰、六十大寿、银婚、郊游和大宴宾客等的报道,那么报纸就可以拥有稳定的发行量。

上述追求发行量的"经典配方"在霍勒斯·格里利(Horace Greeley)先生于1860年4月3日写给某位即将创办一张乡村报纸的、名叫"弗莱彻"(Fletcher)的朋友的信中得到了清晰的体现②:

霍勒斯·格里利(1811—1872),19世纪美国著名报人,《纽约论坛报》(New-York Tribune)的创办者。

首先要明白一点,那就是对于一个普通人来说,最令其感兴趣的事物永远是他自己;除此之外,他最关心的则是他的邻居。在他的观念中,亚洲和汤加岛发生的事根本和自己毫无关系……在报纸栏目中,则一定不要遗漏对下述事务的关注——哪怕只是简明扼要的呈现:新建了一座教堂、某个组织增添了新成员、新盖了一座房子、有人提出了新建工厂的动议、新店开张,以及任何其他有可能令本地一些家

---

① 例如,请看厄普顿·辛克莱(Upton Sinclair)在反对社会主义报纸时所表现出来的愤慨是多么的心不在焉。

② 引自 James Melvin Lee, *The History of American Journalism*, p. 405。

庭感兴趣的事件。如果某个农场主砍伐了一棵参天大树，或种出了个头很大的甜菜，或迎来了麦子或玉米的大丰收，你则只需尽可能对其进行清晰的常规报道即可。

一如李先生所言，对于任何一张报纸来说，无论其身处何处，都应当在一定程度上负有将自身打造为"关于家乡的印刷日志"的职责。如果纽约这样的大城市中那些海量发行的综合性日报无法履行这一职责，便一定会出现格里利所说的这种小型的区域性报纸去填补这一空白。在曼哈顿区和布朗克斯区，小型社区报的数量或许比综合性日报的数量多一倍。① 此外，还有各种各样关于贸易、宗教和民族的特殊出版物作为补充。

这些"日志"主要面向那些对自己的生活饶有兴致、充满热情的人。不过，还有很多人认为日常生活是枯燥无味的，并如易卜生笔下的赫达·加贝勒（Hedda Gabler）一样，渴望过那种惊心动魄的生活。为了迎合这些人的口味，也有一些报纸或版面专写虚构人物的人生经历，而那些不安于现状的读者在阅读这些虚构人物的"华丽的恶行"时，便可安全地幻想自己也能有类似的经历。赫斯特先生的报纸对上流社会的持续关注迎合了那些渴望跻身上流社会的读者的兴趣，同时令其产生了自己也是上流社会一分子的美好想象。在大城市里，"关于家乡的印刷日志"在大多数情况下成为一小撮聪明人的"印刷日志"。

诚如前文所述，大城市里出版的综合性日报承载着将遥远的新闻呈现给个体公民的使命。不过，对于这些报纸来说，时政新闻和社会新闻对提升发行量无益。人们对这类新闻的需求极不稳定，没有几张报纸可以仅仅依靠"大新闻"生存。于是，报纸还要让自己具备其他一些特征，并以此来维护一个通常没有能力去批判性地看待所谓"大新闻"的稳定读者群。此外，在"大新闻"中，任何群体内部存在的冲突其实都没那么恶劣。新闻媒体业已形成对重大事件进行报

---

① 参见 John L. Given, *Making a Newspaper*, p. 13。

道的标准化程式,只有在十分偶然的情况下才会深入挖掘事件。近些年来,《纽约时报》因其庄重的报道风格而成为持有各方观点的人均十分看重的一张报纸,但对这类报道有阅读需求的公众仍然为数不多。为了与竞争对手形成差异并吸引固定的读者群,绝大多数报纸都不得不在一般性新闻报道之外寻求其他出路。报业老板开始关注社会中那些带有猎奇色彩的领域,丑闻、罪行、体育赛事、图片、女明星、给失恋者的建议、高中择校指南、女性专页、购物专版、烹饪秘方、国际象棋、扑克游戏、园艺、连载漫画、党派异动等内容,开始纷纷出现在报纸上。之所以出现这种情况,不是由于出版人和编辑对新闻之外的所有东西都感兴趣,而是因为他们不得不通过某种方式去持续不断地激发读者的热情和兴趣以维系自身的生存。可在某些批评报纸的人眼中,报纸的读者所需要的只是真相,他们对除此之外的一切均不感兴趣。

报纸编辑处在一个十分尴尬的位置上。他们的事业成败取决于广告商加诸读者的间接收费模式,而报纸能否得到广告商的青睐则又取决于其是否有能力聚拢一批有潜质的消费者。消费者往往凭自己的个人经验以及对事物的刻板印象式的期待来对报纸的品质做出判断,这是因为他们根本不具备对绝大多数新闻进行真正意义上的品读的能力。若读者对报纸的评价还说得过去,则编辑至少可以从发行中赚到一些钱;但若要将发行量维系在一个稳定的水平上,编辑又不能一味地将精力用在报道那些"大新闻"和"硬新闻"上。当然,编辑会竭尽所能把这些新闻处理得有趣一些,但没有一张报纸可以仅凭一般性新闻,尤其是关于公共事务的新闻,便赢得大量读者的支持并得以在林林总总的日报中脱颖而出。

报纸与公共信息之间的这种别扭的关系在其从业者的薪资中得到了体现。业务部门在理论上本应是整个报业的根基所在,但实际上从事一线新闻报道工作的编辑和记者是全行业中收入最低、最不受重视的。一般而言,如果一个很能干的人选择进入新闻行业,那么他通常只是出于积累经验的需求而已,一旦资历攒够了,就会迫不及待地转行。这是因为,从事一般性新闻报道并不是一份能给人带来很多成就感的工作。新闻业内回报率高的职位大多集中于一些特殊工种,比如妙笔生花能写社论的作家、主管人员,以及其他能人异士。无疑,这一现象应当用经济学家所谓的"能力寻租"(rent of ability)原理来解释。不过,这一经济学原理在新闻业中的体现显得十分扭曲:一方面,新闻工作在社会公共生活领域具有十分重要的作用,因而亟须大量受过专业训练的优秀人才加入;另一方面,记者这个职业又因上文提到的种种问题而无法仅凭自身的魅力吸引足够的人才。在我看来,正是因为新闻业的人员流动性太强,很多人于其中捞够了资历便急不可耐地跳槽,所以该行业始终无法如其他行业那样形成令自身获得较高的社会声誉、令从业者培育出强大自尊心的传统。缺少了这些传统,全行业的准入门槛便无法提升,亦不能对违反职业规范的行为予以有力的惩戒;而从业者则无法产生职业自豪感,其在社会中的地位也不会牢靠。

● 3

不过,上文所述这些还没有触及事情的本质。由于新闻业的经济学过分低估了新闻报道工作的价值,故我很确定,这种经济学显然是一套错误的决定论,我们也没必要再对其做深入的分析。一方面,新闻记者始终有着巨大的能量,选择成为新闻记者的有识之士的数量亦不可谓不多;另一方面,新闻业的社会地位始终未能上升到医学、工程或法律等行业的高度。两者之间的巨大反差,表明一定还存在着某些更深层次的原因等待我们去发掘。

厄普顿·辛克莱先生的观点代表了很多美国人的看法[1],他通过对"厚颜支票"(The Brass Check)这一特定表述的阐释来挖掘更深层次的原因:

所谓"厚颜支票",就是那些在报纸或杂志上为大财团

---

[1] 希莱尔·贝罗克(Hilaire Belloc)先生在分析英国报业时做出了与之相同的判断。参见 *The Free Press*。

第二十二章 忠实的读者

利益做传声筒的记者每周都会收到的一笔钱。说白了,它就是记者用自己的羞耻心换来的钱。拿了这笔钱的记者,无一例外都干过将事实真相拿到市场上去售卖的勾当。他们背叛了人类贞洁的理想,投入了肮脏的大财团的淫窟。①

从上述引文来看,辛克莱似乎认为"可知的事实真相"和"理性的期望"都是客观存在的,而那些控制着报业的有钱人或多或少有意识地玷辱了这两种东西。如果这一论断站得住脚,那么我们自然就能得出下述结论:只要新闻媒体与大财团之间不存在任何瓜葛,那么事实真相的"圣洁身体"就不会被玷污。也就是说,只要我们能找到一家新闻媒体,其不但完全不被大财团所控制,甚至对大财团极不友好,却最终也未能保全"事实真相的圣体",那么我们就能证明辛克莱的观点是错误的。

事实上,确实存在这样的新闻媒体。吊诡的是,辛克莱先生对受到大财团控制的报纸深恶痛绝,但在提供解决方案的时候,又没有建议其读者去就近订阅激进派出版的报纸。为何如此呢?假若美国新闻业现存的种种问题都可以追溯到大财团的"厚颜支票"机制,那么若要解决这一问题,难道不应该建议读者去读那些最不可能接受"厚颜支票"的报纸吗?为何要舍近求远,非要通过一个"理念多元、利益多样"的理事会去补贴所谓的"全国新闻"以确保报纸上登出来的报道全部是事实真相,却"罔顾究竟谁是受害者,是钢铁工业托拉斯还是世界产业工人联合会(IWW),是标准石油公司还是社会党"呢?如果罪魁祸首是大财团,如钢铁工业托拉斯和标准石油公司之流,何不干脆呼吁每一个人都去阅读世界产业工人联合会或社会党的报纸?辛克莱对此没有做出解释。原因很简单:他无法让任何人(包括他自己)相信,只要阅读反资本主义的报纸,就能解决资本主义新闻业存在的问题。无论在"厚颜支票"理论还是其提出的建设性意见中,辛克莱先生均未提及反资本主义的新闻媒体;不过,如果你真的

---

① Upton Sinclair, *The Brass Check: A Study of American Journalism*, p. 436.

要为美国新闻业"治病"的话,就不能对这类媒体视而不见。若你所在意的东西是"事实真相的圣体",那么你就不会犯下述低级的逻辑错误:对某一类报纸上出现的不公报道或失实报道密切关注,却对另一类报纸上出现的类似报道视而不见,然后斩钉截铁地咬定所有的新闻媒体都撒谎成性。如果你坚持认为"资本主义"是新闻媒体的万恶之源,那么你就必须拿出证据来,表明在资本主义无力控制的地方这些恶行便不会存在。辛克莱先生的理论之所以站不住脚,就是因为他在"做诊断"的时候将病因悉数归结于资本主义,却在"开药方"的时候对资本主义和反资本主义两种力量均视若无睹。

我们可能会认为,既然辛克莱先生及其同道始终无法找出任何一张在真实性和专业性上堪称楷模的非资本主义报纸,那么他们便会对自己所提出的假设进行一些批判性反思。例如,他们或许会扪心自问:所谓被大财团所玷辱,但在反财团的报纸上也芳踪难觅的"事实真相的圣体"究竟在什么地方呢?我相信,正是在这一问题的指引下,我们方得以触及整件事的核心,那就是"究竟什么是新闻"。

第二十三章

新闻的天性

● 1

全世界所有的记者,就算全天 24 小时马不停蹄地工作,也不可能见证世界上每一件事的发生。记者的人数也并不是特别多,而且没有一位记者可以在同一时间出现在不同的地方。记者不是千里眼,他们没有能随时随地洞察世事的水晶球,也不具备心灵感应的超能力。若不考虑新闻工作遵循的是一套标准化程式的话,我们完全可以认为,仅凭这么几个记者居然就能对那么大范围内的事件进行报道,实在是一个奇迹。

报纸从来不会对每一个人给予同等的关注①,而通常只盯着某些特殊的场所,如警局、验尸所、县政府、市政厅、白宫、参议院、众议院,等等。对于这些场所,报纸要么直接派记者盯着,要么与其他报纸联合起来共同雇专人盯着,因为这些地方容易爆出大新闻。"虽然这样的场所没几个,但是这些场所中的任何一个人……一旦做出反常的举动,或任何一个有价值的事件发生,都会成为大新闻。例如,假设有一位名叫约翰·史密斯的经纪人,十年如一日地过着有条不紊的生活,除了他的客户和朋友,没人对他有什么额外的关注。对于

---

① 参见前文引用过的约翰·L.纪文先生的书中"揭露新闻"("Uncovering the News")一章(Ch. V)的精彩论述。

报纸来说,有他没他根本没什么两样。然而,到了第十一年,他骤然遭遇巨大损失,并最终倾家荡产。于是,他召来了自己的律师,准备进行财产的清偿和转移工作。这位律师遂匆匆赶往县政府登记,一位书记员则在官方日程表上记录下与此案相关的信息。从这儿开始,报纸便介入了。就在这位书记员对史密斯先生的破产案进行登记的同时,记者也将史密斯先生的职业生涯和他的遭遇了解得一清二楚,其所获取的信息与报纸专门派人在过去十年间每天盯着史密斯先生的一举一动所能获取的信息没什么两样,但效率明显高得多。"①

　　当纪文先生说报纸已经将史密斯先生的"遭遇"和"职业生涯"了解得一清二楚时,他的意思当然不是指报纸比史密斯先生本人还了解他自己的事;如果阿诺德·贝内特(Arnold Bennett)先生愿意以史密斯为主人公写一部三卷本的小说的话,恐怕他对这些事的阐述也会比报纸的记录更详尽。报纸所知道的,仅仅是县政府书记员在"短短几分钟"内所记录下来的那些最简单的事实而已,但正是这样一个条件反射式的举动,将史密斯先生的新闻"揭露"了出来。至于有没有人对此新闻进行后续的追踪报道,那完全是另一码事。问题的关键在于,如果要把一系列事件变成新闻,那么这些事件就必须要以某种直白的方式显现在记者的视野中才行。这种"直白",在很多情况下也是极为简单粗暴的。史密斯的朋友们或许早在几年前就已知悉他的事业暗藏

阿诺德·贝内特(1867—1931),19世纪末20世纪初英国著名小说家、新闻记者。

危机,如果他们又碰巧是些喜欢添油加醋传闲话的人,说不定就连财经媒体的编辑也会关注到史密斯先生的事。当然,记者是不会贸然

---

① John L.Given, *Making a Newspaper*, p. 57.

对流言蜚语进行报道的,因为这有可能涉嫌诽谤;而且,仅凭一些捕风捉影的闲话,也并不足以支撑起一篇真正意义上的新闻报道。事件若要变成新闻被写进报道,有一个必需的前提,那就是记者掌握了确凿无疑的事实,例如:进入破产程序、火灾、政党冲突、袭击、暴乱、警察逮人、公开谴责、提出议案、公开演讲、投票、集会、名人公开发表言论、报纸社论、拍卖会、薪酬方案、物价震荡、建桥动议……总之,只有那些被公开出来的事情才能被当成新闻来报道,而且这些事必须具备某种可界定的形态。如果报纸上登的新闻自始至终都是些悬而未决的事件,那么新闻也就不能成其为新闻了,而只是些捕风捉影的小道消息而已。

● 2

如果一个事件具备了成为新闻报道对象的基本条件,那么在报道中还是可以存在足够的空间供不同的观点交流与碰撞的。在记者群体中,总有一些优秀的人比其同行更善于发现新闻。例如,好记者在看到一栋建筑摇摇欲坠的时候便已构思好新闻怎么写,而不会等到它轰然倒塌之后再去动脑子。那种特别高明的记者,甚至只要听闻某位爵士正在向人打听印度的风土人情,便能猜出下一任印度总督会是谁。当然,撞大运的情况也可能存在,但很少人有那个运气。通常情况下,只有在某个引人瞩目的地点发生了一个具有特定形态的事件时,记者才会将其写进新闻报道。其中最具新闻潜力的场所,就是那些个体事务与公共权威相交叉的地方。法律才不会管那些鸡毛蒜皮的事。正是在这样一些地方,婚姻、出生、死亡、契约、失败、抵达、出发、案件、骚乱、疫情和灾难等事件才会成为新闻并广为人知。

因此,新闻从一开始就不是一面折射社会环境的镜子,而是对某些引人注意的情况加以记录的报告。新闻不会告诉你种子是如何在土壤中被培育的,却会将其破土而出的那个瞬间呈现给你。此外,新闻还会转述其他人对土壤中的种子的评论,甚至预测其可能不会在人们所期待的那个时间发芽。也就是说,一件事越是能够被明确察觉、客观描述、准确测量和恰当命名,便越有可能成为新闻。

因此,就算有一天立法者已经试过了所有改善人类生活的方式,并异想天开地认为只有废除棒球比赛的记分制度才能给人类带来新的福祉,这项运动也还是可以以其他方式继续下去的——裁判会根据自己对"公平竞赛"法则的理解来决定比赛时长为多久、双方应在何时击球,以及哪一方可被判定为胜利。关于这场比赛的新闻报道,则会记录下裁判所做的各种决定以及记者对于现场观众的反应的观察,至多还有对某些球员在绿茵场上东奔西突的场面的模糊描述。你越想让这件荒诞可笑的事显得有逻辑,有一点便越清楚,那就是,离开了命名、算分、记录等机制和规则,新闻采集的工作是很难完成的(遑论让比赛正常地进行下去)。由于机制极不健全,故裁判的日子也不好过。对于很多关键的比赛节点,他只能凭自己的肉眼去裁断。可如果有人愿意花时间把整场比赛都事无巨细地录下来,那么棒球比赛就如同规则严明的象棋比赛一样,不会引发什么争议了。电影技术的诞生最终驱散了很多新闻记者心头的疑影;在此之前,由于人眼的迟钝,他们总是搞不清究竟选手甲的哪个动作撞倒了选手乙。

只要有了行之有效的记录技术,现代新闻机构就能对事务进行极为精确的报道。证券交易所的自动发报机就是这样一种技术,它可令新闻报道及时而准确地追踪股票价格的振荡,十分可靠。此外,选票统计技术也已相当成熟,只要计票和汇总工作得以顺利完成,一场全国性选举的结果通常在投票当晚就能正式出炉。在较为现代的社区,除非有人刻意隐瞒或忽视,否则死亡、出生、结婚和离婚等事务均会被记录在案。在工业和政府领域,类似的机制也在一定范围内(仅仅是一定范围内)存在,其记录的精确程度因事而异,涉及的领域则包括债券与担保、资金与大宗货物、银行清算、不动产交易以及工资比例,等等。进出口贸易领域也存在这一机制,这是因为货物在经过海关的时候,其相关情况总是会被直接登记下来。至于国内贸易领域,尤其是那些直接交易的情况,记录机制的精确性远达不到外贸领域那么强。

我认为,新闻的精确性与上述记录系统之间存在着十分直接的关系。如果你仔细想想所谓的改革者攻击新闻媒体的理由,就会发现在他们所批评的那些情况中,报纸扮演的角色就如同裁判在无计分制棒球比赛中扮演的角色一样。所有关于人的精神状态的新闻,都可被归为这种情况,包括那些描述人格、真情实感、愿望、动机、意图、大众感官、民族情感、舆论以及外国政府政策的报道。此外,还有那些对未来进行预测的新闻,以及涉及如下议题的新闻:私人收益、个人收入、薪资水平、工作条件、劳动效能、教育机会、失业率①、千篇一律的生活、医疗、歧视、社会不公、贸易限制、浪费、"愚昧的老百姓"、保守主义、帝国主义、激进主义、自由、荣誉以及正义感。所有这些议题有一个共同点,那就是与之有关的数据和记录都是断断续续、残缺不全的。信息的缺失可能是由审查制度或保护隐私的传统造成的,也可能源于无人对此给予充分的重视,认为这不过是些官样文章而已,又或仅仅是因为从始至终就未曾有过那么一套客观的测量体系。在这种情况下,对这些议题进行了报道的新闻一旦引起了人们的注意,便往往会成为争议的焦点。那些未被记录在案的事务,要么被呈现为个人意见或一般性观念,要么根本就不能算是新闻。只有某些人提出了抗议,或某些人展开了调查,或某些人公开将整件事变成了一个**问题**(issue)——我指的就是本来意义上的问题——这件事才能获得令自身成为新闻所必需的形态(shape)。

这就是公共关系行业得以存在的根本原因。由于并不存在一套判定哪些事实或观点具有报道价值的固定标准,因此所有人都认为,无论自己是否愿意被媒体关注,对于新闻遴选标准的裁定权都绝不应该由记者来掌控。这样一来,雇用公关人员作为社会群体和报纸之间的"缓冲地带",就成了一件自然而然的事。公关人员所据有的"战略地位"极其重要。弗兰克·科布(Frank Cobb)先生曾指出:"在

---

① 不妨想想 1921 年出炉的《失业情况报告》("Reports of Unemployment")中有多少臆测的成分。

大战爆发前,纽约报界曾展开一项调查,结果发现在全市范围内活跃且有声望的公关从业者已有约1200人。这个数字到今天(1919年)已达多少,我无法预测;但我可以确定,新闻传播的很多渠道均已被公关行业把持,而公众通过报纸所获得的信息亦多半经过了公关机构的过滤。大型企业、银行和铁路运输公司纷纷花钱做公关;所有的商业机构、社会活动与政治活动也使用公关手段造势。如今,公关行业就是新闻得以产生的中介。就连政治家,也都有了自己的公关顾问。"①

假如新闻报道真的只是对显而易见的事实进行"还原",那么公关人员于其中扮演的角色恐怕不像一般书记员那么简单。既然在多数重大新闻议题上,事实既不是明白无误的,也不是显而易见的,而是受制于人的选择和观点,那么当然所有人都会希望自己选择的事实可以变成报纸上的新闻。而公关行业就是干这个的。公关人员的存在使记者避免了很多麻烦。有了公关人员的帮助,记者便能够对那些自己根本搞不清楚的情况有所了解和把握。可问题随之而来:公关人员呈现给记者的那些情况,其实只是其希望公众了解的情况而已。所以,公关人员既是审查者,也是宣传家,他们只对自己的雇主负责。只有在整个事实真相符合雇主对自身利益的考量的时候,他们才会选择将其公之于众。

公关行业的蓬勃发展清晰地表明,现代生活的种种真相不会自动发展为可知的形态,这项工作必须由人来完成;而既然新闻记者的日常工作并不能做到这一点,且世上几乎不存在什么大公无私的情报机构,故相关利益团体就自然而然要站出来填补这一空白了。

● **3**

精明的公关人员心知肚明,其工作的宗旨并非报道新闻;如果公关人员和记者想的一样,紧盯着具有反常性的事件的动态,那才是咄

---

① 这段话源自其于1919年12月11日在纽约女性城市俱乐部(Women's City Club of New York)的发言。*The New Republic*, Dec.31, 1919, p. 44.

第二十三章 新闻的天性 | 269

咄怪事。这并不是说报纸一味追逐刺激、没有底线,而是说对于报纸来说,的确没有必要在无人期待任何事发生的时候,去刻意地说没有任何事发生。所以,准确地说,如果公关人员希望自己的工作能够无拘无束,那么他们就必须自己去"无事生非",让自己希望被媒体关注的事变得"反常"以进入记者的视野。最常见的手法就是制造噱头:阻塞交通、嘲弄警察,有时甚至还会刻意让自己和客户卷入已经发生的新闻事件。那些主张扩大参政范围的人(suffragist)对这一伎俩心知肚明,他们心里虽不喜欢,但也会那么去做。他们想方设法让关于选举权的讨论长期位列热点新闻之中,哪怕对于这个问题的辩论早已陷入乏善可陈的僵局。这样做的效果就是,人们开始渐渐觉得选举运动实乃美国人生活中的一项确凿无疑的制度。①

好在主张扩大参政范围的人与女权主义者不同,他们的目标很明确,而且很容易实现。尽管无论最强势的呼吁者还是最强势的反对者都深知,"投票"这一行为有十分深邃的象征意蕴,但"投票权"只是一项既简单又好理解的权利。对于劳资纠纷的偏向性报道恐怕是报纸所面临的一个主要指责。在这类纠纷中,"罢工权"与"投票权"一样,也是简单明了的;不过,某一场罢工运动的原因和目标,却如同妇女运动的原因和目标一样,是很难三言两语说清楚的。

假设情况已经糟糕到要引起罢工的程度。在这种情况下,我们该如何找到症结所在呢?这取决于我们如何去理解什么才是生活、卫生、经济安全和尊严的适宜标准。下面两种情况完全可能发生:一种是,行业的现状远远未达到人们在理论上所普遍认同的标准,但工人十分软弱,根本不敢反抗;另一种是,现状优于人们普遍认同的标准,但工人选择进行激烈的反抗。所以,所谓的标准,至多只是一些模糊的概念罢了。不过,让我们来假定这样一种情况:一位报纸编辑认为行业现状是未达到标准的,那么,无须等到罢工真的发生,只需某位社会

---

① 参见 Inez Haynes Irwin, *The Story of the Woman's Party*。本书不仅包含了对于一场动乱中某些关键问题的精彩叙述,而且是一部对于成功的、非革命性的、非阴谋性的动乱的资料汇编,对于现代社会中的大众注意力、公共利益以及政治习俗也有很好的观照。

工作者稍做提醒，他便会派记者去进行调查，并将公众的注意力吸引到恶劣的现状上来。当然，他不可能经常做这样的事，因为调查不但耗时、耗钱，而且对记者的能力和报纸的版面容量也有较高的要求。要想使关于"恶劣现状"的报道显得真实可信，就必须为其分配大量的版面。例如，为了把匹兹堡地区钢铁工人的真实生活状态描述清楚，报纸往往需要配备若干位调查记者、拿出大量时间以及若干期报纸的版面。不难想象，在正常情况下，没有哪一张日报可以将这种在规模和强度上堪与《匹兹堡调查》（Pittsburgh Surveys），乃至《联合教会钢铁报告》（Interchurch Steel Reports）相媲美的新闻报道当作一项日常工作。这些报道起来麻烦无穷的新闻，实在已经超出了日报力所能及的范围。①

> 《匹兹堡调查》和《联合教会钢铁报告》均为20世纪初美国出版的针对匹兹堡地区工人群体生存状况的大型报告。

上文所说的"恶劣现状"并不是新闻，因为在绝大多数情况下，新闻并不是对于直接事实的一手报告，而是对于经过"风格化"处理的事实的报告。所以，所谓的"恶劣现状"只有在类似健康委员会指出某一工业区的死亡率奇高这样的状况下，才能成为新闻。若非如此，事实本身就不会变成新闻，直到工人们真的组织起来向其雇主抗议为止。即使如此，如果问题很容易便得到了解决，那么新闻的价值也会很低，且这与"现状"究竟是否在"解决方案"中得到了改善没有半点关系。相反，若劳资双方谈崩了，罢工和停产真的发生了，新闻价值则会大幅度提升。如果罢工对报纸读者的生活构成

---

① 不久之前，巴布·鲁斯（Babe Ruth）（美国著名棒球运动员）因超速驾驶而入狱。他获释的那天下午，正赶上新赛季的开始。由于想弥补自己在牢里浪费的那些时间，他在驾车去球场的路上，又一次超速。这次他没被警察抓到，不过有一位记者恰好在场，便测算了他的车速，并于第二天一早发了条相关的新闻。不过，这只是个特殊情况。通常情况下，记者是不可能对路上的所有车辆进行测速的。他们要想报道与超速驾驶有关的新闻，往往必须求助于警察局。

了即刻的影响,或导致了社会骚乱,那么新闻价值也会保持在很高的水平。

  新闻中所包孕的最根本的问题,总是通过抗议、罢工、骚乱这样可以让人察觉的事件得以体现的。在作为当事人的工人眼中,或那些一心只想维护正义的人心中,无论抗议、罢工还是骚乱,都只不过是整个复杂过程中的某些节点而已。不过,既然无论对于记者,还是报纸所赖以生存的特定读者群来说,"即刻的现实"(immediate realities)都处于自己的直接经验范围之外,那么事实只有在转变为某种"明确行动"以后,才能成为新闻并被公众阅读。只有这一条件得到满足,比如说罢工真的发生了或警察已经到场了,人们才可能调用自己头脑中关于罢工和骚乱的种种刻板印象。此类冲突并不是可感可触的,而是以抽象的方式为人们所感知,但读者和记者使用自己的直接经验完成了对这一抽象事实的具象化。显然,他们所拥有的经验和罢工者所拥有的经验时常判若霄壤,后者所切实感受到的,包括工头的坏脾气,单调乏味的机器操作过程,令人绝望的空气污染,家中妻子的辛劳,膝下儿女的营养不良,以及居所的昏暗、逼仄等,都不存在于记者和读者的直接经验中。工人在罢工中提出的种种口号,就是从上述真情实感中生发出来的。而这一切在记者和报纸读者的眼中,不过只是一场罢工和一些口号而已。他们看待这一事件的方式,是与他们自己的感受密切相关的。比如,他们有可能感觉自己的工作受到了威胁,因为罢工导致工作所需货物的停产;他们也可能因物资短缺和物价高企而焦虑,毕竟这给生活带来了极大的不便。这些也是现实的一部分。在自然法则的影响下,当记者和报纸读者开始从自身经验出发,为他们所谓之"罢工"这一抽象的新闻事实"上色"的时候,工人就处在一个极为不利的位置上了。也就是说,既存产业关系体系的性质决定了那些由工人的愤懑情绪或对未来的憧憬导致的事件,几乎总是因为出现了一次对生产行为的公开攻击,才得以"变成"新闻。

  于是,整个机制便由如下一些要素构成:错综复杂的外部环境、令环境为人们所感知的某个明显的行动、在刻板印象的影响下将事件公之于众的报纸,以及读者从直接生活经验中汲取并随后灌输至新闻中的个人意图。也许读者关于罢工的经验在事实上很重要,但若从导致罢工发生的根源的角度看,他们的观点根本就是偏颇的。然而,正是读者所创造的这种偏颇的意义,自然而然地成为新闻中最有意思的部分。① 如果读者想要真正了解事件的关键所在,他就必须跳出自己狭隘的经验范畴,将目光投向那些与自己截然不同的人的生活。

于是,报道罢工新闻最简单的方式,就是从某一明显的行动切入,并在对其进行描述的过程中,想方设法使之与读者的生活产生关联。唯有如此,才能吸引读者的注意力,同时令其认为这则新闻关系到自己的切身利益。在我看来,最为关键的一点是,许多在工人与改革者眼中被报纸刻意歪曲的内容,其实只是揭示了新闻在操作上的难度,以及人们无法对与己无关的事务感兴趣的情感困境所导致的直接后果而已;除非如艾默生(Emerson)所言,我们有能力"将这些事务当作我们所熟悉的经验的一个新版本",并"开始将其转译(translate)为我们所知的'平行事实'(parallel facts)"。②

如果你对报纸上刊登的罢工新闻做过一番研究的话,会很容易发现,在通常情况下,事件本身绝少体现在标题和导语中,有时甚至干脆提都不提一句。至于发生在其他城市的劳资纠纷,若要令本地报纸对其具体内容进行报道,则必须具有十分重大的显著性才可以。这就是新闻工作的基本规律。在时政新闻和国际新闻领域,情况亦大同小异。新闻只关注那些引人注意的显著动向,而报纸迫于方方面面的压力通常只能固守这一规律。这是因为:第一,将注意力集中于那些最具刻板印象色彩的状况对报纸来说是一种趋利避害的自然选择;第二,有能力对自己的直接经验范围之外的事务进行精准观察的优秀记者是可遇而不可求的;第三,即使最优秀的记者也不可能拥

---

① 参见 Ch. 11,"The Enlisting of Interest"。
② 引自艾默生的文章《艺术与批评》("Art and Criticism")。

有足够的版面空间去系统地阐述反常的观点并令读者接受;第四,对于报纸来说,迅速打动作为"衣食父母"的读者、令其对自己保持兴趣,甚至避免以不合时宜的报道方式去冒犯他们,是关乎自己生死存亡的经济问题;等等。当重大事件发生的时候,所有这些现实问题都会摆在编辑面前,令其左右为难,于是他们最终往往会做出风险最小的选择,即只对毫无争议的事实进行报道,并且竭尽全力令报道的内容迎合读者的口味。所谓毫无争议的事实,指的就是罢工行动本身,及其给读者的生活带来的不便。

在当前的产业结构内,所有潜在的深层事实都是极不可靠的,其包括对于生活标准、生产标准和人权标准的种种判断。这些判断始终饱受争议,原因便在于我们的社会缺乏精确记录与量化分析的机制;这些机制一天不在工业领域确立起来,新闻便始终会如艾默生援引伊索克拉底(Isocrates)所说的那样,极易出现"小题大做和大题小做"(to make of moles mountains and of mountains moles)的问题。① 在工业领域缺乏宪政程序、不具备证据及言论核查的专业力量的情况下,记者必然会选择那些最能迎合读者情绪的东西写在新闻中。在目前的主导性产业关系中,即使是在会议或仲裁这样的事件中,只要没有出现能够导致当事人做出决定的具体事实,那么报纸读者理解中的"问题"和行业中真实存在的"问题"就不可能是一回事。因此,那些试图通过报纸发出呼吁并引起争端的行为,往往令报纸及其读者不堪重负。在真正意义上的法律和秩序缺位的情况下,除非有人有意识地站出来勇敢地指出新闻中存在的偏差,否则大量的新闻往往会将矛头指向那些无法使用法律和

伊索克拉底(前436—前338年),古希腊雅典著名演说家。

---

① Emerson, "Art and Criticism".

秩序的手段去表达自己的诉求的人。那些对"行动"的现场进行报道的新闻往往更关注这类"不合法"的诉求本身存在的问题,而对导致这一状况的原因视而不见,因为"原因"这个东西是剪不断、理还乱的。

● 4

这些新闻报道都是经报纸编辑之手出炉的。编辑坐在自己的办公室里,通过翻阅记者发回的稿件去了解新闻事件,却始终未曾亲眼见证事情的经过。正如我们所见,编辑每一天都必须做到至少讨一定数量的读者的欢心,因为一旦某张更善于迎合读者心意的报纸出现,读者就会毫不留情地抛弃自己。编辑时常在重压之下工作,因为报业的竞争几乎可用"争分夺秒"来形容,他们必须对每一篇新闻稿做出既迅速又思虑周全的审视;他们不但要使新闻为大多数人所理解,而且要去思忖读者的兴趣点在哪里,并据此对不同的新闻稿做出或扬或抑的处理。若无标准化程序、刻板印象、程式化的审核机制,以及对事件的微妙之处(subtlety)的多少有些残忍的无视,编辑简直会激动万分,然而这种情况是不可能出现的。每天出版的报纸的版面容量是固定的,且全部内容必须要在规定时间内编排完毕;每张报纸上出现的新闻标题的数量,以及每个标题所包含的字母的数量,也是有规定的。此外,那些花钱买报纸的读者的不稳定的情绪、对于涉嫌诽谤的内容的规避,以及其他数不清的麻烦,也极大地约束着编辑的行为。编辑工作离不开这一系统化(systematization)的机制,因为报纸作为一种标准化产品,只有在时间和效率的制约下才能生产出来;这一机制同时能在相当程度上减少谬误出现的可能性。

在这一点上,不同的报纸之间亦存在着深刻的相互影响。世界大战爆发之时,美国报纸纷纷感觉十分棘手,因其从未涉足过对战事新闻的报道。某些经济实力雄厚的报纸选择花钱从欧洲购买电传新闻,遂成为最早在美国国内报出战争新闻的媒体机构;随后,其他报纸以之为榜样,纷纷效仿。可所谓的"榜样"究竟从何而来呢?是从英国报界来的。这不是因为北岩(1st Viscount Northcliffe)勋爵在

北岩勋爵,原名阿尔弗雷德·哈姆斯沃斯(Alfred Harmsworth, 1865—1922),英国现代新闻业先驱,其于1908年收购《泰晤士报》,并使之由一份濒临倒闭的报纸迅速成长为西方世界最具影响力的新闻机构之一。

美国拥有报纸,而是因为对于美国报纸来说,从英国购买消息比自己亲赴欧洲现场采集新闻更容易,阅读英国报纸也比阅读欧洲其他非英语国家的报纸更便利。伦敦既是电报业的中心,也是新闻业的中心,战争新闻报道技术就是在伦敦发展起来的。类似的情况还出现在对俄国革命的报道中。当时,由于俄国和同盟国的军事封锁,没有人能够进入俄国境内;加上美国的记者不会讲俄语,获取新闻无疑更加困难。不过,报纸难以对俄国革命进行有效报道的最主要的原因,在于"骚乱"本身就是最难被报道的事件,尽管混乱的局面是逐渐形成的。于是,关于俄国革命的报道竟大多发自赫尔辛福斯(Helsingfors)、斯德哥尔摩、日内瓦、巴黎和伦敦,其内容亦不免受到这些地方的审查者和宣传家的干扰。这些审查者和宣传家在相当长的时间内不受任何制度的约束,他们在充分暴露出自己的真面目之前,居然仅凭自己对于这场发生在俄国的历史巨变的某些浮光掠影的理解,便成功制造出了一系列旨在煽动仇恨和恐惧的刻板印象,从而导致被新闻业奉为圭臬的"行动、观察、说出真相"原则在相当长的时间内处于支离破碎的状态。①

> 赫尔辛福斯,芬兰首都赫尔辛基的瑞典语名称。

● 5

读者们能从报纸上看到的一切新闻,都是一系列精心选择的结

---

① 参见 *A Test of the News*, by Walter Lippmann and Charles Merz, assisted by Faye Lippmann, *The New Republic*, August 4, 1920。

果;报纸必须决定哪些内容可以被报道、在报道这些内容的时候应采取什么立场、每篇报道应当占据多大的版面空间,以及报道应该有哪些侧重点。并不存在什么客观的标准,存在的只有惯例。不信的话,不妨拿同一天在同一座城市出版的两张报纸做比较。其中一张的头版标题是《英国宣称支援柏林抵御法军侵略,法国公开支持波兰人》;另一张的头版标题则是《斯蒂尔曼夫人的另一段恋情》。在这两个标题中,你更喜欢哪一个,其实取决于你自己的品位,与两张报纸的编辑的品位没有什么必然的联系。对于编辑来说,他们只是对哪些内容能够吸引特定的读者花上半个小时去读自己的报纸做出了判断而已。如何吸引读者的注意力和如何令新闻以符合宗教教义或伦理标准的形式得以呈现,根本就是两回事。报纸的任务是激发读者的情绪,是引导读者对自己所阅读的新闻产生认同感。如果一条新闻不能令读者为其中的冲突性元素所吸引,那么这条新闻就不可能攫取很多人的注意力。新闻要想产生效果,就必须确保受众能够如看戏一般感同身受并沉浸于"剧情"之中:在看戏的时候,观众会因女主人公陷入险境而屏住呼吸;在读到关于棒球运动员巴布·鲁斯的新闻时,读者也会深陷其中,仿佛鲁斯是在自己的帮助下才打出了好球。为了"进入"新闻,读者必须在其"剧情"中找到一个适合自己的切入点,而这一步骤正是通过刻板印象来完成的。在刻板印象的影响下,假如某一由水管工人组成的联合体(association)被记者称为"同盟"(combine),那么读者就会认为自己应当对其持有敌视态度;而如果这个称呼是"商业领袖群体",那么读者会做出较为友善的反应。

  上述所有因素结合起来,就构成了观点得以生成的基础,而报纸社论进一步巩固了这些观点。有些时候,新闻版上的信息因过于含混而不足以令读者感同身受,那么这时候社论版就要"挺身而出",为读者提供更为清晰的指引以助其"沉浸"。若读者急不可耐地想要吃透某条新闻,这种指引就必须存在。所谓"指引",其实就是读者所需的某种暗示和建议,其功能在于,无论读者如何看待自己,都要确保其能够将自己的情感融入所阅读的新闻。

沃尔特·白芝浩曾写道:"有人说,若你只能让一个中产阶级英国人去思考'天狼星上有没有蜗牛'这个问题,他会很快形成一个观点。尽管让他去动脑思考并非易事,可一旦他真的动脑思考了,便不会半途而废,而是一定会得出结论。当然,这个道理对于一切一般性的情况都是适用的。某位杂货店老板可能对外交政策有一系列自己的看法,某女郎也可能对基督教仪式有一大套完整的理论,而且他们对自己的观点深信不疑。"①

不过,那位对外交事务夸夸其谈的杂货店老板有可能对生意上的事充满疑惑,而那位对基督教仪式理论信心满满的女郎有可能对是否应该嫁给杂货店老板或是否应该接受他的示爱这件事疑虑重重。人们对自己的疑心泰然处之,既非因为他们对结果漠不关心,也非源于他们除此之外别无选择。在外交政策或基督教仪式问题上,他们对于最终结果抱有强烈的兴趣,而检验其观点准确性的手段十分匮乏,所以他们才能如此自信。这就是每一位一般性新闻读者所面临的困境:若他一心要将新闻读透,就必须让自己对其产生兴趣,即必须迫使自己进入新闻中的情境并关心事件的进展;不过,一旦他真的这样做了,那就不能半途而废,除非存在一套独立的方法能够令其对报纸加诸自身的暗示予以检验,否则他"感兴趣"这件事本身便有可能令其难以实现观点的平衡,从而也就无法在最大程度上接近真相。他对新闻的投入程度越深,便越有可能厌憎一切与自己的想法相左的观点,甚至对新闻中出现的令自己不快的细节也不能容忍。正因如此,很多报纸发现,一旦已经成功地拥有了一大批忠实读者,便很难改变自身对特定事务的立场了。即便报纸出于种种原因必须改变自身的立场,那也得费尽心思、小心翼翼,否则就会招致重大损失。通常,没有报纸会去冒这个风险。真要遇上了那种有可能迫使报纸改变立场的新闻,最简便、最安全的方法就是对其冷处理,甚至不予关注,即以"釜底抽薪"的方式令火焰自然熄灭。

---

① "On the Emotion of Conviction," *Literary Studies*, Vol. III, p. 172.

第二十四章
新闻、真相,以及结论

随着对新闻媒体的研究逐渐深入,我们会发现很多东西其实都与我们先天持有的假设密切相关。如果我们和辛克莱先生及其反对者持有同样的假设,即新闻和真相不过是一枚硬币的两面,那么我相信,最终我们什么结论都得不出来。我们可以证明在这一点上报纸说了谎;我们可以证明在那一点上辛克莱先生说了谎;我们可以证明当辛克莱先生指责别人说谎的时候自己也说了谎;我们还可以证明当某人指责辛克莱先生说谎的时候,那个人其实才说了谎。我们可以尽情发泄自己的情绪,但最终的结果将是一无所获。

在我看来,最站得住脚的假设应该是:新闻和真相根本就是两回事,且我们必须对两者做出明确的区分。① 新闻的作用是就某一事件向公众发出信号,而真相的作用是将隐藏的事实置于聚光灯下,在不同的事实之间建立联系,并绘制一幅可令人对其做出反应的现实图景。只有在各种社会条件呈现为可感可触形态的情况下,真相和新闻才会协调一致,共同服务于那些范围极其狭隘的人类共同兴趣。只有在这种情况下,对于新闻的真实性与公正性的检验才能精准到超越党派立场的程度。如果说报纸仅凭自己从某个极不可靠的信息

---

① 我在写《自由与新闻》的时候,对于两者之间的区别尚无清晰的理解,因此也未能做出充分的阐释。不过,请参见第89页等处。

源处获得的报告便得出"列宁已去世"的结论,那么纵使它将这则消息反复登六遍,也不能洗脱自身的罪名。在这个例子中,正确的报道方法应当是"赫尔辛福斯传来的消息称列宁已去世",而非简单地说"列宁已去世"。而且,报纸也负有依据信息源的可靠程度来决定将话说到何种火候的责任——若信息源不那么可靠,则写新闻的时候就要三思而后行。报纸编辑最重要的一个职责,就是对信息源的可靠性做出判断。不过,若要报道的是"俄国人的诉求"这样的新闻,那么编辑根本毫无办法对信息源进行验证。

在我看来,正是由于缺乏对信息源的可靠性予以验证的科学机制,新闻业才变成了今天这个样子,这是最有说服力的一种解释。对于新闻业来说,的确存在屈指可数的一些特定事务是无须杰出才能或专门训练便可顺利对其进行报道的。至于对其他事务的报道,则完全取决于记者本人的裁量和斟酌;一旦其离开了自己熟悉的场所,比如精确记录了约翰·史密斯破产案的县政府办公室,那么一切固定的标准便都会烟消云散。约翰·史密斯缘何破产?他有哪些人性的弱点?什么样的经济条件导致了他的破产?要把这些故事讲清楚,有成百上千种不同的方式。在心理学领域,并不存在如医学、工程学或法学领域那种具有权威性的法则可以在记者从新闻迈向模糊的真相的过程中对其加以指引。甚至,不但对记者的心智加以指引的法则不存在,就连规范读者与出版商的判断的法则也不存在。一个人对于真相的看法只能代表他本人而已。那么,人应当如何把自己眼中的真相呈现出来呢?答案是,人对真相的呈现,不可能与辛克莱·刘易斯在小说《大街》中对真相的那种戏剧化、虚构化的呈现有什么本质的不同。一个人对自己的弱点了解得越透彻,便越有可能坦率地承认,既然世上根本没有对真相进行检验的客观标准,那么他自己的观点其实主要就是基于自己心中既存的刻板印象被建构出来的,这一建构的过程完全遵从自己的思维方式、自己的兴趣和自己的利益。他很清楚,自己看待世界的方式就是主观的。他无法否认,自己就是雪莱(Shelley)所说的"一座穹顶,镶满彩色玻璃,却玷污了不朽的白色光芒"。

通过这种方式，人的自信心得到了锤炼。他可能拥有各种德行和勇气，但他所缺乏的，是某种可以让自己始终保持确信感的特定手段，其实也就是将科学最终从神学的束缚中解放出来的那种手段——一套无懈可击的方法论、能够让科学家的心智对抗世界上所有权力的自由。只有掌握了这套方法论，科学家才能清晰地展开自己的论证，令客观的论据无可辩驳地置于传统之上，并最终打破一切控制。然而，新闻记者无法获得这样的支持，无论是在自己的意识中，还是在事实中。对记者的控制来源于报纸的老板和报纸的读者，这种控制并非偏见对真相的控制，而是一种被呈现为更真实的观点对另一种被呈现为不那么真实的观点的控制。埃尔伯特·亨利·盖里（Elbert Henry Gary）法官曾声称工会的存在将摧毁美国的社会体制，而塞缪尔·龚帕斯（Samuel Gompers）先生表示工会是人权组织。两者之间，你支持谁？你的选择将在很大程度上取决于你"愿意"相信谁，而非谁说的是"真相"。

埃尔伯特·亨利·盖里（1846—1927），美国19世纪末20世纪初著名律师、法官，美国钢铁公司（U. S. Steel）的创始人之一。

塞缪尔·龚帕斯（1850—1924），美国19世纪末20世纪初著名工运领袖，于1886年创建美国劳工联盟（AFL）并长期担任会长。

平息上述争端，或将其简化为可以被报道的形态，并非一个记者有能力完成的任务。不过，对于记者来说，下面这些工作是其完全有可能,也有必要去做的:第一,对读者讲清楚,人的观点其实是建立在天然具有不确定性的真相之上的;第二,通过批评和鼓动的方式,推动社会科学对各类社会事实进行有益的规范化处理;第三,呼吁建立更为透明的社会制度。换言之,新闻媒体完全可以努力扩大可被报道的真相的范畴。不过,由于在当今的社会条件下,真相总是被操纵的,故新闻媒体尚不具备将大量版面用于普及舆论所需的民主理论知识的能力。这并非由于"厚颜支票"的存在,激进派报纸的品质可以证明这一点,而是由于新闻媒体所关注和报道的"社会中的种种治理力量",始终未曾被精确地记录下来。如果你认为新闻媒体仅凭一己之力就能完成这项记录的工作,那你就大错特错了。新闻媒体所能获得的,仅仅是体制专门为新闻报道记录下来的那点信息而已。除此之外,就只剩下争论和观点了。不仅如此,那些争论和观点还会随着公众自我意识与普遍心态的变化而如潮汐般此起彼伏、此消彼长。

新闻媒体既不像辛克莱先生希望我们相信的那样行为恶劣、老奸巨猾,也不像民主理论声称的那样牢不可破、固若金汤。它太脆弱了,实在无法肩负捍卫人民主权的重任,亦不能自发地提供民主主义所想象的那种浑然天成的真相。如果我们一心期待新闻媒体能够提供这种真相,那显然就犯了方向性错误。我们误解了新闻的先天局限性和社会的无限复杂性;我们高估了自己的忍耐力、公德心和各方面的能力。我们错误地认为,这个世界上始终存在着某种毫无利益诉求的真相,而我们尚未能从自己的品位出发,通过实实在在的分析将其发掘出来。

如果有人认为报纸必须承担起对全人类的总体公共生活进行转译的使命,并使所有成年人都能就每一项悬而未决的事务达成共识,那么他注定要大失所望。报纸过去不能、现在不能,未来也绝不可能完成这一使命。我们所处的世界是建立在劳动分工和权力分配的基础之上的。仅凭臆想中的"所有人的共识",绝不可能对这样的世界进行有效的治理。持相反观点的人,下意识地认为所有人都是"全能读者",并寄希望于新闻媒体能达成连代议政府、工业组织和外交政策都无法达成的目标。在一天24小时内,报纸能对每个人施加影响的时间不过只有30分钟而已,可人们竟然奢想其能够创造出一种名唤"舆论"的神秘力量去弥补公共体制的漏洞。就连新闻媒体自身,也经常错误地做出"自己可以完成这一任务"的姿态。在我们尚未对民主理论的基本前提做出修正的情况下,新闻界便一味引诱现行民主制度对自身抱有殷切的希望,促使报纸自发地为无法生产信息的全部政府部门及社会议题提供信息成为一种机制。新闻业必将为此付出高昂的道德代价。那些无法在其内部形成知识机制的社会部门,最终变成了社会中的"问题结"(bundle of problems);而解决这些问题的重担,就压在了始终视新闻媒体为一个整体的"全体人"的肩头。

换言之,新闻媒体被当成一个直接民主机构,而且人们对它的期待还在随着时间的推移而增加;在人们心中,除了报道新闻之外,媒体还应当发挥与递交提案、公投和罢免等民主政治程序相似的功能。报纸如同一座"舆论法庭",不但昼夜无休,而且要对万事万物做出裁决。这一切当然是不可能实现的。若考虑到新闻的天性,这一切甚至是无法想象的。这是因为,正如我们所看到的,新闻的准确性与其所报道的事件在公共记录中被呈现的准确程度是成正比的。对于某一事物来说,除非其能够被清晰地命名、测量、赋形和具化,否则便只有两个结果:要么根本不可能变成新闻,要么沦为偏见的产物。

因此,在总体上,通过对现代社会进行报道的新闻的品质,我们可以管窥各种社会机构的运行状况。越是处于优势地位的机构,其利益往往越能在新闻中得到充分的体现,其问题往往越能够得到更大程度的解决,其被报道的方式越客观,其相关事务被呈现为新闻的过程也越顺畅。所以,新闻媒体往好了说,算是社会机构的仆从或监护人;往坏了说,根本就是一小撮人利用社会秩序的混乱为自己牟利的工具。社会秩序越混乱,某些寡廉鲜耻的记者便越有机会浑水摸鱼,而那些忠于职守的记者不得不面对种种不确定性因素的挑战。

然而,新闻媒体并不是社会机构的替代品,而更像是探照灯射出的一道躁动不安的光柱,一个接一个地照亮原本藏匿在暗夜中的事物。人不可能仅凭这么一道光柱就对整个世界了然于胸,也不可能仅凭某些插曲、某些事件和某些争端来实现对社会的治理。只有在自身的观念之光和新闻媒体之光照向同一个地方的时候,人们才能够获得充分的智识去共同做出一项决定。真正的问题并不像新闻媒体所呈现的那样浅显,解决问题的方法也是如此。要想从根本上解决问题,就必须令社会机构建立在分析和记录的基础上,并将这一原则向其他社会领域推广,包括摒弃"全能公民"理论,以及建立一个去中心化的、以具有可比性的记录和分析为依据的协同性决策机制。假若再在管理机制的中心设立一套审计制度,以确保各职能岗位上的人及各部门的主管更清楚自己的权责所在,那么再出现问题的时候大家就不会像无头苍蝇一样乱撞一气了。此外,这套明显更具优越性的机制不但能够将真正的新闻"揭示"给媒体,也能对媒体的报道过程予以检验。

当然,这只是一种激进的设想。新闻媒体所面临的困境,与代议制政府(无论是区域性的还是功能性的)和工业领域(无论是资本主义的、协作式的还是共产主义的)所面临的困境,均可追溯至一个共同的源头,那就是自治的人民没有能力通过创设一套知识机构的方式去超越其自身的偶然性经验和偏见。这是因为他们不得不在缺乏关于世界的可靠图景的情况下采取行动。而政府、学校、报纸和教会在修补民主制度显而易见的漏洞,以及矫正人们对于外部事务(包括与那些"索然无味的大事"完全相反的"鸡毛蒜皮的小事",以及如"三条腿的牛犊"这样的猎奇性事件)所持有的一系列颇深的成见、冷漠和偏颇的态度的问题上,始终没有取得什么实质性进展。这就是所谓的大众政府最主要的缺陷,这一缺陷深深根植于其传统,成为所有其他缺陷的源头。

第八部分　情报工作的正规化

第二十五章

楔入

● 1

如果解决问题的过程都很有趣,那么查尔斯·麦卡锡(Charles McCarthy)、罗伯特·瓦伦丁(Robert Valentine)和弗雷德里克·W. 泰勒(Frederick W. Taylor)这些美国先驱就不会为举行一场听证会而大费周章了。不过,显而易见,除了奋斗他们别无选择,因为政府调查、工业审计和预算等部门始终只是改革中的丑小鸭。他们将有趣的舆论得以建立的过程扭转了过来。也就是说,他们未向公众呈现某一偶然性事实、一系列宏大的刻板印象以及一套戏剧化的认同机制;恰恰相反,他们打破了戏剧化,击碎了刻板印象,同时将一系列既陌生又冷酷的事实展现在人们面前。对于公众来说,这一过程谈不上痛苦,却是枯燥无味的。感到痛苦的,是那些瞒着公众干了好些蝇营狗苟的勾当的政治掮客和党派利益捍卫者;他们为了消解自己的痛苦,往往会利用公众的烦躁情绪。

● 2

不过,每一个构成复杂的社群都会去求助于一些特殊人士,比如预言家、牧师和长者等。至于建立在普遍管辖权(universal competence)理论基础上的现行民主制度,则往往通过法律人士去直接管辖政府,同时间接管辖工业。人们普遍认为,那些接受过专门训练的人多少比普通老百姓更有能力去发现事实、寻找真理。不过经验告诉我们,仅凭法学院的那点训练是不足以令法律人士成功履行上述职责的。由于专业知识被广泛应用,"宏大社会"经历了一个急速膨胀的过程。其中,掌握了精确测量与量化统计方法的工程师扮演了关键角色。人们渐渐发现,不能让那些只会进行简单粗暴的"对""错"判断的人去治理社会。只有那些推动现代社会得以成形的专业技术才能使人对社会实现有效的控制。于是,渐渐地,一些开明的决策者开始召集曾经接受过训练或自学成才的专业人士加入决策群体,以期通过此种方式令社会的治理者更清晰地理解自己的使命。这些专业人士有各种各样的名目:统计师、会计师、审计师、行业顾问、不同行业的工程师、科学管理者、人事管理者、调查人员、"科学家",甚至是一些私人秘书。每一类专业人士都带来了一套自己的话语体系;随之而来的,还有文件柜、卡片目录、图表和活页夹等现代办公工具。当然,最具理想化色彩的画面,无疑是职业经理人坐在窗明几净的办公室中,面前摆着一份打印出来的文件,其本人则在严肃思考究竟应当批准还是驳回眼下的某些决策事项。

现代社会的上述发展,与其说是人类的某种自发的创造性的进化,不如说是盲目的自然选择的结果。政治家、管理者、政党领袖以及自治组织领袖开始意识到:若想在一天之内同时讨论二三十个问题,自己就必须接受专门的训练,于是备忘录这个东西开始大行其道;由于每天的信件多到根本读不完,故他们也希望有专人帮自己遴选重要信件,并对其中的关键句段做出标识;打印机的普及使得每天都有大量报告堆在他们的办公桌上令其难以消化,此时又需要专人做出摘要并向自己汇报;他们被铺天盖地的统计数据搞得眼花缭乱,于是会做彩色图表的人就有了用武之地;他们发现自己对各种机器一窍不通,遂雇用工程师帮自己比较价格、拣选甄别……总而言之,这些社会领袖将自己身上的负担一个个卸下,就如同一个人先除帽,后脱衣,紧接着摘领结一样。卸去了这些,他们才能轻装上阵。

● 3

不过,耐人寻味的是,尽管领袖们很清楚自己需要专业人士的协助,但他们很少想到社会科学家。化学家、物理学家和地质学家很早就得到了社会各界的友善接受。由于人们期望能以最快的速度去征服自然,故自然科学家享受了规格极高的待遇,包括设备先进的实验室和丰厚的物质奖励。不过,那些以人性为研究对象的"科学家",则有着完全不同的境遇。导致这一状况的原因有很多,其中最主要的一个,就是社会科学家很难如自然科学家一样生动地展示自己的成果。除历史研究外,在社会科学的绝大多数领域,学者们都只能先将自己的理论推而广之,再去验证其正确性。至于物理学家,则完全可以先提出假设,再通过上百次实验对这一假设进行检验和修正,就算他最终发现自己想错了,由于一切均未出实验室,故也不会对社会产生任何影响。社会科学家无法通过实验室检测的方式来确保自己不出错,而一旦某个错误的社会科学理论被人们采纳,其产生的后果是难以预料的。所以说,社会科学更强调"责任",却不具备自然科学的那种"确定性"。

还不止如此。在实验科学中,研究者已经清除了分析人的思想与行为时会遇到的某些障碍。他们可以将某一类行为的"样本"置于某一个特定的安静场所,令其按照自己的意愿反复重演,并在毫无压力的情况下对其加以检验。而社会科学家时常陷入进退维谷的境地:若一味待在图书馆,享受思考的自由,就只能依赖官方报告、报纸和访谈所提供的那些质量参差不齐的印刷记录来展开研究;可若真的走进"大千世界"去观察外部事物的动态,那么在真正触及本质性、决定性规律之前,又往往要消耗乃至浪费大量的时间去学习和融入。社会科学家不可能全凭个人好恶来决定是否对某种行为展开研究。作为聆听者,他们没有任何特权。当决策者发现,社会科学家从外部世界了解到的那些事自己基本上从"内部"也可以了解到,而且社会科学家提出的种种假设根本不能通过实验方法而只能以在"真实"世界里付诸实践的方式得以检验,他们自然会对其嗤之以鼻,不愿其参与到公共政策中来。

在内心深处,社会科学家也是这样看待自己的。他们难以胸有成竹地从事研究。他们时常对自己的理论半信半疑,从来不敢对任何事妄下断言;就连坚持思想自由这件事,他们做起来也觉得有些心虚——在良知未泯的情况下,他们又能获得什么样的思想自由呢?[①]他们采集的数据充满不确定性,却又找不到对其进行检验的方法。他们自身所具备的那些最佳品质,最终往往成为焦虑感和挫败感的根源。这是因为,若一个社会科学家真的充满批判意识、高扬科学精神,那他就不会安于做一个教条主义者,也不该为了某个连自己都没把握的理论去向受托人、学生、公民联盟和保守派媒体掀起"末日决战"(Armageddon)。"末日决战"只能是"上帝之战",而政治学家总是有点怀疑上帝是否真的召唤了自己。

如果说社会科学只是一套漏洞百出且缺乏建设性的体系,那么造成这一状况的原因其实存在于社会科学内部,而不关"资本主义"的事。自然科学之所以能够脱离教会的控制,原因便在于其创设了一套推演性的科学方法,而通过这套方法得出的结论是千真万确、无可辩驳的。于是,自然科学家得以对自己充满信心,同时赢得了职业尊严,他们知道自己究竟在为何而战。所以,社会科学家只有也发明出类似的科学方法来,才能获得那种力量和尊严。他们会努力在"宏大社会"的决策者渴望拥有科学分析体系的需求中找到自己的机遇,以自己的专长去"照亮"传统社会形态下那既不可见又极难应付的环境。

不过,实际情况是,社会科学家总是在一大堆彼此毫不相干的资料中搜集数据,而现存的记录对于各种社会过程又往往是语焉不详。况且,通常只有那些被视为"治理失误"的事件才会被记录下来。呈送国会的报告、辩论、调查、法律草案、人口普查数据、关税表、征税计划……所有这些资料,就如同皮尔丹人(the Piltdown man)的头

---

① 参见 Charles E. Merriam, "The Present State of the Study of Politics," *American Political Science Review*, Vol. XV, No. 2, May, 1921。

盖骨一样。研究者只有对每一块碎骨反复查验、精心拼装,才能真正弄清自己所考察的事务的来龙去脉。这些事务尽管与公民

> 皮尔丹人的头盖骨是1921年在英国皮尔丹发掘的人头盖骨,后经鉴定系伪造物。

的精神生活息息相关,但在大多数情况下呈现出一种令人沮丧的含混性,原因就在于试图对其做出归纳的社会科学家其实根本无法确保自己所收集的数据的质量。不妨试想,如果一个医学专业的学生,不能进医院,不能拿动物做实验,只能通过病人对自己病情的口述、诊断风格五花八门的护士提供的报告,以及国税局汇编的关于制药行业牟取暴利的现象的统计数据来开展他的研究,那他最终肯定一无所获。通常情况下,社会科学家必须竭尽所能利用手头那些在决策者眼中没有什么价值的资料,去完成申辩、说服、确信、验证等一系列工作;为避免自己的研究受这些质量欠佳的资料拖累,社会科学领域甚至形成了专门用以对各类信息进行筛选和鉴别的学科。

社会科学家对外界信息持怀疑态度当然是一种美德。不过,若考虑到这种怀疑只不过是对社会科学天然存在的致命缺陷进行弥补的不得已之举,那它便也算不上什么了不起的美德了。如果一位学者连情况都还没搞清楚便"处心积虑"地去对未来进行预测,那么他一定会受到人们的谴责。而那些受雇担任代表协调人的专家,则往往被视为治理机制的镜鉴和标尺,他们对于事实有着截然不同的掌控力。这类专家不再是从当权者"施舍"的事实中提取结论的传统意义上的科学家,他们变成了为当权者提供事实的人。这是一种战略位置的重大调整。他们不再徘徊于外围,等着吃那些日理万机的大人物赐予的"嗟来之食";他们不再追着决策过程的屁股跑,而是摇身变成了引领决策的人。目前的情况是,决策者首先获得一系列事实,并据此做出决策;随后,社会科学家登场了,他们的任务是对上述决策的明智与否做出判断。这种马后炮式的关系简直就是对"学术"这个好词的侮辱。正确的顺序应该是这样的:一位公正的专家搜集并整合一系列事实提供给决策者,然后再对自己所整合的事实和自己认

为合理的决策进行比较、分析,最终帮助决策者做出最英明的决定。

● 4

在自然科学领域,上述"战略调整"起步很晚,但发展速度迅猛。发明家和工程师曾一度被排除于主流之外,不但过着食不果腹的生活,而且动辄被当成疯子。商人和艺术家则因自认为对行业内各种"奥秘"了如指掌而食古不化。不过,随着时间的推移,那些"奥秘"变得越来越玄,并最终促使工业领域开始求助于物理学原理和化学反应这些肉眼无法察觉、唯有受过专门训练的人才能掌握的机制。从这时开始,科学家方得以搬离自己在拉丁区蜗居的阁楼,被请进了政府大厦和实验室,原因就在于其仅凭一己之力便能为整个行业提供一幅足以成为行业基础的真实的现实图景。在这种新关系中,科学家按劳取酬,甚至得到的比付出的还要多一些;而且,纯理论发展的速度比将理论付诸应用的速度要快,尽管理论本身也从自身与决策集团的密切关系中获得了大量资金支持和观念启发,甚至令自身发展的目标变得更为明确。不过,自然科学的发展仍然面临着一个巨大的桎梏,那就是对于决策者来说,其决策过程通常只受到常识(commonsense)的影响。他们所要治理的这个世界因科学家的存在而变得错综复杂,但在治理的过程中他们又不去求助于科学家。于是,老情况又出现了,他们必须去处理自己根本无法理解的事务。为了解决这个问题,他们就像从前求助于工程师一样,开始寻找各个领域的专家来帮助自己。只不过,这次他们所召集的专家变成了统计师和会计师。

正是那些被决策者"召集"起来的实战型专家,成了引领社会科学迈进新时代的先驱。他们不但"卷入了历史前进的车轮"①,而且从科学和决策两者间这种实用的新关系中获益良多:因为对科学的信仰,决策变得更为英明;因为理论在决策中得到了检验,人们更坚定了对科学的信仰。新时代的大幕才刚刚拉开。不过,如果我们承

---

① 引自拉尔夫·巴顿·佩利(Ralph Barton Perry)先生于1920年12月28日在美国哲学学会(American Philosophical Association)上的会长致辞。致辞全文收入该学会第二十届年会的会议论文集。

认,鉴于难以克服的现实困难,人类社会所有大规模的联合体中都必须有人能够敏锐地认清"只能倚赖专业人士为自己所处的特定环境提供解释"这一深刻需求,那么我们就必须先搞清楚基本前提,再去天马行空地想象。在专家、学者针对方法和结论的相关交流中,我想我们能够感受到实验社会科学的时代正在到来。如果教育、财政、医疗、工业和税务等领域的资料可以互通,数据之间也可以相互比较,那么真正意义上的实验方法也就有了在社会科学领域生根发芽的土壤。全美有 48 个州、2400 座城市、277000 间校舍、270000 座厂房、27000 座矿山和采石场,所有这些地方都能产出丰富的资料和数据;如果这些资料和数据能够被精确记录下来并公开,那么社会科学理论就完全可以变得更精确。与此同时,对理论进行试错的工作所产生的危害性也会小很多,一切合理的假设都可以获得一次试错的机会,而社会的根基则不会因此而动摇。

楔子已经打入。于其中发挥重要作用的,不仅有那些需要专业人士帮助的行业领袖和政治家,而且有各类市立调查机构①、法律资料馆,某些财团、工会和公共事业的游说团体,包括女性选民联盟(League of Women Voters)、消费者联盟(Consumer's League)和制造商协会(Manufacturers' Associations)在内的若干自治组织,成百上千的同业公会和公民联盟,《国会瞭望》(Searchlight on Congress)和《观察》(Survey)等刊物,以及普通教育理事会这类基金会。当然,很难说这些人和机构没有任何利益方面的考量。但这并不重要。重要的是,人们开始普遍认为,在公民及其深度卷入的宏大的环境之间,应当存在某种形式的专业力量。

---

① 在美国,这类机构的数量十分庞大。其中有一些发展态势良好,有一些则处于半死不活的状态,全行业更新换代的速度很快。我在底特律政府调查局(Detroit Bureau of Governmental Research)的 L. D. 厄普森(L. D. Upson)博士、纽约市立资料馆(Municipal Reference Library of New York City)的丽贝卡·B. 兰金(Rebecca B. Rankin)女士、威斯康星州教育委员会(State Board of Education [Wisconsin])书记员爱德华·A. 菲茨帕特里克(Edward A. Fitzpatrick)先生,以及位于纽约的工业调查局(Bureau of Industrial Research [New York City])的萨维尔·齐曼德(Savel Zimand)先生的帮助下整理了一份详尽的清单,总共包括数百家。

第二十六章
情报工作

● 1

民主理论的发展滞后于民主制度的实践。在理论上，所有成年选举人都是根据自己心中客观存在的意志来做出决定的。不过，随着等级制度的逐渐形成，人们发现在实践中其实存在很多理论未曾涉及的情况，于是他们不得不去做很多调整性的工作（理想化的民主图景也未曾对此加以阐释），以使社会运转下去。他们想尽办法确保各种各样不可见的利益和职能都能在制度中得到体现。

对于上述情况，我们在司法领域有着最为明确的意识——我们以捍卫某些可能被当选官员忽视的利益诉求为由，呼吁法官正确运用其司法权和否决权。不过，以计算、分类，以及在人、事物和变化之间建立关联为职责的统计部门，往往也能对外部环境中的不可见因素予以揭示。地质调查局（Geological Survey）可以让我们了解矿藏的分布情况，农业部（Department of Agriculture）则在国家层面确保每一位农场主的微小利益能够作为一个总体得以呈现。教育主管部门、关税委员会、领事服务部门以及国内税收部（Bureau of Internal Revenue）等机构，也能够将那些在民主选举中无法自然而然地得到呈现的人、观点和事物昭示天下。儿童局（Children's Bureau）也扮演了一系列复杂的利益与职能诉求的代言人的角色，这些利益与职能诉求由于很难被选民察觉，因而不可能顺理成章地成为舆论的一部分。

在儿童局的作用下,每公布一次关于婴儿死亡率的比较统计数据,婴儿死亡的案例就会有所减少。在统计数据公布之前,无论市政官员还是选民,对于这些婴儿的情况根本想都没想过,是统计数据使他们看到了自己以前看不到的事实,仿佛所有婴儿选出了一个议员代表他们陈诉了自己的冤情一般。

政府在国务院建立了一个远东事务处(Division of Far Eastern Affairs)。为何要建这么个机构呢?中日两国政府均向华盛顿派驻了大使,难道他们还不够资格代表远东地区吗?中日大使的确是远东事务的代表,但我们不能就此认为,无论美国政府想要了解远东地区哪些方面的情况,只需咨询这两位大使就足够了。就算两位大使对美国政府知无不言、言无不尽,他们本人也毕竟只能接触到极为有限的信息。正因如此,作为补充,我们在北京和东京也设立了大使馆,同时还向其他许多城市派驻领事官员。当然,我觉得可能还有一些间谍。这些驻外人员的使命,就是将美国政府所需的信息写成报告并通过远东事务处呈送给国务卿。那么,国务卿对远东事务处又有什么要求呢?据我所知,有人对该处提出的要求是尽可能把政府给它的拨款花完;不过也有人觉得这种经"特殊渠道"获得的信息没什么意义,他们更愿意向自己手下的其他部门寻求帮助。对于这类国务卿来说,维护美国立场这件事根本没有什么简洁、清晰的捷径可走。

大多数国务卿都认为远东地区的信息搜集工作须由专业人士完成,并要求这些信息在呈送给自己的时候井井有条、事无巨细,能够令自己产生亲临远东之感。专业人士的任务包括翻译、简化和归纳等,但报告的结论必须适用于对"东方"事务的解释,而不仅仅是验证报告人自己提出的假设。对于一位称职的国务卿而言,最不能容忍的事就是所谓专业人士代替自己"制定"了"政策"。他对专业人士本人如何看待日本对华政策毫无兴趣;他想了解的是不同阶层的中国人、日本人、英国人、法国人、德国人和俄国人对此做何感想,以及他们有可能因此采取什么行动。他希望自己在做决定之前能够获得尽可能详细的信息。远东事务处越是能够尽忠职守地提供美日两国大使或来自西海岸各州的参议员和众议员等无法提供的信息,国务卿便越是有能力做出正确的决策。他的决策有可能参考了西海岸各州议员的意见,但他对于日本的看法只能来自日本。

● 2

全世界最出色的外交机构,一定是一个将信息收集和决策制定两个步骤截然分开的系统。在世界大战中,英国驻海外使馆和英国外交部总有一些人——无论是全职官员还是特派员——能够十分成功地去冷却那种无所不在的战争情绪。他们从不发表言辞极端的长篇大论去简单粗暴地表明自己对其他国家和民族的喜爱或厌憎之情,即使心里有什么明确的想法也往往谨言慎行。在他们看来,决策应当由政治领袖做出。然而,我在美国使馆听说有一位美国驻外大使曾公开表示,他只会选择那些能够提振国内民众士气的信息汇报给国务院。这位大使在外交活动中八面玲珑,做了大量工作支持备战,还在为某座纪念碑揭幕的时候情绪激昂。

他不明白,专业人士的价值就体现为其能够将自身与决策者区分开来,并使自己做到无论决策结果如何都无动于衷。至于那些入戏太深并试图干预决策的专业人士,如上文这位大使,则很快会失去决策者的信任,其存在只不过让世界上又多了一个不专业的"专家"而已。道理很简单,当一个人在情感上对一件事投入太多,他眼中便渐渐只能看到那些自己"想要"看到的东西,从而对那些他"应当"看到的东西视而不见。他的使命应当是将环境中不可见的部分呈现给决策者才对。他本该是没有投票权的人以及选举制度的某些隐藏职能的代表,他本该是那些人们难以看清的事务的昭示者,他本该是沉默的大多数与这个国家的未来的代言人,他本该为人们揭示自身与外部事物之间的关系。在他背后,其实站着许许多多无形的选民。不过,所谓无形的选民并不能成为"政治多数",因为我们曾经分析过,选举其实是高手之间的一场实力对决,而专业人士根本不可能骤然获得与政治家对等的实力。不过,专业人士可以通过干预现有权力格局来对制度施加影响。通过使不可见的事物变得可见,专业人士得以令那些有实力的人物去直面新的环境,将观点和感受植入其头脑,甚至使其被赶下台,从而也就在根本上影响了决策进程。

人是不可能在自己完全无法适应的环境中长期生存下去的。如果不得不屈服于现实的话,他们往往会对环境进行重新认识,摒弃原来的一些想法并用理性去说服自己。不过,如果自始至终都有某种干扰性的力量令其百思不得其解,那么下述三种情况中的一种便会出现。他们可以继续我行我素,对各种干扰因素视而不见,但这样做的结果是过犹不及、反复受挫,最终悲剧收场。此外,他们还可以接受现实但拒绝妥协,这样做所付出的代价就是内心深处的焦虑和不安。不过,我觉得最常见的是第三种情况,即他们最终还是选择对自己的行为方式做出调整,以适应更为宏大的新环境。

如果你认为,专业人士因为不是决策者而只能起到无足轻重的作用,那你就大错特错了。事实上,专业人士越是能够以令人难以察觉的方式对决策过程施加影响,他们所拥有的权力就越不受控。我们甚至可以确定,专业人士的影响力以后会变得越来越大,因为随着社会的日趋复杂化,无论选民还是国家治理者对于必要事实的了解都将越来越急迫。所有的政府机构均会日趋依赖调查和信息部门的支持,就如同所有的军队都会建立自己的情报机关一样;而这些调查和信息部门的职能范围将会不断扩大。不过,所谓的"专业人士"永远只能是具体的人,他们会拥有越来越多的实权,越来越多地扮演审查官的角色,从而最终也就获得了决策权。除非他们的职能受到明确的约束,否则他们就一定会只将自己认为合适的信息示人,并只执行那些他们自己赞同的决策。简言之,专业人士将会日趋变成一类官僚。

在制度上杜绝上述情况出现的唯一方法,就是将执行人员和调查人员做出绝对严格的区分。这两类人应当分属两个既平行又彼此疏远的序列。对于他们,不但要通过不同的渠道聘任,尽可能按照不同的预算类别付薪,让其对不同的上级负责,甚至应当使用不同的评价指标以确保其不会彼此妒忌。在工业领域,审计师、会计师和巡视员应当独立于经理、主管和领班。而且,我相信,为了确保整个工业领域都能得到有效的社会控制,该领域的统计和记录机制也将日趋独立于董事会和股东大会。

● 3

不过,关于情报部门在工业与政治领域的建立,我们仍弄不清楚应当从何入手。除了强调基本的职权分立原则外,如果我们对这类部门的形态做出过于繁复、具体的要求,却也实在没什么必要。总有一些人对情报工作感兴趣并致力于从事这一工作;也总有一些人虽不理解情报工作是怎么回事,却在日常工作中离不开情报;当然,也有人厌憎情报工作。不过,有一点是毋庸置疑的,那就是对于任何一个想要有所发展的社会机构来说,获取情报已是展开一切工作的基本前提,所以尽快建立这样的职能部门就成了当务之急。以美国联邦政府为例,尽管在过去一个世纪的发展中,各部门之间已经形成了叠床架屋、盘根错节的利益关系,却也无须等到把这一切都捋顺再去着手建立国家急需的情报机构。如果你是总统,在竞选期间,你尽可信誓旦旦地表明自己将会勇敢地打破常规;可在面对"打破常规"所产生的后果时,你又会发现所有的荒唐决策其实都是在个人习惯、强大的利益诉求以及那些伪善的国会议员的影响下做出的。如果选择与整个体制为敌,那自然要面临来自方方面面的阻力。就像诗中所说的,你"一往无前上战场",最终却只能"一缕香魂返故乡"。你可以在这里裁撤掉某个职能老化的部门,也可以在那里开除一班玩忽职守的员工,你甚至可以把两个机构并成一个。你会发现,自己竟把绝大多数时间都用在了处理冗繁、琐碎的关税和铁路事务上,当初那些雄心勃勃的改革计划早已化为泡影。更何况,为了兑现自己对政府部门进行重组以提升其工作效率的承诺,你将不得不倾注大量的热情,却没有时间让自己冷静思考。况且,任何一项新的计划,只要你想得出来,就肯定需要有专门的官员去负责管理。为了有足够多的熟手做事,你又不得不起用很多上一届政府中的老人;而这些"前朝旧臣"又极难对付,如果待遇不能令他们满意,那么他们非但不会好好履行职责,反而会搞破坏。

所有的治理方略都必须建立在良好的初衷之上,而旨在革新的良好初衷若离开了教育,便只能是镜花水月。较为妥帖的方法是,在现存的体制中寻找突破口,并将自己想要建立的新部门安插进去,同时令其产生的效果能够为别人清楚地看见。这样一来,你就有理由相信新的部门使得体制内的工作人员、各负责任的大小决策者以及身处体制之外的公众能够对体制有更透彻的了解。当那些身居高位的人日渐看清自己的模样,甚至那些局外人、决策者和底层的人都看到了以前未曾看到过的新图景,那么过去那些障碍也就不复存在了。若改革者认为某个部门的效率低下完全是其自身的问题,那么这一观点其实只能代表他自己的想法,该部门的负责人完全可能对此嗤之以鼻;不过,如果我们能够对该部门的工作业绩进行客观的记录和科学的分析,再将相关数据与其他部门乃至私人企业的数据进行比较,那么我们对问题的讨论就会迈上一个新的台阶。

华盛顿的内阁中共设 10 个部,假如每个部都建立一个专门的常设情报机构,若想令这些机构高效运转,应当满足哪些条件呢?首要的是,这些情报部门的负责人应当独立于国会中负责管理这 10 个部的各委员会,甚至应当独立于各部的部长。也就是说,情报官员不应该卷入决策或行动的过程。这样一来,情报部门的所谓"独立"其实必须满足如下三方面的条件:运作经费的专款专用、较为灵活的任期制,以及对各类资料的接近权。道理很简单,如果某些国会议员或部门官员有权剥夺情报部门的经费、随意任免其工作人员,甚至禁止其查阅相关档案,那么情报部门也就成了这些人的禁脔了。

● 4

经费问题既很重要,也很棘手。如果调查机构只靠既吝啬又惯于疑神疑鬼的国会每年的那点可怜的拨款过活,恐怕根本无法奢谈什么自由。不过,对于经费分配的最终裁量权,还是要归到立法机构的职权范围内。合适的经费安排既能够杜绝效率低下、士气低迷的情况,又能确保机构的正常发展。只有这样,工作人员才能挺起腰杆,对暗地里的非难不屑一顾。也许比较合理的方法是以联邦宪章的名义创建一个信托基金会,再根据各部的预算情况来灵活确定其下设的情报机构在特定时间段内所能获得的拨款金额。其实,总共也要不了多少钱。信托基金可以承担一部分核心员工的基本支出,而其余大部分成本由来自部委的浮动拨款支付。不管怎么样,拨款机制都必须固定下来,不可随心所欲,它应当成为一项长期的制度。比起通过一部宪法修正案或发行政府债券来,这一机制并不会给国会带来那么多的麻烦。国会可以随时撤销宪章,但也只能是撤销而已,绝不能对其进行破坏或嘲弄。

至于情报人员的任期问题,最好的方案是终身制。此外,还应为其提供丰裕的退休金和完善的休假制度,以及足够长的学术假期,使其能够通过学习和参加培训而不断提升自己的水平。同时,若要开除一位情报人员,必须通过同侪评议机制。也就是说,情报官员应当享受其他从事非营利性工作的知识分子所享受的一切待遇。若想令一项工作取得显著的成效,就务必要使从事这项工作的人拥有尊严和安全感;在更高的层次上,则要让这些人做到随心所欲,不会背上"迅速做出决策"的思想包袱。

情报人员对各类资料的接近权应当被写入机构章程。情报机构应当获得对一切文件进行查阅、对任何官员或其他相关人员进行询问的权利。这种常规性的调查与经常会产生轰动效应的立法调查以及那些时不时发生的审前质询现象根本不是一回事,后面这两种调查在当下的政府工作中已司空见惯。情报部门应当有权向其所在的部委就核算方法提出动议;若动议被拒绝,或通过之后又遭破坏,则情报机构有权以联邦宪章的名义向国会提起申诉。

在我看来,情报机构所能扮演的最主要的角色,就是国会和政府之间的联系人;在这一点上,情报人员的优势大过参众两院的内阁成员。当然,两者并不是非此即彼的关系。对于国会来说,情报部门就如同自己的耳目,随时监督着政府部门对各项决策的执行情况。与此同时,若国会对政府部门提出批评,情报机构也能代表后者做必要的解释。此外,既然政府的运作过程从始至终都处于不可见的状态,那么在情报机构的作用下,国会或许可以明白,其实完全没有必要出于对政府的不信任以及对分权理念的失望而制定一大堆琐碎的法律条款,因为那只会令政府工作陷入效率低下的境况。

● 5

当然,这10个情报机构中,哪一个也不可能在与世隔绝的状态下工作。它们彼此之间会很容易形成那种我们时常"耳闻"却甚少"目睹"的所谓"协作"关系。显然,不同情报机构的工作人员应当在有必要的情况下采用一套兼容的指标体系,这样它们就可以做到记录和数据的互通。如果美军陆战部(War Department)和邮政总局(Post Office)两个部门均有采购木材、雇用木匠或修建砖墙的需求,它们是不必非要通过同一家代办机构去办理相关事项的,因为这样有可能导致权力的过分集中;不过,在这种情况下,它们可以采用同样的衡量标准,去进行有意识的比较,甚至彼此之间成为竞争对手,而这样的竞争越多越好。

竞争的价值取决于对竞争进行衡量时所采用的指标体系的价值。与其去探究竞争本身到底是不是好事,不如仔细思考一下我们对于竞争者所"争"的那个东西是否认同。没有人会盼望"废除竞争",这是因为,一旦竞争机制真的消亡了,那么社会治理进程就会严重受制于某种僵化的程式,并最终被少数迷信者所把持。不过,也没有人认为所谓竞争就非要激烈凶残、你死我活不可。问题的关键在于,如何明确竞争的目标,以及如何制定游戏规则。在绝大多数情况下,游戏规则都是建立在清晰、明确的衡量标准之上的,例如金钱、权力、名望、支持度,或凡勃伦(Thorstein Bunde Veblen)先生所谓之"炫耀性浪费"(conspicuous waste)。除此之外,我们的社会还认同哪些衡量标准呢?应当如何对我们梦寐以求的效率、生产力以及服务做出科学的衡量?

托斯丹·邦德·凡勃伦(1857—1929),19世纪末20世纪初美国著名经济学家,被视为制度经济学的创始人。

基本上，世上并不存在能够对效率、生产力以及服务做出准确衡量的指标体系；而且，这些领域的竞争其实也并不怎么激烈。这是因为，高层次的动机和低层次的动机之间的差异，并不像人们所想的那样是一种利他主义和利己主义的差异①，而是追求简明易懂的目标和追求含混暧昧的目标的差异。鼓励一个人去挣比他邻居更多的钱，他便有了一个明确的目标；可鼓励一个人去更多地从事社会服务，他该怎样确定哪些"服务"是"社会服务"呢？有检验方法吗？衡量标准又在哪儿呢？很简单，所谓的衡量标准，不过就是一种主观感受、一种个人观点。在和平时期，如果你对一个人说他应该报效自己的祖国，人家会把你当成一个迂腐的说教者；可这番对话若发生在战争时期，"报效"一词就有了明确的意义，其包含参军、购买国债、节约食物、义务劳动等一系列明确的行动，而所有这些"报效"的方式最终都指向一个明确的目标，那就是让我军的阵容和装备都远远胜过敌军。

所以，只有能够对国家的治理机制进行科学的分析和比较，我们才能创造出旨在提升"质量"的量化指标，才能使竞争向良性的方向发展。如果能设计出一套正确的指数（index number）②，我们就可以在某一作坊内的工人与工人之间、作坊与作坊之间、工厂与工厂之间、学校与学校之间③、政府部门与政府部门之间、社会团体与社会团体之间、师与师之间、舰与舰之间、州与州之间、国与国之间以及城市与城市之间建立起竞争关系。这个指数设计得越精妙，竞争便越有裨益。

---

① 参见 Ch.XII。

② 此处的"指数"一词并不纯粹指其字面意义，也包括一切能够对社会现象进行比较与衡量的指标体系。

③ 例如，可参见莱纳德·P. 艾瑞斯（Leonard P. Ayers）所著《州立学校系统指数》(An Index Number for State School System) 一书（Russell Sage Foundation，1920）。配额原则在自由公债运动（Liberty Loan Campaigns）中得到了极为成功的运用，盟军海上运输理事会（Allied Maritime Transport Council）亦在一些极为艰难的条件下成功运用了这一原则。

● **6**

资料互通的好处是显而易见的。某一个政府部门急于获取的信息,也许另一个政府部门早就掌握了,只是形态或略有不同。比如说,国务院想了解如下信息:墨西哥的石油储备情况、其与世界上其他产油国的关系、当前墨西哥主要油田的产权归属情况、石油对于当前在建或计划建造的军舰的重要性,以及石油工业不同领域的相对成本,那么它该怎么做呢?与这些信息有关的资料可能分散于内政部、司法部、商务部、劳工部以及海军部等国家部门。如果负责检索这些信息的国务院书记员只是通过翻书来查阅,则信息的准确性完全无法得到保障。或者,若某位官员的私人秘书致电另一位官员的私人秘书请对方提供相关的备忘录,那么过一阵子说不定就会有一位不明就里的信使送来一大堆莫名其妙的报告。国务院应当做的事,其实是通过自己的情报部门,以某种最有利于外交事务决策的方式来有针对性地搜集信息。而情报部门对这些信息的获取,则在中央情报交易所完成。①

这类情报交易场所将很快成为各类有特殊价值的信息的汇聚点,而于其中从事情报交易工作的人会很容易地获知政府的问题究竟出在哪里。这些人负责对各类信息进行界定、描述、技术统计以及逻辑推断等工作,他们的职能涵盖了社会科学的全部领域。按理说,除了少数外交和军事机密外,这些资料理应对国内的所有学者公开。这样一来,政治学家也就知道应该去解决些什么问题,同时可布置些真正有价值的题目让学生去研究。这些工作未必需要在华盛顿完成,但桩桩件件都与华盛顿相关。如此一来,中央级的情报部门就完全具备了一所国家创办的大学的基本样态。其下设备分支机构的工作人员可从大学毕业生中招募,这些人则可在与大学负责人和遍布全国各地的教师磋商后,就某些专门的问题展开有针对性的研究。

---

① 在同业公会中,此类服务机构有极大的发展。1921年的纽约建筑业状况调查表明,人们有可能利用这类机构进行非法交易。

假如各情报机构之间的联系如我们所期望的那样灵活,那么在中央情报部门中,除了常设工作人员外,还会存在大量临时性或相关专业领域的工作人员,包括由联邦政府推举的讲师。如此一来,对于工作人员的选拔和培训工作就可以有机结合起来了。一部分研究议题可交由学生来完成,大学里所教授的政治学则最终与美国的政治实践合二为一。

● 7

上述原则的绝大部分内容,同样适用于州政府、市政府以及乡村地区。信息类比与情报交换工作完全可以在各州间、城市间以及县与县之间展开。在此基础上,区域性的情报机构联合体遂呼之欲出并最终成形。只要不同机构的会计系统是相互兼容的,那么很多重复性劳动就完全可以避免。区域间协作尤其值得尝试,因为法律的边界与事务的有效环境(effective environment)往往不是重合的,两者之间的关系则根植于传统习俗且很难被打破。通过展开信息情报领域的协作,不同地区便完全可以协调一致地做出自主的决策。例如,仅就纽约市而言,想治理好就已经很不容易了。然而,考虑到医疗或交通运输等方面的目的,整个纽约大都会区又往往被视为一个真正意义上的治理单位。这个大都会区包括多座大型城市,有扬克斯(Yonkers)、泽西市(Jersey City)、帕特森市(Paterson)、伊丽莎白市(Elizabeth)、霍博肯(Hoboken)以及贝永(Bayonne)等。这些城市不可能只拥有一个管理中心,因此它们必须在很多职能上展开协作。也许最终,一如韦布夫妇所说的那样,类似纽约大都会区这种具有高度灵活性的地方政府联合体或许是对现有问题的一个很好的解决方案。① 但前提条件是,人们普遍认同政府部门之间应当展开协作——不是决策与行为方面的协作,而是信息和调查方面的协作。只有这样,不同城市的官员才能够在同样的事实面前,看清自己身上

---

① "The Reorganization of Local Government"(Ch. Ⅳ), in *A Constitution for the Socialist Commonwealth of Great Britain*.

所存在的共同问题。

● **8**

如果在缺乏深入理解的情况下就不假思索地认为政治与工业领域的情报机构网络只会带来麻烦和负担,那就过于武断了。可能有人认为,情报工作只适合那些吃不了苦的人、爱管闲事的人或书呆子。还可能有人认为,情报工作中尽是些繁文缛节、官样文章,要每天应对堆积如山的资料、令人头皮发麻的调查问卷、单调且重复的文件复印工作、文件签署、计划延迟、资料散佚、表格分类……有时候,甚至仅仅由于用铅笔写了本该用钢笔写的文件,或用黑色墨水填了本该用红色墨水填的表格,就要被迫返工。于是,在一些人心中,情报工作实在很难干好,因为无法确保愚笨之徒不进入该机制。

不过,如果考虑到情报网络能够给政府部门、工厂、官方机构和大学带来的流通性,包括人员、数据乃至意见的流通,那么情报工作也就不再显得那么单调、陈腐了。同时,情报机构的存在也并不会让生活变得更复杂;恰恰相反,它们只会让生活变得更加简单明了,因为原本复杂的情况经过情报工作的揭示,完全可以被纳入管理的范畴。当今,政府管理不透明的问题已经发展到十分严重的程度,以致大多数人都已经变得麻木不仁;而正因麻木不仁,人们便又自然而然地以为政府管理其实比想象的简单。然而,实际上,情况恰恰相反,政府工作自始至终都是含混不清、遮遮掩掩、缺乏透明度的。情报系统建立起来后,就可以对决策部门的人员数量进行削减,因为每一个部门的资料和经验均可为其他部门共享,从而也就大大简化了程序,避免了出错的可能。同时,情报工作还使得社会过程更具能见度,这也将促使官员更加注意检点自己的行为。只要想想如今我们平白无故地浪费了多少时间在各种调查委员会、大陪审团、地方检察官、改革委员会以及各色昏聩无能的官员身上,就会明白情报机构的建立其实并没有给政府增添人员负担;情报人员的存在对于增强整个体制的可见性而言,是必不可少的。

如果承认须在现代社会的语境下对舆论和民主理论进行分析是

一个基本原则,那么便很难解释为何还是有人不明白发展情报工作是解决问题的关键所在。当然,所谓情报工作并不仅仅包括本章中所提的具体建议,这些建议只不过是一些探索性的设想而已;真正将其从设想变成现实,还有赖于那些受过专业训练的人士的努力。不过,即使是这些专业人士,目前也不可能对这项工作的形式有精准的把握,遑论周到的细节设计了。眼下,我们对于社会现象的科学记录仍然少得可怜,对数据进行分析的手段也十分粗糙,人们仍然不能就相关概念达成明晰的共识,反思更是无从谈起。不过我想,有一点是再明确不过的,那就是所谓不可见的环境是完全可以被有效地记录和报告的,这些记录和报告则完全能够超越人的主观偏见,以客观中立的形态为形形色色的群体所接受。

真若如此的话,只要建立起行之有效的情报网络,人们就一定能够清除"自治"过程中的最大障碍,也就是"与不可见的现实打交道"的困难。正因这一困难的存在,任何自治群体都难以在独立的需求和与外界接触的必要性之间找到平衡点、在确保安全与协作的前提下处理好尊严与自主权之间的关系、在不牺牲责任的情况下选出果敢有力的领袖,以及在不将普遍性舆论强加于所有议题的条件下拥有有用的舆论。只要人们对于"不可见事务"的判定标准无法统一,对于不同行为的普遍衡量标准无法统一,那么哪怕是理论中的民主图景也只能建立在与世隔绝的某一群体的基础上;而这样的群体中的人,如亚里士多德所言,往往会因视野所限而政治目光短浅。

不过,如今有解决方案了。尽管道阻且长,但终究目标明确。从根本上说,这一方案可以确保芝加哥的公民比古代雅典的公民听得更多、看得更远,尽管两者都长着一样的耳朵和眼睛。目前,情况已经得到一定的改善;以后,随着人们不断努力去填补已知环境和有效环境之间的沟壑,前景还会愈加光明。只要这一任务得以完成,我们的联邦制就会日益在共识的基础上运转,而高压政治会日渐销声匿迹。这是因为,尽管联邦制是令不同的自治群体结成联盟的唯一有效方法①,但若联邦的各个成员群体不能就联邦事务达成正确和普遍的共识,则整个体制完全有可能在中央集权和地方无政府主义之间摇摆不定。共识不是从天上平白无故掉下来的,而是通过科学的分析手段的普及达成的。因此,要想拥有一个良性运转的联邦,就必须首先创造出科学的分析手段,并通过调查研究对其进行反复的测验和校正。

选举机制、对地方的控制,以及私人财产系统的改革等议题,都不会触及联邦制的根本。每个人的政治智慧都是有限的,因此不能对其过分苛求。而且,任何一场改革,无论多么激动人心,都不可能带有真正意义上的激进色彩,即绝不会处心积虑地去迫使人们超越个人经验的局限、克服自身的主观主义。政府系统、选举制和代议制这些机制的确扮演了更为关键的角色,但归根结底,知识并非心智的产物,而是来源于心智所要应付的那个外部环境。当人们终于意识到情报工作的重要性,他们往往能够发现更多的事实并"制造出"属于自己的智慧。若非如此,人们便只能龟缩在自己的世界里,安于做头顶只有一小片天空的井底之蛙。这样的人,只会执迷于自己的偏见,永远无法拥有更大的格局。

---

① 参见 H. J. Laski, *The Foundations of Sovereignty*,以及其他相关文章,尤其是与本书同名的主题文章,以及《治理区域问题》("Problems of Administrative Areas")、《人民主权理论》("Theory of Popular Sovereignty")和《多元主义国家》("Pluralistic State")等。

第二十七章

诉诸公众

● 1

在现实生活中,没有人会真的以为自己可以对每一个公共议题都产生大公无私的看法,尽管上述事实经常被下述事实所掩盖:由于人们对于公共议题从来就没有什么想法,所以他们干脆认为根本就不存在什么公共议题。一如布莱斯爵士所言,"舆论的运作过程是连续不断的"①,尽管"这一过程只遵循一些大道理"②。不过,在当下的政治理论中,我们的思想更僵化一些。由于我们总是坚信自己可以在搞不清楚"大道理"究竟是什么的情况下便持续不断地产生观点,故只要一听到那些牵涉大量政府报告、大量统计数据以及大量图表的议题,就会立刻不耐烦地打起哈欠来。原因很简单:这类议题就像党派辩论一样令人困惑,却又远不如后者那样有意思。

目前,人们仍很少意识到,只要全国公民都能够对情报机构公开的资料和数据有基本的掌握,那么他们就一定能够在公共事务上变得更为敏感、更为明智,而且将更加热心于许多不那么符合所谓"大道理"的议题。当然,并不是说这一论断一定是正确的。毕竟,情报机构首先是行动者、决策者及各行各业的从业者所使用的工

---

① *Modern Democracies*, Vol. I, p. 159.
② 同上书,第158页脚注。

具;若其存在不能给这些人带来实质性的帮助,那么就算运作得再好,也是无济于事的。但至少到目前为止,情报机构的确为这些人更好地理解其所处的工作环境提供了帮助,并使他们的工作成果能够被人们看到。正因如此,这些人也相应地形成了更富有责任感的公共意识。

所以说,建立情报机构的目标并不是将专业人士对所有问题的观点强加给每一位公民,而是要让各领域的负责人和决策者能够听取专业人士的意见。当然,情报机构的价值既体现为其可作为一般性信息源为社会各界所使用,也体现为其有能力对新闻媒体报道的准确性进行检验。不过,这都不是最主要的。情报机构真正的用途,在于为政治和工业领域的代议制治理机制提供必要的辅佐。真正需要会计师、统计学家和秘书等专业人士帮忙的并不是普罗大众,而是那些深感自己无法再凭情感喜好去行事的公共事务的决策者。无论从根本上看,还是站在理想的角度看,情报机构的存在都是为了对现有的公共事业进行优化,而不是一味地给后者挑毛病。

● 2

任何一个普通公民、任何一个有投票权的选民,都不可能彻底吃透所有官方文件。但对于公共议题的讨论者、参与立法的委员、政府官员、商业及工会领袖,以及各类行业理事会的成员来说,关于特定事务的报告肯定是越及时、越详细越好。普通公民中,只有那些受雇于志愿社团(voluntary societies)并通过研习官方文件来对官僚体制进行检视或监督的人,才会对那些文件产生兴趣。这些人写出的报告有可能吸引新闻从业者、各行各业的专业人士以及政治学家的注意力。至于其他局外人(我们每个人在现代生活的绝大多数事务中都算是局外人)则完全没有时间、没有精力、没有兴趣,也没有渠道去对各类事物做出专门的判断。对于社会事务的日常性治理,应当由那些在合理的"前提"下工作的"局内人"来完成。

至于那些置身事外的公众,只能在事务有了结果以后或开始走流程之前对上述"前提"的合理性做出判断。左右着舆论走向的种种

"大道理",其实也就是公共事务治理所奉行的原则。局外人可以要求专业人士告诉自己决策者是否对所有相关事实均予以充分考虑,但他们在绝大多数情况下无法判断究竟哪些事实算得上是"相关事实",或哪些事实应当"予以考虑"。局外人或许还可以去评判决策者是否听到了利益攸关的社会群体的呼声、投票程序是否做到了公正公开,以及人们对决策的结果是否心悦诚服。只要新闻里说某件事值得关注,那么他们就一定会去关注。如果某一决策产生的结果违背了他们心中对于美好生活的设想①,则其可以针对决策程序是否合法这一问题提出疑问。不过,他们若试图在每一项议题中均将自己的个人好恶置于程序之上,并认为舆论是解决一切问题的万能金钥匙,就一定会在困惑中陷入混沌,无法对任何问题做出合乎逻辑的思考。

这是因为,如果不加辨析地在一切事务上均屈从于公众的观点,那么我们也就听不进那些见识水平高于常人的专家的批评意见了。于是,事务的进展就完全取决于谁嗓门大或声音动听、谁善于造势或根本就是脸皮最厚,以及谁有能耐争取到最多的报纸版面。报纸编辑在尽最大努力去平衡各方观点,但仅仅做到公平是远远不够的。在明面上的正反双方之外,或许还存在若干其他方面的意见,但这些意见根本不会被任何组织严密、资金充裕、雷厉风行的利益相关方提及。

那些个体公民会很快发现,参与各类社会讨论的党派人士之所以选择诉诸舆论,并非因为他们折服于大众的智慧,而更多地是想利用人的善良天性,这甚至是对公众的证据意识(sense of evidence)的一种羞辱。公民们在公民教育中了解到,自己所处的环境是十分复杂的,因而便十分在意程序的公平与正义问题;但即使如此,他们在绝大多数情况下还是希望自己选出来的代表能够"代表"自己去完成这项工作。于是,他们想方设法逃避"做决定"的责任,并在多数情况

---

① 参见第二十章。

下习惯性地对那些因获胜心切而动不动就将最新消息透露给新闻界的人持否定态度。

只有在确定了那些呈现在自己面前的问题都已经走完了必要的程序之后,这些"日理万机"的现代公民才会努力以一种明智的方式对其进行处理。这是因为,正如某位党派人士所说,所谓的"问题"往往牵涉到一系列错综复杂的事实,并被包裹在无穷无尽的、情绪化的刻板印象之中。在当下的风气下,党徒们只要一踏出会议室的大门,就会慷慨激昂地陈述其关于正义、福祉、美国精神或社会主义的观念。对于这些说辞,作为局外人的公民或许会被触动,甚至产生恐惧或赞赏之情,但他们根本无力做出明智的判断。只有把这些话中的水分统统挤出去,他们才有可能参与到讨论中来。

● 3

所谓"挤出水分"的工作,其实可以通过如下方式来完成:请一位主席或仲裁人来主持代表们对特定事务的讨论,其任务则在于用专业人士提供的分析来影响讨论的进程。这一机制应当成为一切旨在针对人们不熟悉的事务展开讨论和做出决策的过程的核心环节。不同的党派当然可以发出自己的声音,但这些党派也要面对人们(并非当事人,而是那些手中掌握了足够的事实又能清晰地表达自身观点的人)的质询。这些人的使命在于,从错综复杂的刻板印象、成见和花言巧语中,分辨出哪些才是真正的"观点"。这是一场苏格拉底式的对话,体现着苏格拉底锲而不舍、追根究底的精神。不过,仅仅做到这一点还远远不够,因为现代生活中的辩论要求参与者不但要对周遭环境有所体察,而且能够洞悉人的心灵。

例如,钢铁行业要展开一场严肃的讨论。参与讨论的各方均义正词严地唱了一番高调。在这一阶段,唯一有价值的舆论就是对于召开一次会议的呼吁。如果哪位参与者站出来说,自己的理念是绝对正确的,完全不需要通过会议来讨论,那么他几乎不可能得到任何人的支持,因为在正常人的观念中,根本就不存在什么绝对正确的理念。那些打心眼里反对开会的人或许根本不会对会议的召开公开表示反对；又或者，他们会辩称对手恶贯满盈，自己根本不屑于跟叛徒握手言和。在这个时候，舆论所能做的唯一的事，就是在有关部门的组织下召开听证会，听听说这番话的人究竟能够拿出些什么证据去证明对手"恶贯满盈"。总之，舆论不可能任凭党派人士说什么就信什么。不过，还是让我们来假设各方最终达成了共识，决定坐下来开这么一个会，而且邀请到了一位立场中立的主席来主持会议，这位主席在此之前已充分征求了来自企业界、工会以及劳工部的专业人士的意见。那么，情况会怎样呢？

　　作为美国钢铁公司的创始人，盖里先生以真诚的态度强调，他手下的工人不但收入丰厚，而且不存在超时工作的情况；其后，他便开始大讲特讲俄国历史，从彼得大帝一直谈到沙皇遇刺。威廉·Z. 福斯特（William Z. Foster）先生则同样真诚地说，钢铁工人正在承受残酷的剥削，同时他对人类解放的历史娓娓道来，从拿撒勒的耶稣（Jesus of Nazareth）一直讲到亚伯拉罕·林肯。此时，轮到会议主席出场。他请求专事劳资关系研究的专业人士以清晰的图表来展示不同社会阶层的收入状况，因为无论"收入丰厚"还是"残酷的剥削"都不是精确的分析，而是情绪化的表述。盖里先生真的认为工人收入丰厚吗？是的，他的确这样认为。福斯特先生真的认为工人受到了残酷的剥削吗？不，他认为只有 C、M 和 X 三个工人群体中存在这种情况。他又是如何界定"剥削"的呢？在他看来，所谓"剥削"就是工人所获得的工资不足以养家糊口。而盖里先生不同意这一观点。于是，主席问道：以这样的工资水平，工人可以买得起什么东西呢？福斯特先生答：什么也买不起。盖里先生则说：所有他需要的东西都买得起。紧接着，主席查阅了官方公布的预算及物价统计

威廉·Z. 福斯特（1881—1961），美国 20 世纪上半叶著名工人运动领袖、马克思主义政治家，曾于 1945 至 1957 年间担任美国共产党总书记，是 1919 年钢铁工人大罢工的主要领导者。

数据①，并表示，X 群体的工人可以靠工资生活，而 C 群体与 M 群体的工人入不敷出。于是，盖里先生宣称，官方的统计数据有问题。在他看来，如今的预算不是过低而是过高，而且物价水平已经降下来了。福斯特先生同样提出了异议，在他看来，官方数据高估了预算水平，而物价处于攀升的状态。事已至此，主席只好宣称，双方观点的冲突根本无法在本次会议上化解，官方的统计数据有其天然的合法性，而盖里先生和福斯特先生各自麾下的专业人士须到情报机构联合体的常委会去提请上诉。

不过，盖里先生也说，如果改变现行的工资标准，那么我们就完蛋了。主席遂问：所谓"完蛋"具体指的是什么？请拿出你的证据来。盖里先生说：我拿不出证据，因为这只是我个人的想法。主席继而说：你的个人想法无关紧要。最终，主席对公众宣布了自己的裁决：C 群体和 M 群体工人的工资水平远低于官方设定的最低工资标准，而盖里先生拒绝提高这两个群体的工资水平且没有给出合理的理由。只有完成了这项程序，舆论（此处是个褒义词）②才能产生。

专业人士介入行业纠纷有其独特的价值，这一价值并非体现为其通过制造舆论的方式来压制党派观点，而体现为其能够用科学的证据来消解人们的党派偏见。尽管开过会以后，盖里先生和福斯特先生不改初衷，但迫于情势，如今他们也不得不改变起先那种剑拔弩张的姿态，开始寻求对话了。而且，经过开会的程序，很多与这场行业纠纷无关的人也就不需要再卷入讨论了。这是因为，那些有可能诱使其卷入讨论的刻板印象和煽动性言论，早已经在会议的程序中被消解了。

---

① 参见《新共和》(*The New Republic*) 杂志于 1921 年 7 月 27 日刊登的文章《生活成本与工资水平下降》("The Cost of Living and Wage Cuts")，作者是利奥·沃尔曼（Leo Wolman）博士。对于人们不加辨析地使用此类统计数字以及轻信各种似是而非的"原理"的现象，该文展开了精彩的论述。作者在文中发出的警示具有十分重要的普遍性意义，因其本人就是一位深度参与了工业领域专业技能提升工作的经济学家和统计学家。

② 与洛威尔先生在其《舆论与大众政府》(*Public Opinion and Popular Government*) 一书中的用法相同。

● **4**

在很多重要的公共议题上,以及在重要程度不同的私人事务上,记忆和情感的脉络总是纠缠不清的。同一个字眼完全有可能传达出许多不同的观念。情感本应附着于观念图景,如今却被那些与观念图景在名义上具有相似性的概念所取代。在人的心灵的最深处,存在着一个由大量纯粹的声响(clang)、接触(contact)和更替(succession)构成的隐秘区域,其中既有情感纽带的偏移,也有词不达意的表述。我们在做梦、空想与癫狂的时候,即可窥见自己精神世界失序的一面,并充分意识到自己的思想是多么幼稚,以及在缺乏清醒的自我克制和外部约束的情况下,自己有可能做出些什么不理智的事。人的精神世界的混乱状况比一座布满灰尘的旧阁楼好不到哪儿去。事实、观念和情感之间很难实现协调一致,那情形就如同你在听歌剧时,发现所有人的服装都被胡乱地丢在地上、所有唱段的顺序都被打乱,而舞台上的蝴蝶夫人穿着瓦尔基里(Valkyr)的行头一边吟唱咏叹调,一边等待浮士德的到来。某篇报纸社论曾写道:"在圣诞节期间,人的心灵往往因古老的回忆而变得柔软。人们重温那些神圣的故事,思绪仿佛回到了童年。当你回忆起逝去的亲人,心中总是喜忧参半、柔肠百结,而你眼中的世界也就变得不那么糟糕了。所有人的心灵都受到了古老传说的触动……如今,举国上下虽充斥着赤色宣传,但绳索、肌肉和街灯始终未曾缺少……地球照常运转,而自由的精神之火在人类的胸膛中熊熊燃烧。"

> 瓦尔基里,北欧神话中奥丁(Odin)神的婢女之一。

能写出这么一段话的人,肯定脑子有点问题。他需要在苏格拉底的帮助下对词与词之间的差异做出区分,并反复质问自己,直至自己能够弄清楚不同词语的含义,并用不同的词语去表达不同的观点。也就是说,他应该让每一个词语指向一个特定的对象,仅此而已。因为从这一大段话中不难看出,他已在自己心里将各种意图强烈的字眼以最原始、最粗糙的方式做了结合;除此之外,还掺进了他对圣诞节的回忆、他作为一位保守主义者的郁闷心情,以及他渴望继承革命传统的狂躁情绪。有些时候,精神领域的这种混乱是如此盘根错节,存在的时间是如此之长,以至于根本没有办法对其进行有效的梳理。在现代心理治疗中,我们会发现人的记忆往往是一层裹着一层的,最原初的记忆甚至可以追溯至婴儿时代,这些记忆需要被理清和命名(named)才行。

"命名"这一机制,可以产生立竿见影的效果。例如,与其说"工人正在承受残酷的剥削",不如说"C 群体和 M 群体而非 X 群体的工人的收入水平低于平均标准"更具解释力。这样一来,人们对事物的感知便可从其特性出发,而被激起情感也是有针对性的。无论如何,这总比把从圣诞节到莫斯科这一大堆互不相干的概念炖成一锅杂碎汤要好得多。通过"命名",我们得以将不同的观点区隔开来,同时亦可对自己的情绪进行反思,这样我们的观点便会更具开放性,更易于接受新的资料所带来的新的信息和角度。这一机制深深嵌入我们的整个人格,并与我们的自我(ego)保持着某种同盟关系,成为一种能够在整个灵魂中得到折射的自省机制。只有在对一个观点进行全面的反思之后,我们才会真正做到对**事**不对**人**(no longer *me* but *that*)。这样一来,我们的观点就被客观化了,也就与我们自身保持了不远不近的距离;其命运也不再与我们自身的命运牢牢捆绑在一起,而是更多地与我们展开各种行动的外部世界的命运息息相关。

● 5

上述"再教育"过程让我们可以重新将舆论问题与外部环境联系在一起。唯有如此,形形色色的审查、刻板印象以及戏剧化机制才能得到彻底的清算。只有在人们可以毫无困难地搞清楚与公共事务相关的环境是什么样的情况下,批评家、教师和科学家才能启迪人的心智。可是,若环境混沌到就连专业的分析家都无法看清的程度,那么无论采用什么分析手段都不能从根本上解决问题。开展情报工作是势在必行的。批评家若想解决政治与工业领域出现的问题,就必须依赖相关领域的专业人士对整个环境做出清晰的勾勒,否则其做出的批评只能是无源之水、无本之木。

所以说,在绝大多数情况下,"教育"才是终极的解决路径,教育的价值则取决于知识的进化情况。而我们关于人类社会的知识仍然是极为匮乏,也极为不可靠的。总体上,目前我们对于社会知识的总结仍然缺乏系统性,无法为人的行动提供充分的指导。当然,这一情况一定会得到改善。而且,可以确定的是,我们现在对于信息的收集工作,也远远没有达到能够将其价值发挥到极致的程度;我们之所以在从事这项工作,不过是因为如今的决策者有了这样的需求而已。然而,随着这项工作持续而深入地进行,我们手中所掌握的数据越积越多,那么最终政治学就一定能够以之为基础展开对人类社会的归纳总结工作,并最终勾画出一幅更为清晰的概念图景,我们将把这幅图景教授给学校里的学生。一旦这一图景成了形,人类就完全可以通过接受公民教育的方式来实现对不可知的环境的把握。

当所有的教师都对社会系统的运作模式了然于胸,他们就可以准确地告诉学生人的心灵是如何面对其所不熟悉的事物的。若非如此,就不能指望学生能从学校学到正确把握外部世界的方法。目前,教师力所能及的,只不过是让学生明白他们必须拿出比应付自己的心灵更多的努力和精力去应付外部世界。通过案例教学的方法,教师可以让学生养成反复验证信息来源的习惯,例如通过查阅报纸的方式搞清楚事件发生的地点、报道该事件的记者叫什么、刊登了相关新闻的报纸是哪张、声明中援引了什么权威部门的观点,以及声明是在什么样的情况下做出的;他还可以教会学生检验某位记者所写的每一个字是否都是其亲眼所见,并对该记者过去撰写的报道进行比较分析。教师还可以给学生讲讲审查制度有哪些特征、隐私权是怎么回事,同时向其介绍一些与宣传史有关的知识。另外,教师还可以通过适当地援引历史经验,让学生明确意识到刻板印象的存在,并对印刷语言在自己头脑中激发的想象进行批判性的反思。再有,通过比较历史学和比较人类学的相关课程,教师可以让学生对符号加诸想象的思维模式产生深刻的认识。最后，教师还可令学生对自己下意识地对事物进行隐喻化、戏剧化和个人化抽象的行为保持警惕；他可以向学生展示一个人如何通过上述行为实现自我认同并对特定事物产生兴趣，以及如何在个人观点的影响下去选择应当对外部事物采取勇敢的、浪漫的还是务实的态度。

　　对于谬误的研究不仅能在最大程度上使我们做到防微杜渐，而且能够反过来促使我们展开对真理的探寻。在日益深刻地认识到自身与生俱来的主观主义天性的同时，我们开始了对实际上并不存在的纯粹客观的方法的孜孜不倦的追求。与以往不同，我们如今已能清晰地看到自己的偏见给他人带来了多少残忍的伤害。摧毁偏见绝非易事，因其与我们的自尊紧密相连；可一旦挺过了最初的疼痛，成功地做到了这一点，我们便能够感受到一种巨大的解脱，获得一种高贵的自豪感。人对外部世界的注意力正在极速增加。随着现有社会结构被逐渐打破和重组，原本根植于人们心中的牢固而简单的世界观也终将分崩离析。那将是一幅既生动又完整的图景。正是在这样的前提下，人们开始在内心深处呼唤科学方法时代的到来。在条件不成熟的时候，人们很难有这样的想法，或者就算有这样的想法，也会很快忘记。毕竟，偏见对于人们来说才是既简单又有趣的东西。假如你默认每个学生都对科学充满虔诚并一天到晚向其灌输科学的客观性美德，那么学生很快就会心生厌倦；但你若将科学视为一种战胜迷信的方法，并令学生感受到在运用科学对迷信进行追逐和征服的过程中所产生的巨大快感，那么你便完全可以使学生顺利地消除由个体经验所带来的心理障碍，进入一个求知欲更旺盛、更加热爱理性思维的人生新阶段。

第二十八章

诉诸理性

● 1

我曾对本书的结尾部分几易其稿。不管怎样,每一本书都会有一个用以盖棺定论的终章,而作者要于其中令自己的观点各归其位,并将前文中埋下的尚待解决的问题最终解决。然而,在政治领域,所谓的英雄既不会像童话故事里那样无忧无虑地生活下去,也不可能有什么完美无缺的归宿。所以,本书没有盖棺定论的终章。逝者如斯,往事已矣,对于政治领域的英雄来说,未来才是自己应当注目的地方。所谓的终章,只不过是作者在感觉到读者已在不耐烦地低头看表的情况下,对自己的论述做一个了结的地方。

● 2

当柏拉图写到该做归纳总结的地方时,原本自信满满的他瞬间也有些怯场,原因在于,他始终认为要自己说出理性在政治中究竟扮演了什么样的角色这件事是非常荒谬的。《理想国》第五章中的那些话,即使对于柏拉图而言,也是很难说出口的;那些话是如此尖锐、如此直白,就算人们对其记忆深刻,也绝不可能让其指导自己的生活。因此,柏拉图令苏格拉底对格劳孔(Glaucon)说,如果自己真的说出"为使国家拥有更接近真理的形态,人们应当做哪些最基本的改变"①,就一定会令人们笑掉大牙;这是因为"他所要宣扬的思想只有在听上去不那么夸张的情况下才能得到表达";而且,"除非哲学家能够做国王,或者国王与贵族能够对哲学的力量抱有敬畏之心,并将自身的政治权力与哲学的智慧结合起来……否则无论城邦还是整个人类都将陷入永无止息的灾祸……"

当然,柏拉图认为这些故弄玄虚的话不应当出于自己之口,因为他一定会意识到这些话太绝对了,更会为自己提出了一个根本不可能实现的宏大设想而自愧。于是,他赶忙又补充了一句说:当然,"真正的领航员"往往会被人们诋毁为"空想家、废物"。② 不过,这番坦白实在有些操之过急,尽管其可以令柏拉图免于背上"缺乏幽默感"(无论希腊人用什么词来形容)的指控,但也给任何一种严肃的思想留下了一个招人羞辱的话柄。柏拉图开始变得自高自大,甚至去警告阿德曼图斯(Adeimantus),要求他务必"将哲学无用论归罪于那些不信任哲学家的人,而非哲学家本人。领航员不应当对水手卑躬屈膝,水手更无权对领航员颐指气使——这完全不

> 阿德曼图斯,古希腊著名军事将领。

符合自然法则"。除了摆出一副妄自尊大的姿态外,柏拉图还急不可耐地祭起了理性的大旗。他自己遁入了学院的小圈子,却将整个世界留给了马基雅维利。

于是,在理性与政治交战的第一回合中,理性因气急败坏而弃阵逃跑。但正如柏拉图所说,理性的大船却已经启航。自柏拉图以降,"大海"上已经漂着很多艘"船"了;而到了今天,无论我们认为自己是聪明人还是傻子,都不可能仅仅因为一个人知道如何去"关注岁月变迁、斗转星移以及风云变幻这些只有他自己才感兴趣的东西"就将其视为"领航员"。③ 这样的人根本没有任何办法让他所引领的大船

---

① *Republic*, Bk. V, p. 473. Jowett transl.
② *Ibid.*, pp. 488-489.
③ *Ibid.*

第二十八章 诉诸理性

驶向繁花似锦的彼岸。这是因为,如果船上发生了叛乱,他总不能两手一摊说:对我们所有人来说,这一切都太糟糕了……让我去平息叛乱,这不符合自然法则……叛乱根本就不是哲学家应当思考的问题……我知道如何领航……但我不知道该如何具体地去为一艘满载水手的船领航……如果他们认不清我才是领航员这个事实,那我也没办法……我们应该全部爬到礁石上去,叛乱者自会因其罪孽而受罚……至于我,毫无疑问,永远比你们知道得多……

● 3

只要我们试图在政治生活中诉诸理性,那么上文的这个隐喻就会重演。这是因为世界本来就是非理性的,故每当我们试图用理性的方法去应对它,就必定会遇上横亘在理性和非理性之间的巨大障碍。即便你认同柏拉图所说的"真正的领航员必定知道哪些事最有利于船的航行",那也不要忘了,其实并不存在分辨谁才是"真正的领航员"的方法,因而那个坐在领航员位子上的人说的话,也就因其不确定性而很难为大多数船员所信服。也就是说,船员根本不知道领航员脑子里究竟装着些什么,而领航员一味沉迷于日月星辰和风云变幻中,对如何让船员意识到自己所关注的这些东西的重要性束手无策。一旦船在海上航行期间真的发生了叛乱,那么船员们根本没有足够的时间去对所谓"专业人士"说的话做出判断,领航员也根本无暇去询问每一位船员是否真的认为自己如自己所想的那样聪明。这是因为,教育是一项积年累月的工作,而紧急情况下是分秒必争的。因此,如果告诉领航员解决这一问题的终极途径其实是让船员们接受关于证据意识的教育,那也未免太意气用事了。正确的方法是,等船靠岸之后,再去对船主说这番话。在危急关头,唯一可以提的建议就是开枪,或发表公开演讲,或传播煽动性口号,或坐下来与叛军谈判,总之怎么能迅速平叛就怎么来,管它什么证据意识。只有岸上的人才会去制订很多自己负担得起的旅行计划,以及为了自我救赎而去做那些"日久见人心"的事。这些事是需要经年累月去坚持的,等到危急关头再临时抱佛脚根本来不及。没有什么比辨识一场真正的危机和一场虚假的危机更能考验人的智慧。这是因为,当空气中充满了紧张感、不同的危机交相牵缠、真正的危险与想象中的恐惧并存的时候,人们根本没有机会去有效地使用理性,而任何一种秩序都会显得比无序好得多。

只有在局面得以长期保持稳定的前提下,人才有可能遵循理性的法则。这并非由于人类无能,或人类的理性诉求只是镜花水月,而是因为理性在政治议题领域的发展刚刚起步。关于政治的理性观念目前仍过于宏大,归纳工作尚未做好,各种概念仍很抽象、很粗糙。除非群体规模大到可以令一切个体的独特性被掩盖在总体的一致性之下,否则我们难以将政治理论用于指导实践。政治领域的理性法则的稚嫩还体现为其无法预测人的行为,这是因为在人类行为中,即使是那些最不起眼的变量也往往能够导致极为显著的差异。或许正因如此,我们才会因在紧急关头坚持诉诸理性而受到他人的耻笑。

● 4

就算我们拥有了理性,心中也须明白,其发展和演进的速度永远落后于我们采取行动的速度。于是,在当下的政治学观念中,存在着一种急于以一种情况去取代另一种情况的趋势,人们往往连第一种情况究竟是怎么回事还未弄清,就做出了大量事后诸葛亮式的批评。除此之外,他们便别无所长了。无论在发现未知事物的过程中,还是在推广已得到验证的道理的过程中,都存在一个时间差。这个时间差以往很少为人关注,如今却应当成为一切政治哲学家重视的问题。在格雷厄姆·沃拉斯先生的启发下,我们已经开始去考察不可见环境加诸人的观念的影响。然而,除了自己了解的一点常

格雷厄姆·沃拉斯(1858—1932),英国社会心理学家、教育学家、社会主义者,费边社(Fabian Society)的领袖之一,亦是伦敦经济学院的创始人之一。

第二十八章 诉诸理性

识,我们尚未真正理解时间在政治领域所扮演的角色,尽管时间决定了政治领域一切建设性提议的可操作性。① 例如,我们可以看到,任何一项计划的实施效果都取决于实施过程所需要的时间。这是因为时间的长短决定了执行项目所需的基本条件能否保持恒定不变。② 所以,一切脚踏实地且经验丰富的人都会充分考虑时间因素的重要性;而且,只有这样做,他们才不会被视为投机分子、空想家、庸俗之辈以及书呆子。③ 至于对时间的考量究竟是如何进入政治领域的,我们此时此刻无法给出一个全面的解释。

就算我们一时半刻尚不能将这些道理吃透,也至少可以牢记下述事实:理论是存在盲区的,而一切实践都必然会产生相应的结果。只有这样,我们才能做到既珍视柏拉图所设计的理想社会,又不必接受其将不尊奉理性之人视为邪恶之徒的草率结论。在政治领域,遵循理性法则是很难的,因为政治和理性有着不同的形态和不同的演进速度,贸然将其"合并同类项"便一定会遇到水土不服的问题。在理性尚未做到"润物细无声"的情况下,政治领域那些一触即发的斗争将会继续依赖人的原始智慧、强制力以及民间信仰这些既不能由理性提供,也无法为理性控制的力量;这是因为在理性的理解力(powers of understanding)范畴内,生活中的各种事实之间其实根本没有本质上的差别。社会科学方法至今仍处于发展的初级阶段,这也使得人们在做出诸多重大决策和绝大部分临时决策时,只能在直觉的指引下如赌徒一般对自己的命运下注,除此之外根本别无选择。

不过,我们也可以让自己在直觉上相信理性的力量。我们可以运用自己的智慧和力量去为理性打下深厚的根基。通过头脑中的世界图景,我们努力让自己对外部事务的观察更持久,并且抓住一切有

---

① 参见 H. G. Wells。参见《人类的构成》(*Mankind in the Making*)一书的开头几章。
② 各机构的情报搜集及分析工作开展得越好,人们自然也就越不需要依据昨天的事实去处理明天的问题。
③ 尽管这样说有些绝对,但在我看来,反动派、保守派、自由派和激进派之间的差异在一定程度上取决于其在直觉上对于社会事务的变化速率的不同认识。

可能逃离现实束缚的机会,在上述持久的观察的基础上做出我们的决定。不过,即使我们有着强烈的意愿让理性主宰未来,却还是会一次又一次地发现自己根本不能确定理性的时代到来后又该何去何从。理性所能主宰的人类事务,还是太少了。

● 5

然而,我们始终坚信,既然人类是一个群居的物种,那么所有人都会无一例外地期望自己生存的世界变得更友善。这种纯良的想法固然很美好,但实际上是虚伪的。在绝大多数时候,人与人之间的相视一笑,其实只是花了脉搏跳动一下那么点时间而已,这表明其实没有人把其他人看得那么重要。既然世界充满不确定性,既然人在很多时候只能靠猜测来采取行动,那么何不彼此之间多留一些体面,并努力去相信善意可以化解一切矛盾呢?我们既无法证实善意是一切矛盾的解药,也不能解释缘何仇恨、褊狭、怀疑、盲从、诡秘、恐惧和谎言这"七宗罪"从来都是舆论的死敌。我们只能去相信,若一味纵容这些偏激的行为和情绪,人类最终只能自食恶果;而只要诉诸理性,这些问题便都会迎刃而解。而且,若能形成某种超越自身所处的窘境和生活局限的世界观,那么我们就算仍然持有偏见,这种偏见也是真诚的,与上面提到的那"七宗罪"不可同日而语。

若我们能做到不令厌憎和狂热扎根于自己的大脑,不在暴躁情绪的支配下采取行动,不因对人类的未来丧失信心而消沉、低迷,那么我们完全可以做得更好。我们没有资格绝望,因为正如詹姆斯所说,决定我们命运的各种**假设**和以往任何时候一样包罗万象,意味深长。我们目睹了人类社会的种种残忍,但正因这种残忍并非常态,故其不可能是人类最终的归宿。所谓的残忍,仅仅存在于 1914 年至 1919 年间的柏林、莫斯科和凡尔赛,而我们也曾论证过,世界大战根本算不上是世界末日。人类越是能够以冷静的目光去看待同胞的残酷和歇斯底里,便越有可能赢得信仰理性而不被耻笑的权利,因为一旦世界大战再次爆发,无论我们掌握了多少情报、集聚了多少勇气、付出了多少努力,都不可能让全人类过上美好的生活。

恐惧固然令人心惊胆寒,但恐惧绝非无所不在。这个世界上,有腐败也有清廉,有混沌也有奇迹,有弥天大谎也有不惜一切去戳穿谎言的人。当人们否定某些人曾经的某种做法,就一定会有更多的人,乃至足够多的人偏要那样去做——这种行为不是出于清醒的判断,而是受到了情绪的指引。你完全可以对子虚乌有之事感到绝望,比如绝望于自己会长出三个脑袋来(尽管萧伯纳先生对此已不再绝望);但是你绝不能对未来的愿景感到绝望,因为这种愿景存在于每一个人与生俱来的美德中。此外,如果你目睹了过去十年间人类社会的一切罪愆,却始终未曾真正看清世界上那些活生生的人,未曾体验过心醉神迷、憧憬未来的时刻,那么,就连上帝也帮不了你。

索 引

（以下页码为英文原书页码，即本书边码）

Absolutism 绝对主义,100
Acquisition 成就,16
Adams, Henry 亨利·亚当斯,72
Adams, John 约翰·亚当斯,175-176
Adams, J. Q. 约翰·昆西·亚当斯,181
Adler, Alfred 阿尔弗雷德·阿德勒,113
Advertisements 广告,204
Advertising 做广告,204-205
Allegory 寓言,103
Alsace-Lorraine 阿尔萨斯-洛林,93,136-137
Amendment of constitutions 宪法的修正条款,89
America, historical integration 美国各州融合为一个国家的历史过程,138-139; national will 美国的国家意志,125; World War experience 美国在世界大战中的经历,73
American civilization 美国物质文明,72
American marines and the Dalmatian coast 美国海军陆战队与达尔马提亚海岸,11

"American rights" 美国的权利,130
Americanism 美国精神,57; as a symbol 作为一种象征符号的美国精神,132-133
Americanization 美国化,57
Ames, Fisher 费希尔·埃姆斯,172
Anemia 麻木不仁,32
Anglo-Saxon 盎格鲁-撒克逊人,93
Apprehension 洞察,54
Aristotle 亚里士多德,163; on slavery 亚里士多德论奴隶制,64
Armies 军队,27-28
Art, moving picture and masterpieces 艺术、电影与美术杰作,106-107; stereotyped shapes and 受刻板印象影响的艺术,56
Artists, pioneering 先锋艺术家,107-108
Asquith, Margot 玛戈·阿斯奎思,6,35
Attention, distractions of city life 注意力与城市生活中干扰注意力的因素,46; time and attention given to newspapers 报纸占据的时间和注意力,37
Attrition 消耗战,27

Authorities　权威,142,143
Ayres, L. P.　莱纳德·P.艾瑞斯,246

Backward people　落后人群,94-95
Bagehot, Walter　沃尔特·白芝浩,150,224
Baseball game, unscored　无计分制棒球比赛,217
Behavior　行为,17,113
Belgian priests　比利时教士,66-67
Belgium　比利时,136
Belloc, Hilaire　希莱尔·贝罗克,212
Berenson, Bernard　伯纳德·贝伦森,56
Bergson, Henri　亨利·伯格森,104
Berthelot, M.　M.贝特洛,23
Big Business　大财团,78; newspapers and　报纸和大财团,212
Blind spots　盲点,69,73
Boundaries　边境线,88
Bowley, Professor　鲍利教授,96
Brandegee, Senator　布兰迪其参议员,12
"Brass Check, The"　"厚颜支票",212,228
Brest-Litovsk　布列斯特-立托夫斯克,134,135,136
British Admiralty　英国海军部,11-12
British working class　英国劳动阶层,97
Brutality　残忍,262
Bryce, Lord　布莱斯爵士,70,146,250

Buncombe　"粉饰太平"现象,150,190
Bureaus, intelligence　情报部门,242; 另见 Intelligence bureaus
Burr, Aaron　阿龙·伯尔,177
Bury, J. B.　J. B.伯里,71
Buying public　作为购买者的公众,201,205

Cabinet　内阁,244; intelligence bureaus for　内阁建立的情报机构,243
Cannon, W. B.　W. B.卡农,113
Capitalism　资本主义,188; newspaper and　报纸和资本主义,212-213
Captains of industry　工业巨头,78
Castelnau, General de　卡斯泰尔诺将军,24
Casualties of the war　战争伤亡,153
Catholics and Germans　天主教教士与德国人,67
Cause and effect　因果联系,98
Censorship　审查机制,18; military　战争中的审查机制,27-28
Chafee, Zechariah　泽卡赖·查菲,201
Change of name　改名换姓,58
Characters　性格,特质,人格,品质,111,112,115
Charnwood's Lincoln　查恩伍德笔下的林肯,6
Chesterton, G. K.　G. K.切斯特顿,14,15

Christmas 圣诞节,254-255

City, life distracting 干扰注意力的城市生活,46,47; trolley-car company and 电车公司与城市,93

City States of Greece and Italy 古希腊与意大利的城邦,169

Civil liberties 公民自由,201,202

Clang 咣当反应,46

Clearness, speed, words, and 速度、词语和清晰度,41

Clemenceau, Georges 乔治·克里孟梭,55

Coal, time element in 煤炭形成过程中的时间因素,92

Cobb, Frank 弗兰克·科布,217

Coercion 高压统治,186; Cole's 科尔所论述的高压统治,186-187

Cointet, Major 宽泰少校,26,27

Cole, G. D. H. G. D. H.科尔,186,187

Collective mind 集体思想,61

Collectivism 集体主义,75

College societies 社交圈子,34

Commercial code 经济利益准则,81

Commune 公社,187

Communication, barriers 传播的障碍,32

Competition 竞争,245

Conditioned response 条件反射,131

Confederation 联盟,139

Congress 国会,181; ignorance of facts 不了解事实的国会,182; opinion, creation 国会如何形成观点,183

Congressional investigations 国会调查,183

Congressmen 国会议员,157

Conscience 道德感,16

Consent, creation of 制造共识,158

Consistency 稳定性,54

Conspiracy of silence 不谋而合,152

Constant reader 忠实的读者,208

Constitution, U. S., Jefferson and 杰斐逊与美国宪法,179; making 宪法的制定,176,177

Constitutions, amending 宪法的修正,89

Contact and opportunity 交流与机会,30

Corporations 公司,28

Cosmas's map of the universe 科斯马斯的世界地图,4-5

Cosmopolitans 世界主义者,35

Courts 司法,239

Credibility of witnesses 目击者的可信度,53

Creel, George, War propaganda 乔治·克里尔,战时宣传,30

Croly, Herbert 赫伯特·克罗利,115

Crowd, aimlessness 人群,漫无方向,147

Cuba 古巴,95

Czechoslovakia 捷克斯洛伐克,154

Dalmatian coast 达尔马提亚海岸,11

Daniels, Josephus 约瑟夫斯·丹尼尔斯,11-12

Dante 但丁,56,93,167

Deimling, General von 冯·戴姆林将军,23,24

Democracy 民主,19; circumscribed field 民主行动的范畴受到严格的限制,171; functional 民主的职能,191,192; government as an instinct 一种民主思想:有人具有成为统治者的天赋,164; industrial 工厂民主化方案,94; old dogma 民主的旧教条,158; philosophy 民主哲学,169; public opinion made a mystery 民主社会中被建构为一种"神秘的力量"的舆论,162; revolution in 民主实践领域的革命,158; two visions 关于民主的两种观念,146; unseen environments 民主主义者关于"不可见的环境"的观点,171

Democratic ideal 民主理想,171

Democratic theory 民主理论,144,146

Democrats 民主党,126; pioneer 民主主义先驱,165

"Deserving Democrats" "值得称道的民主党人",129

Devils 恶魔,7

Dewey, John, on the problem of apprehension 约翰·杜威关于认识陌生的事物的论述,54

Diblee, G. B. G. B.迪布里,205

Direct action, limit 直接行动的局限性,147

Direct primary 直接初选,148

Dispositions 性格,113,120

Dogmatist 教条主义者,80

Douaumont 杜奥蒙要塞,25-26

Eastern front 东部战线,87

Economic situation 经济地位,33

Education 教育,255-256,260; moral 道德教育,115

Effect and cause 因果联系,98

Einstein, Professor 爱因斯坦教授,70

Emerson, R. W. R. W.艾默生,221,222

Emotion, memory and 记忆和情感,254

Empathy 移情,105

English Guild Socialists 英国的基尔特社会主义者,19,165

English press 英国报界,223

Entering wedge 楔入,233

Error, study of 对于谬误的研究,256

Erzberger, Matthias 马赛厄斯·埃茨贝格尔,68

Eternal principles and the World War 永恒的原则和世界大战,86

Europe as symbol 作为一种象征符号的欧洲,138

Evolution 进化,70,72

Expertness 精通,76

Experts 专家,143,236,241

Eyewitness 亲临现场的目击者,53

Factions 分裂,116

Factory 工厂,189

Facts, 事实 12,19; moral codes and

道德准则和事实,81;unseen 看不见的事实,19;weighing properly 对事实进行足够的权衡,98

Faith in man 对人类的信心,262

Faith ladder 置信阶梯,98

Family tradition 家庭传统,33

Family tree 家谱,94

Far Eastern Affairs, Division of 远东事务处,239

Farmers and democracy 农场主与民主理念,170

Fatigue, mental 精神疲劳,46

Fears 恐惧感,100

Federalism 联邦制,249

Federal party 联邦党,177

Ferenczi, S. S.费伦奇,45

Fictions 虚构,10,12

Fictitious personality 虚构的人格,5

Fiume 阜姆,83

Foch, Ferdinand 斐迪南·福煦,152

Ford, H. J. H. J.福特,177

Foreign affairs 外交事务,154

Foreign policy 外交政策,171

Foster, W. Z. 威廉·Z.福斯特,253

Fourteen Points "十四点和平原则",133,135,136,137

France as symbol 作为一种象征符号的法国,138

Franco-Prussian war 普法战争,137

Freight rates 运费率,155

French General Staff and war news 法军将领和战争新闻,23,27

Freud, Sigmund 西格蒙德·弗洛伊德,100

Functions 职能,191

Future, illusiveness 对于未来的错觉,94

Gary, Judge 盖里法官,253

Genealogy 家谱,94

General news 一般性新闻,205,209,211,224

Geography, practical 现实生活中的空间观念,88

Germans 德国人,55,79;Belgian priests legend 比利时教士的传闻与德国人,66;killing 德军被杀戮,27;in Siberia 向东西伯利亚远征的"德军",88

Given, J. L. J. L.纪文,205,214

Göttingen, psychology experiment 发生在哥廷根的心理学实验,55

Government, as an instinct 作为一种天赋的统治能力,165

Grasty, Charles 查尔斯·格拉斯提,88

Greece, city states of 希腊城邦,169

Greeley, Horace 霍勒斯·格里利,209

Griffiths, Mr. 格里菲斯先生,61

Great Society 宏大社会,16,35,233

Group Mind 群体心理,19,61

Guild Socialism 基尔特社会主义,19,165,185

Guildsmen 基尔特社会主义者,188

Hamilton, Alexander 亚历山大·汉密尔顿,139;Burr and 伯尔给汉

密尔顿的教训, 177; on lack of state cooperation 汉密尔顿关于缺乏州间合作的论述, 175; state craft 汉密尔顿提出的治国方略, 177

Harding, W. G. W. G. 哈丁, 127

Hart, A. B. 艾伯特·布什奈尔·哈特, 161

Harvey, George, on American motives 乔治·哈维就美国参战动机发表的讲话, 125

Hatred 仇恨, 115

Headlines 头版, 223

Hearst, W. R. W. R. 赫斯特, 205, 210

Herd instinct 从众效应, 34

Hermit 隐士, 143

Hero-worship 英雄崇拜, 7

Hierarchy, political 政治等级制度, 145, 147, 150

High society 上流社会, 34; newspapers and 报纸与上流社会, 210

Hindsight 事后诸葛亮, 4, 260

Historic rights and wrongs 历史上的对错, 93

History, popular, and time confusions 大众史学和时间观念对人的干扰, 93

Hobbes, Thomas 托马斯·霍布斯, 114, 167

Hotchkiss and Franken questionnaire 霍奇基斯和弗兰肯的问卷调查, 37

House of Representatives 众议院, 178

Housing shortage 住房短缺, 155

Huerta, Adela 阿德拉·许尔塔, 129

Hughes, C. E., on the European war C. E. 休斯关于欧洲战争的说法, 130

Human dignity 人的尊严, 163, 188, 197

Human figure 人物, 56

Human nature 人性，天性, 80, 81, 120, 121; complexity 人的天性的复杂性, 121

Hysteria 歇斯底里, 262

Ideal 理想, 69

Ideas, circulation 观念的流通, 30; circulation limits 对观念的流通的限制, 30; varying susceptibility 对于想法的不同的敏感性, 132

Illusions 幻觉, 152

Imitation, social 社会模仿, 35

Imperialism 帝国主义, 75

Impulses 冲动, 115

Income, communication and 信息交流与收入, 32; economic position and 经济地位与收入, 33

Independence 独立, 143, 171; intelligence bureaus 情报部门, 243

Industrial conditions and newspapers 行业现状与报纸, 219

Industrial democracy 工业民主, 工厂民主化, 94, 189; factory as unit 作为工业民主的单元的工厂, 189

Industrial system 工业体系, 185

Information 信息, 256

Initiative 倡议, 148

Instinct 本能, 120

Instinct of the herd 从众效应, 34

Institutions and the press　机构与新闻媒体,229

Intelligence bureaus, clearing house of　情报部门,情报机构,246;coordination　情报机构的协作,244;exchange of material　情报部门的资料互通,246;funds, tenure, etc.　情报部门的经费、任期等,243;need at Washington　华盛顿对情报部门的需求,243;purpose　情报机构的目标,250;state, city and county　州、城市、县之间的情报交换工作,247

Intelligence work　情报工作,239

Interest, enlisting　兴趣的激发,103;transfer of　兴趣的转移,125

"Interested"　"感兴趣",192

Intervention　干涉,129

Intuition　直觉,104,162

Ireland　爱尔兰,93

Issue　问题,148

Italian Irredenta　意大利被别国占领的土地,137

Italy, city states of　意大利城邦,169

Jackson, Andrew　安德鲁·杰克逊,179

James, E. L.　艾德温·L.詹姆斯,42

James, Henry　亨利·詹姆斯,89

James, William (the first)　威廉·詹姆斯(一世),89

James, William　威廉·詹姆斯,10,78,89,90,262;on discriminations and time perspective　詹姆斯关于区分时间观的说法,90-91;on the faith ladder　詹姆斯论置信阶梯,98;on instinct　詹姆斯论本能,120

Japan　日本,44

Japanese and the Eastern front in the war　日军和战争中的东部战线,87

Jastrow, Joseph　约瑟夫·贾斯特罗,113,114

Jefferson, Thomas　托马斯·杰斐逊,140,163,169;constitution and　宪法与杰斐逊,178

Jekyll, Dr.　吉基尔医生,112

Joffre, General　霞飞元帅,6,7,9;as editor of war news　作为战争新闻编辑的霞飞元帅,23;at Verdun　霞飞元帅在凡尔登,23,24

Journalism　新闻,19;另见 Newspapers

Journalists　记者,227

Judgment　判断,36

Jung, C. G.　C. G. 荣格,46

Kempf, E. J.　E. J. 肯普夫,113

Killing　杀戮,杀人,79,115

King, Senator, of Utah　金,犹他州参议员,88

Knox, Senator　诺克斯参议员,12

Labor　工人,97

Labor disputes and the newspapers　劳资纠纷与报纸,219

Labor Movement　劳工运动,97

Laissez-faire　自由放任,74,75

Lamp post, four men at　四个灯柱下的人,15

Landscapes　景致,58

Lansdowne, Lord　兰斯多恩勋爵,134

Lansing, Robert　罗伯特·兰辛,167

Langenhove, F. van　F. 凡·兰根霍夫,66

Laski, H. J.　H. J. 拉斯基,149

Last chapters　终章,258

Leaders　领袖,150;advantages　领袖的优势,157;policy with the mass　领袖向大众颁布政策,156;rank and file and　普罗大众与领袖,150;social　社会上的领袖,34;wise　聪明的领袖,156

League of Nations　国际联盟,12,13; American opinion　美国人关于国际联盟的观点,126

LeBon, Gustave　古斯塔夫·勒庞,114,127

Lee, Vernon　弗农·李,105

Legislation　立法,148

Lewis, Sinclair　辛克莱·刘易斯,8,108,227

Liberty　自由,201

Liberty and the News　《自由与新闻》,226

Lincoln, Abraham　亚伯拉罕·林肯,128

Littell, Philip　菲利普·利特尔,78

London　伦敦,223

Lowell, A. Lawrence　A. 劳伦斯·洛威尔,147

Lucidity of mind　头脑清醒程度,44

Ludendorff, General　鲁登道夫将军,153

Lusitania　卢西塔尼亚号,130

Lusk Committee　拉斯克委员会,202

McCarthy, Charles　查尔斯·麦卡锡,233

McCormick, Senator　麦考密克参议员,12

McDougall, William　威廉·麦克杜格尔,120

Machiavelli, Niccolo　尼科洛·马基雅维利,168,169,186

Machine, political　政治机制/政治体制,144;reason for　政治机制/政治体制形成的原因,146

Madison, James　詹姆斯·麦迪逊,116,176,177

Magazines　杂志,48

Magic period　魔幻的假想全能期,45

Main Street　《大街》,8,108,227

Manchester Guardian　《曼彻斯特卫报》,43

Martin, E. D.　埃弗雷特·迪恩·马丁,114

Marxism　马克思主义,69

Mass, leaders and the　领袖与大众,155;righteousness of　大众的正义,163

Mather, Increase　英克里斯·马瑟,99

Mechanical invention　机器发明,71
Melting Pot pageant　坩埚表演,57-58
Mental fatigue　精神疲劳,46
Metaphors　隐喻,104
Mexico　墨西哥,44,129
Mill, J. S.　约翰·斯图亚特·密尔,201
Mitchell, Wesley　卫斯理·米切尔,73
Monroe Doctrine　门罗主义,172
Moral education　道德教育,115
Morale　士气,134,153
Moralist and dogmatist　道德家和教条主义者,80
Moving pictures　电影,11,60,106,216
Münsterberg, Hugo　雨果·芒斯特伯格,53
Mutinies, military　军事叛乱,154
Mutiny at sea　海上叛乱,259
Mystery and public opinion　神秘的力量和舆论,162
Myth　神话,80

Names　名称,103,131
National soul　民族灵魂,61
National university　国家创办的大学,247
National Will　国家意志,19
Negroes　黑人,34,95
New, Senator　参议员纽,12
New York Times　《纽约时报》,211
News, guess work　新闻的预测,217; lack of exact tests　缺乏验证的新闻,226; reader's interest　读者的兴趣点与新闻,222; system of record and　记录机制与新闻,217; truth distinguished from　对新闻和真相做出区分,226; unpaid for　免费的新闻,203
News-gathering　新闻采集,203
Newspapers　报纸,新闻,新闻媒体19; accuracy　报纸上的新闻的准确性,208-209; casual relation of the public to　新闻媒体与其读者之间的随意关系,203; circulation　报纸的发行,204,206; constant reader　报纸的忠实的读者,208; editor's position　报纸编辑的位置,211,222; influence on one another,　报纸之间的相互影响223; institutions and,　机构与新闻媒体229; investigations of industrial conditions　报纸对行业现状的调查,219; misrepresentation　报纸对内容的歪曲,221; political science and　政治学与新闻,203; radical　激进派出版的报纸,212; salaries of reporters, etc.　报纸记者的薪资,211; time and attention given to　读者给予报纸的时间与注意力,37; truth and　真相与新闻媒体228
Nivelle, General　尼韦勒将军,27,154
Noise　嘈杂声,46
Northcliffe, Lord　北岩子爵,223

Observation 观察,53;experiment as to 关于观察的实验,55;untrained 未经训练的观察,59

Ochs, A. S. 阿道夫·S. 奥克斯,204

Officeholders 官员,180

Oliver, F. S. F. S. 奥利弗,168

Oliver's Hamilton 奥利弗对汉密尔顿的描摹,6

Omnicompetent citizen 全能公民,173,180,229

Opportunity and contact 机会与交流,30

Organization, political 政治机制/政治体制,144

Organized intelligence 情报工作的正规化,231

Outside public 置身事外的公众,251

Oversoul 大我,146

Pageant of the Melting Pot 坩埚表演,57-58

Pain 痛苦,16

Palmer, A. Mitchell A. 米切尔·帕尔默,202

Paris 巴黎,31

Patriotic code 爱国准则,81

Patronage 庇护,委任制,145,180

Patterson, F. T. F. T. 帕特森,106,108

Pax 帕克斯,66

Peace terms 和平条款,135

Peel, Sir Robert 罗伯特·皮尔爵士,127

Pellé, General 贝利将军,23

Perry, R. B. 拉尔夫·巴顿·佩利,237

Personality 性格,人格,59;fictitious 虚构的人格,5;symbolic 象征性的人格,7-8

Persuasion 劝服,158

Philosophy of life 生活哲学,60,78

Photographs 影像,61

Pictures 图景,图画,图像,16,18,19,61,105,107

Pierrefeu, Jean de 让·德·比埃尔弗,6,9,23,154

Pittsburgh Survey 《匹兹堡调查》,219

Plato's cave 柏拉图的洞穴寓言,4

Plato's Republic 柏拉图的《理想国》,167,258

Pleasure 快乐,16

Plots 阴谋,84

Pluralism, new forms 新形态的多元主义,186

Policy, incidence 政策的影响范围,154,157

Political assumptions 政治假设,165

Political behavior 政治行为,13

Political life, complexity 政治生活的复杂性,13,14

Political science 政治学,政治科学,20;newspapers and 新闻和政治学,203

Political theories 政治理论,162

Political world 政治生活中的世界,18

Politicians, fence-mending 政治家,

亡羊补牢, 157; professional 职业政治家, 148

Politics, ancient theory of 古老的政治学理论, 165; fighting motif in 政治议题中的争斗主题, 106; ideologies 政治上的意识形态, 109; organization 政治中的"机制"或"体制", 144

Popular will 民意, 125

Prejudice 偏见, 78, 162, 257

Present, the 当下, 90

Press agents 公共关系行业, 217

Press associations 报业联合体, 206

Privacy 保密, 29; censorship and 审查与保密, 23

Private affairs 个人隐私/私人事务, 28; public affairs and 公共事务和私人事务, 35

Progress 进步, 72; American idea 美国人的进步观, 71

Propaganda 宣传, 158; government during the World War 世界大战中的政府宣传, 30; leaders and 领袖与宣传, 158

Propriety 礼仪教化, 33

Protection 守护, 16

Prussia 普鲁士, 136

Pseudo-environment 拟态环境, 10, 16, 17

Psychoanalysts 精神分析学家, 17

Public affairs 公共事务, 18, 19; private and 私人事务和公共事务, 35

Public office 公职, 180

Public opinion 舆论, 18, 228; civil liberty and 公民自由和舆论, 202; continuous opinions 连续不断的舆论运作过程, 250; defective organization 舆论机器的缺陷, 19, 20; Sir Robert Peel on 罗伯特·皮尔爵士论舆论, 127

Public spirit 公共精神, 173

Publicity men 公关人员, 217

Pugnacity 好斗, 106

Quota 配额, 246

Races 种族, 93

Rank and file 普罗大众, 150

Rapid transit 迅捷的运输, 31

Realism and romanticism 现实主义与浪漫主义, 107

Reason, appeal to 诉诸理性, 258

Reasoning, untrained 未经过训练的推理能力, 99

Recording machinery 记录机制, 217

Relativismus 相对主义, 70

Relativity 相对论, 70

Repington diaries 雷平顿的日记, 6

Reporting 报道, 报告, 166; *New York Times* 《纽约时报》的报道, 211; places where news is obtained 获取新闻并形成报道的场所, 214; salaries 新闻从业者的薪资, 211

Reports 报道, 251

Representative government 代议制政

府, 19, 186, 229; new theory, guild socialism 关于代议制的基尔特社会主义新理论, 188

Representatives, functional 代表, 职能性, 191

Repressed cravings 受到压抑的欲望, 114

Republicans 共和党, 126

Republican schism of 1912 1912年共和党的分裂, 128

Respectability 面子, 33

Response 反应, 46

Revolution 革命, 157; democratic 民主革命, 158; mechanical (1820-50) 机械革命 (1820—1850), 71

Rhineland 莱茵兰地区, 137

Rights and duties 权利和义务, 168

Rights of humanity 人类权利, 138

Romanticism and realism 浪漫主义与现实主义, 107

Roosevelt, Theodore 西奥多·罗斯福, 128, 129

Rotation in office 轮流掌握管理权, 轮换制, 173, 180

Rousseau, J. J. 让-雅克·卢梭, 169

Ruritania 鲁里坦尼亚, 85

Russell, Bertrand 伯特兰·罗素, 201

Russian news 关于俄国的报道, 223

Ruth, Babe 巴布·鲁斯, 219

Saar valley 萨尔山谷, 137

Sack, A. J. A. J. 萨克, 88

Sagas 传奇, 110

St. Ambrose 圣安布罗斯, 4

Salem, Mass. 马萨诸塞的塞勒姆, 31

Samples 样本, 95, 97, 98

Scandal 流言, 83

Scholars 学者, 70

Scientists 科学家, 234

Scott, W. D. W. D. 斯科特, 37

Scriptures 《圣经》, 4, 5

Secrecy 保密, 28

Secret treaties 秘密条约, 135

Self-centered man 以自我为中心的人, 161

Self-contained community 自足的社群, 167

Self-defense 自卫, 79

Self-determination 自决, 171

Self-government 自治, 171; human dignity and 人类尊严与自治, 197

Self-respect 自尊心, 64

Self-sufficiency 自足, 173

Selves, different 多重自我, 112

Senate 参议员, 11

Sexual motif 性主题, 106

Shaw, G. B. G. B. 萧伯纳, 17, 74, 262

Sheffield, England 英格兰谢菲尔德, 96

Shelley, P. B. P. B. 雪莱, 227

Shop 手工作坊, 189

Silence, conspiracy of 不谋而合, 152

Sinclair, Upton 厄普顿·辛克莱, 209, 226; "The Brass Check" 辛克莱对"厚颜支票"的阐释, 212

Slavery, Aristotle on 亚里士多德关于奴隶制的论述,64
Social analysts 社会分析学者,17
Social hierarchy, 等级体系,33,34
Social leaders 社交领袖,34
Social purpose 社会目的,19
Social rank 社会等级,34
Social science, experimental method 社会科学,实验方法,237
Social scientists 社会科学家,234; strategic position 社会科学家所处的战略位置,236
Social sets 社交圈子,32,33,35
Society, Great 宏大社会,16,35,233
Socrates 苏格拉底,258
Socratic dialogue 苏格拉底式的对话,253,255
Space, inability to conceive 空间,概念匮乏,87,88
Speed, words, clearness, and 速度、词语和清晰度,41
Starving Russian children 俄国饥童,132
State, Secretary of 国务卿,240
Statehood 州的观念,139
Statesmen 政治家,157
Statistics 统计学,95
Steel industry 钢铁工业,钢铁行业,213,219,253
Stereotypes 刻板印象,53; as personal defenses 作为防卫手段的刻板印象,63; character 特性与刻板印象,59; detection 发现刻板印象,85; facts and 事实与刻板印象,73; systematizing 将刻板印象转化为体系,69
Stories, varying with character of hearer 随着听众角色而变化的故事,110
Strachey's *Queen Victoria* 斯特雷奇的《维多利亚女王》,6
Strife 冲突,168,169
Strikes and the newspapers 罢工与报纸,219
Struggle 争斗,106
Strunsky, Simeon, on H. G. Wells 西米恩·斯特伦斯基对 H. G. 韦尔斯的描述发表的看法,91
Success 成功,72,77
Suffragists 参政范围扩大论者,219
Superstition 迷信,9,99
Suspense 悬念,106
Symbolic personality 高度象征性的人格,7
Symbols 象征符号,8,132; hierarchy 由象征符号组成的等级体系,138; leaders' use of 领袖对象征符号的使用,150

Taft, W. H. W. H. 塔夫脱,88
Taylor, F. W. 弗雷德里克·W. 泰勒,233
Teachers 教师,128
Technical knowledge 专业技术知识,233
Telegraphy 电报,41
Tennyson, Alfred, on evolution 阿尔弗雷德·坦尼森的论述与进化

论,71

Teutons　条顿人,93

Timber　木材,92

Time, as element in social problems　时间,作为社会领域的问题的要素之一,92; attention and time given to newspapers　分给报纸的注意力和时间,37; confusions in history　历史学领域错误的时间观念造成的干扰,93; control of future　对未来时间的掌控,89; factor in politics　政治领域的时间,261; presumption about　假定的时间观,89

Time-conception　时间观念,90

Tocqueville, Alexis de　阿历克西·德·托克维尔,170

Tolerance　宽厚,82

Trade associations　同业公会,186,194

Trades Union Congress　英国工会联盟,97

Transportation, city problems　交通,城市问题,93

Travel, stories of　旅行,65

Trotter, W. W.　特罗特,34

Trust in others　对他人的信任,143

Trusts　托拉斯,78,186

Truth　真理,真相,201; news distinguished from　新闻与真相的区分,226

Union, Hamilton and the　汉密尔顿和

联邦制,177

Union League Club　联邦联合会俱乐部,44

Unsuccessful, the　失败,77

Vagueness　模糊,131

Valentine, Robert　罗伯特·瓦伦丁,233

Verdun　凡尔登,23,24

Victoria, Queen　维多利亚女王,6

Victory　胜利,73

Virgil　维吉尔,56,93

Virginian　弗吉尼亚人,139

Visualization　视觉化,60

Voice of the people　人民的声音,165

Voting　选举,126,127; by functions　依职能选举,192; method of securing homogeneous vote　确保一致投票选择的技巧,127; preferential　作为一种选举方式的偏好投票制,148; reasons, election of 1920　1920年大选中的投票理由,141

Vox populi　人民的声音,165

Wallas, Graham　格雷厄姆·沃拉斯,61,260

War　战争,115

War news, editing in the field　战场上的新闻编辑,23

Washington, D. C., need of intelligence bureaus　华盛顿对情报部门的需求,243

Washington, George 乔治·华盛顿,178

Washington Post 《华盛顿邮报》,11

Webb, Sidney and Beatrice 西德尼·韦布和比阿特丽斯·韦布,194,247

Wells, H. G. H. G. 韦尔斯,148; on history 韦尔斯关于历史的论述,91

White, William Allen 威廉·阿伦·怀特,72

Wilcox, D. F. D. F. 威尔考克斯,39

Will, expression of 意志的表达,195,196

Will of the people 民意,125

Will-making 立遗嘱,89

Wilson, Sir Henry 亨利·威尔逊爵士,152

Wilson, Woodrow 伍德罗·威尔逊,127; Fourteen Points "十四点和平原则",133,135,136,137; Hughes' attack on policies of 休斯对威尔逊的政策的攻击,129; on American motives 威尔逊论美国的参战动机,125; phrases 威尔逊的话语,138; secret treaties and 威尔逊关于秘密条约的说法,135

Window-pane, cracked 破碎的窗玻璃,9

Wolman, Leo 利奥·沃尔曼,253

Words, Franco-English exchange 英法之间的语言转换,43; speed, clearness, and 速度、清晰度和词语,41

Working class 工人阶级,97

World, political 政治生活中的世界,18

World made safe for democracy 追求民主的太平世界,138

World War, American view 美国人对世界大战的看法,87; casualties 世界大战中的伤亡,153-154; government's propaganda 世界大战中的政府宣传,30; treaties concluding 世界大战中签订的条约,86

Wright, P. S. P. S. 莱特,151,152,153

Yes or no 是或否,141,147

Zurich Association Studies 苏黎世联想研究,46

译 后 记

能够成为沃尔特·李普曼这部经典之作的译者,是我们的荣幸。

在过往近一个世纪的时间里,该书的影响力远远超出了作者本人最初设想的范畴——对于进步主义时代美国民主制度的批判性反思,而给政治学、社会心理学以及传播学等社会科学诸多领域带来了观念上的有益启发。至少在传播学领域,李普曼提出的"刻板印象"(stereotype)已经成为一个基本概念并进入日常学术语汇;他对所谓的公众(the public)和流行观念(popular mind)所持有的深刻怀疑的态度也在后世诸多传播学学者的脑海中打下了深深的烙印。

遗憾的是,出于种种原因,在相当长的时间里,这本书始终没能被很好地译介至汉语学界。这在我的学生时代,便已经成为一个心结。此处仅举一例。此前出版的两个中译本中,书名 Public Opinion 分别被翻译为"舆论学"和"公众舆论"。我们知道,李普曼首先是一位观点鲜明的政论家,他没有为舆论创造一个客观中立的学科体系的意愿,在行文中亦丝毫未曾体现出建立学科的企图,故"舆论学"是无从谈起的;至于"公众舆论",本身就是个不正确的表述,因为"舆论"天然就是公共性的,不存在"私人舆论"一说。书名译法的偏颇乃至错误,折射出我国当下学术翻译及外译著作编辑出版工作的随意性。当然,造成这一状况的既有历史的原因,也有机制的原因,倒也不必求全责备。在学术翻译既不受重视,又报酬微薄的情况下,译者(无论水平如何)都是凭着自己的良心、情怀,乃至"公共服务精神"去从事这项工作的。

翻译的过程既辛苦,又充满乐趣。李普曼极具特色的表达风格在其活跃的年代便十分著名,无论用词、句法还是行文逻辑,均自成体系、特立独行。这给翻译工作带来了不小的挑战。但与此同时,将近一个世纪前的政论体英文转译成现代汉语并努力使之为当下的中国读者所理解,又无疑是一种十分有趣的"精神体操"。

　　本书两位译者的大致分工情况如下:常江负责第1章1—3节,以及第14—28章内容的初译;肖寒负责第1章4—7节,以及第2—13章内容的初译;全书的审校和统稿工作由常江来完成。由于有两位译者,故译文中或不可避免存在风格协调的问题。我们在统稿的时候虽尽可能对这一问题给予充分考虑,但一定仍有很多疏漏之处,还请读者诸君不吝指正。

　　最后,作为一位出版过多部学术译著的"资深"译者,还是要在此呼吁社会各界对学术翻译工作的重视。思想因交流而繁荣,因孤立而枯竭;而思想的交流有赖于更多有热情、有专长的人投身于学术翻译工作。如何让这些人的努力得到认可,使其工作获得应有的尊严,而非一味苛责译者的水平和译本的错漏,才是破解学术翻译乱象的治本之方。

　　感谢本书的责任编辑周丽锦女士。她和北京大学出版社多年来致力于以严谨、负责的态度将西方世界大量优秀的媒介研究著作引进中国,为拓宽国内学者的视野做出了卓越的贡献。

常　江
2016年5月15日于日内瓦